Poutine, maître du jeu ?

Sommaire

Poutine, maître du jeu ?

1. Introduction

L'émission quotidienne « C dans l'air », sur *France 5*, est une inépuisable source d'inspiration. Avec une alternance de reportages et de commentaires par un plateau d'experts français, elle couvre des sujets variés de politique intérieure ou étrangère.

Le 17 octobre 2021, une édition spéciale de l'émission, intitulée « Poutine, maître du jeu », animée par Caroline Roux, nous donne un aperçu de la politique menée par « le maître du Kremlin », Vladimir Poutine. Elle nous offre l'opportunité d'approfondir la réflexion initiée par France 5 et de nous pencher de manière critique sur notre image de la Russie. Nous suivrons le déroulé de cette émission, qui nous servira de trame à une réflexion plus holistique.

Notre premier objectif est de permettre une meilleure compréhension des menaces, des risques et des dangers des relations actuelles entre l'Occident et la Russie.

Le second objectif est de mettre en évidence le travail des journalistes et des médias qui œuvrent de manière honnête et de le mettre en perspective des réflexions des « experts » de *France 5*.

À la fin 2021, nos médias se font l'écho de bruits de botte à la frontière ukrainienne, annonciateurs d'un éventuel conflit début 2022. Après une longue carrière consacrée à la prévention des conflits, et fort de ma connaissance de la Russie, il me semblait utile d'explorer les pistes pour améliorer nos relations avec elle.

Le premier pas de cette démarche consiste à questionner notre perception de la Russie, de sa mentalité, de sa politique étrangère et de ses objectifs et de vérifier dans quelle mesure nos diplomaties ont une image cohérente de « l'ennemi ».

Contrairement à une opinion répandue, les services de renseignement stratégique, c'est-à-dire, ceux qui analysent la situation internationale pour les décideurs politiques, travaillent à près de 95 % avec des sources ouvertes, donc nos médias. Ainsi, outre l'influence des médias sur les opinions des décideurs, il y a également une influence structurelle des médias et des « experts » dans les décisions politiques qui affectent la vie publique.

C'est pourquoi la diversité de l'information est un élément fondamental de l'exercice du pouvoir dans une démocratie. Le but de cet ouvrage n'est pas de justifier, ou d'excuser une gouvernance particulière, ni de prendre position en faveur d'un gouvernement particulier ou contre lui (même si ses conclusions semblent le faire), mais de saluer les médias qui contribuent à cette diversité.

1.1. Méthodologie

Assez logiquement, aux accusations occidentales répond une rhétorique inverse dans les pays visés (en l'occurrence : la Russie). Comme dans mon ouvrage *Gouverner par les fake news*, mon propos n'est pas de relayer les messages des pays qui sont mis en accusation. Dans cette perspective, je n'ai utilisé presque que des sources occidentales, le plus souvent américaines ou françaises, souvent des médias traditionnels, des sources officielles ou qui font autorité en la matière.

À la différence de *fact-checkers*, comme *Conspiracy Watch*, qui évitent de définir des termes comme « conspirationniste » à des fins de censure et de désinformation, nous utiliserons ici une terminologie précise. À la différence d'eux, nous utiliserons le *fact-checking* pour montrer qu'il existe des journalistes honnêtes, qui font leur travail avec diligence. Dans cette perspective, nous analyserons les situations sans préjugé politique.

1.2. Terminologie

Le terme « *mensonge* » signifie que l'on affirme quelque chose en sachant que c'est faux. Nous n'utiliserons pas ce terme lorsque la « vérité » a été publiée après le reportage. En revanche, dans une émission qui a été préparée, qui contient des séquences qui ont *déjà* été « débunkées », nous utiliserons le terme « mensonge ». Dans cet ouvrage, nous utiliserons également le terme « désinformation » dans le même sens.

Les *fake news* sont des informations, qui peuvent être fausses volontairement ou non. Elles résultent de l'ignorance, d'une méprise, d'une distorsion de l'information ou d'un mensonge délibéré.

La « *propagande* » est le fait de mettre en évidence un aspect des choses au détriment d'autres aspects. Ne nous y trompons pas : elle ne dissémine pas nécessairement de fausses informations. En revanche, en mettant l'accent sur un seul côté des choses, elle introduit une distorsion dans notre perception. Elle conduit généralement au conspirationnisme.

Le « *complotisme* » ou « *conspirationnisme* » consiste à créer un narratif à partir d'informations partielles, d'hypothèses ou de suspicions traitées comme des faits, et assemblées en fonction d'une logique arbitraire. Parce qu'il crée une histoire à partir d'éléments disparates, le conspirationnisme peut combiner des éléments de propagande avec de fausses informations et de la désinformation.

Par exemple, affirmer que la Russie est *dans l'ombre des gilets jaunes*, sur la base de tweets provenant de Russie, est un mélange de propagande (car il y a probablement aussi des tweets de Suisse, de Belgique ou d'Allemagne) et de désinformation (car « des Russes » ne sont pas « la Russie » et encore moins le gouvernement russe) assemblées en une théorie complotiste. Le point faible des théories complotistes est généralement l'objectif qu'on leur prête (« dans quel but ? »).

Nous parlerons de *manque d'intégrité*, lorsqu'une personne traite une supposition comme un fait, laissant parler ses préjugés ou ignorant de manière autoritaire des explications alternatives pour porter des accusations.

2. La politique étrangère de Vladimir Poutine

2.1. Vladimir Poutine cherche-t-il à reconstituer l'URSS ?

Non. L'URSS était un État marxiste, dont la raison d'être était de promouvoir la dynamique de la lutte des classes dans le monde. La Russie de Vladimir Poutine est un État d'économie libérale, fondamentalement différent au niveau de son idéologie et de son fonctionnement.

On l'accuse de manière récurrente[1] de regretter l'ex-URSS et d'avoir déclaré que « *la destruction de l'URSS fut la plus grande catastrophe géopolitique de l'histoire du XXe siècle*[2] ». Cette phrase revient périodiquement dans les médias, comme *Le Monde*[3], *Le Figaro*[4] ou *France 24*[5] et naturellement *France 5*[6] pour expliquer sa « nostalgie » de l'URSS et son ambition de retrouver sa « grandeur ». C'est factuellement faux et politiquement mensonger.

---

1. Émission « C dans l'air » du 19 janvier 2022 (« Ukraine : peut-on éviter la guerre ? #cdanslair 19.01.2022", *France 5/YouTube*, 20 janvier 2022 (18'24").
2. « Comment un homme a changé la Russie », *la-croix.fr*, 26 avril 2005
3. « La chute de l'empire soviétique, vingt-cinq ans après », *lemonde.fr*, 8 septembre 2016
4. « Vladimir Fédorovski : "La chute de l'URSS est encore un traumatisme… " », *lefigaro.fr*, 16 décembre 2016
5. « Poutine, l'incontournable patron de la Russie », *France 24*, 18 mars 2018
6. Émission « C dans l'air » du 19 janvier 2022 (« Ukraine : peut-on éviter la guerre ? #cdanslair 19.01.2022", *France 5/YouTube*, 20 janvier 2022 (32'12").

La phrase originale est tirée d'un discours prononcé le 25 avril 2005, où Vladimir Poutine regrette la *manière chaotique* dont le passage à la démocratie s'est déroulé :

> *Il nous faut avant tout reconnaître que l'effondrement de l'Union soviétique a été un désastre géopolitique majeur de ce siècle, qui est devenu un véritable drame pour la nation russe. Des dizaines de millions de nos concitoyens et compatriotes se sont retrouvés hors du territoire russe. En outre, l'épidémie de désintégration a infecté la Russie elle-même. Les économies de chacun ont fondu et les vieux idéaux ont été détruits. De nombreuses institutions ont été dissoutes ou brutalement réformées (...)[7].*

Il ne s'agit donc pas d'une catastrophe pour l'humanité, mais pour le quotidien de la population russe. La phrase se réfère à une réelle nostalgie au sein de la population, dont 11 à 13 % de l'électorat est resté fidèle au Parti communiste, le premier parti d'opposition. À aucun moment, Poutine ne regrette l'ancien système communiste. Au contraire, il plaide en faveur de l'économie libérale avec l'Occident comme modèle. Quant à la reconstitution de l'empire russe, c'est un fantasme très occidental, que ni le gouvernement russe, ni Vladimir Poutine n'ont jamais revendiqué.

La tâche que s'est donnée Vladimir Poutine, n'est pas de reconstituer l'empire soviétique, mais de restaurer la voix de la Russie sur la scène internationale, afin de défendre ses intérêts. Mais, à rebours des idées reçues, cette démarche n'a pas d'ambition territoriale ou idéologique. Elle vise essentiellement à servir de contrepoids à l'omniprésence encombrante des États-Unis, lesquels n'agissent que pour leurs intérêts, au détriment de ceux de leurs alliés et du reste du monde. Poutine a très justement constaté que, depuis 1990, les Occidentaux passent de mauvaise décision en mauvaise décision, créant des conflits qu'ils ne parviennent

---

7. *Annual Address to the Federal Assembly of the Russian Federation*, 25 avril 2005, Kremlin, Moscou (http://en.kremlin.ru/events/president/transcripts/22931)

plus à résoudre. L'Europe est incapable de prendre le contre-pied des États-Unis. Pour une raison bien simple : l'Europe n'est ni membre du Conseil de sécurité, ni une puissance nucléaire. Voilà pourquoi elle accepte de piétiner ses propres valeurs.

Certes, les Européens ont bien perçu que le monde bipolaire de la guerre froide, est devenu unipolaire et dominé par les États-Unis, ils n'en n'ont pas mesuré toutes les conséquences, y compris pour eux. Le déséquilibre au sein du Conseil de sécurité des Nations unies a engendré un grand nombre de dysfonctionnements au niveau international. Parmi ceux-ci, des guerres sans fin et déclenchées illégalement par les États-Unis. Elles ont été menées avec la complaisance et la participation des pays européens, elles ont provoqué des phénomènes migratoires sans précédent ainsi que des problèmes sécuritaires allant de la criminalité organisée au terrorisme.

2.2. La Russie cherche-t-elle à étendre sa « zone d'influence » ?

2.2.1. L'Europe de la guerre froide

Sur *France 5*, Jean-Dominique Giuliani, président de la Fondation Robert Schuman, affirme que « *la Russie veut avoir une zone d'influence dans les pays baltes ou en Pologne.* [8]» C'est faux, la Russie n'a jamais revendiqué une telle « zone », ni ouvertement, ni secrètement. Ni le *Concept Stratégique de la Sécurité Nationale 2000*[9], ni la *Stratégie de Sécurité Nationale de la Russie 2021*[10] ne mentionnent une seule fois cette notion.

---

8. Émission « C dans l'air » du 25 janvier (« Ukraine : la surenchère russe… ou américaine ? #cdanslair 25.01.2022 », *France 5/YouTube*, 26 janvier 2022 (19'02'')
9. https://www.bits.de/EURA/natsecconc.pdf
10. https://carnegiemoscow.org/commentary/84893

Cela montre combien ceux que l'on présente comme des « experts » sont ignorants des dossiers sur lesquels ils s'expriment… à moins qu'ils ne mentent.

La tendance historique à l'expansion que l'on prête à la Russie d'aujourd'hui est fondamentalement un attribut de la pensée marxiste qui guidait la politique soviétique. Dans ce schéma, l'URSS se voyait comme le fer de lance de la lutte des classes et engagée dans une guerre *permanente* et *systémique* avec l'Occident, qui s'inscrivait dans un processus historique. Jusqu'à la mort de Staline, la pensée militaire stratégique de l'URSS était dominée par l'idée que sa sécurité ne serait garantie que par une victoire du socialisme sur le capitalisme et que l'affrontement entre les deux systèmes était inévitable. Les stratèges soviétiques parlent alors du principe « *d'inévitabilité de la guerre* ».

Face à ce danger, l'OTAN est créée en 1949. Sa finalité : placer l'Europe occidentale sous le parapluie nucléaire des États-Unis. C'est la raison pour laquelle la structure militaire de l'OTAN est dirigée par un militaire américain depuis.

Les 12 premiers membres de l'OTAN sont tous situés dans la partie occidentale de l'Europe : l'Alliance était clairement défensive et articulée selon les schémas d'invasion allemands des deux guerres mondiales. Elle est alors séparée de l'URSS par une ceinture de pays non-membres et par les pays d'Europe de l'Est. En 1952, l'intégration de la Grèce et surtout de la Turquie, pousse l'OTAN à la frontière de l'URSS et alarme les Soviétiques. Mais le changement décisif est l'entrée de la République Fédérale Allemande (RFA) dans l'OTAN, le 8 mai 1955. C'est ce qui provoque la création de l'Organisation du Traité (ou Pacte) de Varsovie une semaine plus tard.

À première vue, la création du Traité de Varsovie ne semblait pas vraiment nécessaire : les pays de l'Est étaient dirigés par des partis communistes souvent plus féroces que leur homologue soviétique, et Moscou leur tenait la bride courte. Ainsi, en Pologne, le ministre de la Défense était le maréchal de l'URSS (devenu maréchal de Pologne en 1949)

Konstantin Rokossovki. Également de nationalité soviétique, successivement à la tête de plusieurs fronts, il avait conduit l'Armée Rouge à la victoire, malgré une condamnation à mort en 1937 qui ne sera levée qu'en 1956. Le contrôle de Moscou était tel que la nécessité du Traité de Varsovie n'apparaît pas flagrante. Il y a donc une autre explication.

La voici : les Soviétiques ont acquis l'arme nucléaire en 1949 et ils comprennent que plus l'OTAN est proche de leurs frontières, plus leurs délais de pré-alerte nucléaire sont courts, et plus le risque d'être dans l'obligation de recourir à l'arme nucléaire est grand.

La raison d'être du Pacte de Varsovie est donc de constituer une « zone tampon », formée par les pays de l'Est (Allemagne de l'Est, Pologne, Tchécoslovaquie, Hongrie, Roumanie). Sa fonction première est de constituer un glacis qui n'a pas pour but de stopper un agresseur mais de le ralentir afin de donner du temps à l'Armée soviétique pour se mettre en ordre de bataille et contre-attaquer.

Victimes de plusieurs tentatives d'invasion en deux siècles (1812, 1918-1922 et 1941-1945), sans compter la Révolution de 1917, instiguée par l'Allemagne) les Russes ont gardé une profonde méfiance envers les Occidentaux, qui ont toujours la fâcheuse tendance de déclencher des guerres un peu partout. Juin 1941 reste très présent dans les mémoires, et les Soviétiques ne veulent plus se trouver dans la même situation.

Aussi s'agissait-il moins de mieux protéger l'URSS que de formaliser les limites d'une zone tampon afin d'éviter que les deux puissances nucléaires de l'époque, les États-Unis et l'URSS soient trop rapidement en contact direct, obligeant à recourir à l'usage de l'arme nucléaire.

Avec la mort de Staline, en 1953, l'idée d'un affrontement systémique avec l'Occident s'estompe. En 1956, à l'initiative de Nikita Khrouchtchev, le XXe Congrès du *Parti Communiste de l'Union Soviétique* adopte la politique de *coexistence pacifique* entre le bloc communiste et le bloc occidental avec, comme corollaire, l'inclusion du principe de *non-inévitabilité de la guerre* dans la stratégie soviétique. Toutefois, les Soviétiques continuent à penser que le socialisme va dans le sens de l'Histoire. Même sans guerre, sa victoire est inéluctable. Ils en déduisent que, pour l'empêcher, la seule option des pays « capitalistes » serait une attaque préventive contre l'URSS.

2.2.2. L'après-guerre froide

Après la chute du communisme, alors que l'idée d'une nouvelle architecture de sécurité sur le continent européen était dans l'air, la Russie n'a pas vu les nouveaux membres de l'OTAN comme une menace sur sa sécurité. Ce sont les changements provoqués par l'administration Bush au début des années 2000 qui alarment les Russes et provoquent la réaction de Vladimir Poutine lors de son discours de Munich en 2007.

Jean-Dominique Giuliani se méprend quand il affirme sur *France 5*, que la Russie ne se sent pas menacée par les quelques petits contingents de l'OTAN occasionnellement déployés à proximité de sa frontière[11]. Elle ne se sent pas plus menacée par l'OTAN, comme l'affirme fallacieusement la *Radio-Télévision Suisse*[12] ou Caroline Roux[13]. La Russie est loin d'être paranoïaque, selon les termes de Pierre Servent[14], « expert » en stratégie militaire, qui n'a strictement rien compris au problème. Vladimir Poutine sait très bien qu'il est peu probable que l'OTAN déclenche une vaste offensive contre la Russie. Mais les Russes constatent que des actions militaires contre les populations civiles russophones à proximité de son territoire pourraient déclencher une réaction en chaîne à partir d'un incident mineur, un peu comme en 1914. Par le jeu des alliances, la situation risquerait alors d'évoluer rapidement sans que la Russie ait un délai de pré-alerte suffisant pour défendre son sol national par des

---

11. Émission « C dans l'air » du 25 janvier (« Ukraine : la surenchère russe… ou américaine ? #cdanslair 25.01.2022", *France 5/YouTube*, 26 janvier 2022 (19'10")

12. « Washington alerte sur une attaque russe possible "à tout moment" en Ukraine », *rts. ch*, 19 janvier 2022

13. Émission « C dans l'air » du 11 janvier 2022 (« Poutine rêve d'URSS, l'Ukraine sous tension #cdanslair 11.01.2022 », *France 5/YouTube*, 12 janvier 2022) (26'50")

14. Émission « C dans l'air » du 11 janvier 2022 (« Poutine rêve d'URSS, l'Ukraine sous tension #cdanslair 11.01.2022 », *France 5/YouTube*, 12 janvier 2022) (26'50")

moyens conventionnels. Le recours à l'arme nucléaire deviendrait alors la première, voire la seule option.

Ce que craint la Russie est donc une situation semblable à l'Ukraine en 2021-2022. C'est exactement ce qu'explique Vladimir Poutine, lors de sa conférence de presse avec Emmanuel Macron, en février 2022[15].

Ce risque est parfaitement symétrique pour l'OTAN, comme l'a montré la crise ukrainienne cristallisée en décembre 2021 : en se rapprochant de la frontière russe, l'OTAN s'ôterait elle-même une capacité de pré-alerte. En effet, la Russie est une puissance nucléaire, et plus on se rapproche de son territoire, moins il y a d'espace pour un conflit conventionnel.

C'est pour cette raison que en 1997, George F. Kennan, diplomate américain (et architecte de la stratégie d'endiguement de l'URSS à la fin des années 1940), avertissait dans le *New York Times* :

> *L'élargissement de l'OTAN serait l'erreur la plus fatale de la politique américaine de toute l'après-guerre froide[16].*

C'est aussi pour cette raison que la Russie n'a jamais revendiqué le territoire ukrainien : elle n'a ni l'intention que *l'OTAN* se rapproche de sa frontière, ni l'intention de *se* rapprocher de l'OTAN. Fin février 2002, au moment où cet ouvrage est écrit, on ne connaît pas encore l'issue de l'offensive russe. Toutefois, il apparaît clairement qu'elle n'a pas pour objectif de conquérir le territoire, mais d'imposer une forme de « neutralisation » à l'Ukraine.

Dans quelle mesure Volodymyr Zelensky était-il sérieux en évoquant un réarmement nucléaire possible de l'Ukraine en février 2022, lors de la Conférence de Munich sur la Sécurité[17], est matière à discussion. Il est vraisemblable que les Russes y aient vu une menace potentielle, que les rodomontades du ministre des Affaires étrangères français n'ont pas vraiment atténuée.

---

15. News conference following Russian-French talks, *kremlin.ru*, 8 février 2022
16. George F. Kennan, A Fateful Error, *The New York Times*, 5 février 1997
17. Zelensky: Ukraine may reconsider its nuclear status, *uawire.org*, 19 février 2022

Poutine, maître du jeu ?

Il n'en demeure pas moins que les Américains ont perçu le danger d'être « à bout touchant » avec la Russie. C'est pourquoi, ils tentent de réactiver le *traité sur les Forces Nucléaires Intermédiaires* (FNI) que Donald Trump avait dénoncé en 2019. Un traité permet d'avoir une règle en fonction de laquelle on peut mener l'action diplomatique voire adopter des sanctions mais, lorsqu'on abolit la règle, tout devient permis. Ainsi, les principales victimes de la politique américaine sont les pays d'Europe orientale eux-mêmes : avoir des armes nucléaires ne protège pas et peut contraindre à leur emploi.

Or, à l'occasion de la crise ukrainienne, Poutine a mis en évidence que, plus les deux puissances nucléaires de l'espace euro-atlantique se rapprochent, plus le risque de dérapage nucléaire est probable. Ainsi, en cas de conflit, les Russes n'auront probablement pas le temps de s'interroger sur la nature des missiles chargés dans les lanceurs Mk41 situés en Pologne et en Roumanie. La menace étant trop proche, ils pourraient les considérer par défaut comme une attaque nucléaire.

Les pays de la « *nouvelle Europe* » se sont associés à l'OTAN sans réaliser que, en cas de guerre, ils sont destinés à devenir les champs de bataille nucléaires d'un éventuel affrontement avec la Russie, alors que, en dehors d'une alliance, ils resteraient (au moins plus longtemps) sous une menace conventionnelle. C'est le risque que courent des pays comme la Suède et la Finlande, qui ont décidé d'adhérer à l'OTAN.

La capacité nucléaire que donnent les États-Unis à l'OTAN est à la fois sa force et sa faiblesse. Elle est sa force, pour jouer un rôle dissuasif contre un agresseur tenté d'utiliser l'arme nucléaire ; ce qui devient probable lorsque l'on attaque un territoire sanctuarisé (par exemple, la Russie). En revanche, c'est une faiblesse car cela l'empêche d'intervenir dans une situation apparemment moins grave, où l'un des adversaires dispose de l'arme nucléaire. Ainsi, la crise ukrainienne aurait pris une tournure très différente si l'Europe avait eu une capacité de défense autonome. Dans ce cas particulier, l'influence des États-Unis aurait été probablement moins pernicieuse et aurait permis à une négociation d'éviter les hostilités. C'est pourquoi, les États-Unis font le maximum pour empêcher l'émergence d'une capacité européenne de défense.

Le projet russe n'est donc pas « d'étendre sa zone d'influence », mais plutôt que les pays qui l'entourent soient libres de toute influence. Aussi certains experts ont-ils évoqué la possibilité d'une Ukraine neutre. Dans ce schéma, l'Ukraine aurait une situation un peu comparable à celle de la Suisse depuis 1815 ou de l'Autriche depuis 1955, dont les neutralités leur *ont été imposées* par les Européens (à la différence de la neutralité belge au XXe siècle qui avait été décrétée par elle-même, mais qui, n'ayant été reconnue par personne, a été violée par tous). Une neutralité reconnue par chacun est robuste car elle est au bénéfice de tous. C'est la substance des exigences transmises par Vladimir Poutine à l'administration Biden comme élément de négociation. Cette vision est d'ailleurs partagée aux États-Unis[18]. Une telle configuration serait également à l'avantage de l'OTAN, car elle rendrait à l'Alliance une capacité de pré-alerte stratégique.

Il est à noter que le terme de « finlandisation » utilisé lors de la conférence de presse d'Emmanuel Macron et Volodymyr Zelensky était alors inapproprié. Le terme « finlandisation » n'est pas synonyme de « neutralisation », mais se réfère à la situation de la Finlande durant la guerre froide, qui avait alors une politique de neutralité résultant d'un accord avec l'URSS à la fin de la Seconde Guerre mondiale. Cet accord a été conclu pour que la Russie abandonne ses prétentions territoriales sur la Finlande. Finalement, l'impuissance occidentale à résoudre le conflit du Donbass par les Accords de Minsk pourrait conduire à une « finlandisation » de l'Ukraine, alors que la Russie aurait été satisfaite d'une « neutralisation ».

Le souci de la Russie est symétrique à celui des États-Unis, qui cherchent à empêcher les ingérences extérieures sur le continent

---

18. Anatol Lieven, Ukraine: The Most Dangerous Problem in the World - But there's already a solution, *The Nation*, 15 novembre 2021 ; Katrina van den Heuvel, Opinion: What a sensible Ukraine policy would look like, *The Washington Post*, 4 janvier 2022

Poutine, maître du jeu ?

américain. C'est la « Doctrine Monroe », qui vise à interdire toute alliance ou coalition qui puisse menacer directement leurs frontières. Adoptée au XIXe siècle pour répondre aux interventions coloniales européennes sur le continent américain, cette doctrine a été appliquée contre Cuba en 1962. Les Soviétiques y avaient déployé des missiles en réponse à l'installation de missiles Jupiter en Turquie. La « crise des missiles », s'est résolue par le retrait des missiles de part et d'autre.

C'est probablement pour souligner cette symétrie que Vladimir Poutine a téléphoné à son homologue vénézuélien le 20 janvier 2022[19] et au président cubain quatre jours plus tard[20].

En fait, lorsque les pays de la « nouvelle Europe » se sont engagés dans l'OTAN, ils n'avaient très vraisemblablement pas à l'esprit le risque d'une confrontation avec la Russie. Aujourd'hui, leur appartenance à l'Alliance devrait leur conférer l'obligation d'entretenir des rapports normaux avec leur voisin oriental, car leur politique étrangère a un impact sur l'ensemble de l'Alliance. Or, ce n'est pas l'évolution que l'on constate, bien au contraire : l'appartenance à l'OTAN a stimulé leurs sentiments antirusses.

Dans ces pays, la montée d'un conservatisme militant et nationaliste est allée de pair avec le mépris pour leurs minorités russophones, une ingérence croissante dans les affaires russes avec l'appui officiel à des activités militantes transfrontalières (contraire à la Charte des Nations unies), et la diffusion de fausses informations qui font le « beurre » des conspirationnistes occidentaux.

Un exemple du militantisme puéril de cette « nouvelle Europe » est le projet d'*Intermarium* que la Pologne tente de faire revivre depuis 2015[21] :

---

19. Telephone conversation with President of Venezuela Nicolas Maduro, *kremlin.ru*, 20 janvier 2022

20. Telephone conversation with President of Cuba Miguel Diaz-Canel Bermudez, *kremlin. ru*, 24 janvier 2022

21. Emil Avdaliani, Poland and the Success of its Intermarium Project, *moderndiplomacy. eu*, 31 mars 2019

Nous assistons aujourd'hui à des développements intéressants en Europe où la Pologne n'a plus à s'inquiéter d'une menace militaire sur ses arrières européens et peut désormais se concentrer sur la lutte contre les intentions géopolitiques russes. De plus, les États-Unis sont également intéressés à soutenir les Polonais, créant des conditions exceptionnellement bonnes pour le succès de l'Intermarium.

L'*Intermarium* est une sorte d'alliance politico-militaire qui rassemblerait les pays de la Baltique à la mer Noire, avec pour objectif d'isoler la Russie. Imaginé dans les années 1930 par le maréchal Pilsudski – ami personnel d'Adolf Hitler – il est porté par la Pologne et la Lituanie. Il est également soutenu par le mouvement néo-nazi ukrainien Azov, soutenu par les pays occidentaux, comme le déclare le site britannique *Bellingcat*[22].

Les efforts pour créer une « zone d'influence » dans la région des ex-pays de l'Est semblent plutôt venir d'Europe, avec l'appui des États-Unis. Il y a une volonté américaine d'isoler la Russie, clairement soutenue par l'Union européenne. Ces efforts apparaissent depuis que Vladimir Poutine a commencé à réagir à cet encerclement et à affirmer le rôle de la Russie sur le plan géostratégique.

---

22. Oleksiy Kuzmenko, "Defend the White Race": American Extremists Being Co-Opted by Ukraine's Far-Right", *bellingcat.com*, 15 février 2019

Poutine, maître du jeu ?

2.3. Y-a-t-il eu promesse que l'OTAN ne s'étendrait pas vers l'Est après 1990 ?

Après l'effondrement du système communiste, la carte géopolitique de l'Europe change. L'élargissement de l'OTAN vers l'Est, avec l'intégration de la Hongrie, de la Tchéquie et de la Pologne en 1999, puis des trois pays baltes, de la Slovaquie, de la Slovénie, de la Roumanie et de la Bulgarie en 2004, pousse inexorablement l'OTAN vers la frontière russe.

Dans un premier temps, la Russie ne voit pas de menace dans cette évolution. Mais les choses prennent une tournure nouvelle au début des années 2000, lorsque les Américains envisagent de déployer des missiles anti-missiles (BMD) en Europe orientale. C'est ce qui motive la fermeté du discours de Vladimir Poutine à Munich, en 2007, où il rappelle les assurances données à Mikhaïl Gorbatchev en 1990-1991, excluant une expansion de l'OTAN à l'Est. L'annonce d'un « dialogue intensifié » avec l'Ukraine et la Géorgie en vue de leur admission en 2008 prend alors une dimension nouvelle.

Souvent présentées comme une rumeur fantaisiste propagée par la Russie[23], les assurances occidentales de la non-expansion de l'OTAN sont attestées par de nombreux documents déclassifiés et rendus publics en décembre 2017 par les *Archives de la Sécurité Nationale* de l'université George Washington[24].

En 2021, Jens Stoltenberg, secrétaire général de l'OTAN, relaie[25] – assez logiquement – la position de l'Alliance, selon laquelle

---

23. *L'élargissement de l'Otan et la Russie : mythes et réalités* (www.nato.int/docu/review/2014/Russia-Ukraine-Nato-crisis/Nato-enlargement-Russia/FR/index.htm)
24. "Declassified documents show security assurances against NATO expansion to Soviet leaders from Baker, Bush, Genscher, Kohl, Gates, Mitterrand, Thatcher, Hurd, Major, and Woerner", *National Security Archive*, 12 décembre 2017, Washington D.C.
25. "Conversation on The Future of NATO", nato.int, 25 mars 2021 (mis à jour 29 mars 2021)

« *il n'y a jamais eu de promesse que l'OTAN ne s'étendrait pas vers l'Est après la chute du mur de Berlin*[26] ». C'est un menteur.

Ceux qui soutiennent cette proposition, comme *Conspiracy Watch*[27], Bruno Tertrais de la *Fondation pour la recherche stratégique* (FRS) [28], Isabelle Mandraud sur *France 5*[29] ou Nicolas Gosset, de l'*Institut royal supérieur de défense* (IRSD), sur la *RTBF*[30], argumentent qu'il n'y pas eu de promesses parce qu'il n'y a pas eu de traité ou d'accord écrit.

Il est exact qu'il n'y a ni traités, ni décision du Conseil de l'Atlantique Nord (NAC) qui matérialisent ces promesses. Mais cela ne signifie pas qu'elles n'ont pas été formulées ! L'argument est donc un peu simple. Pour plusieurs raisons.

Premièrement, sur le plan juridique, nous avons aujourd'hui le sentiment qu'ayant « perdu la guerre froide », l'URSS n'avait plus son mot à dire dans l'évolution du monde. C'est faux. Dès novembre 1989, l'idée d'une réunification allemande était dans l'air. Or, les Occidentaux savaient que l'URSS, en tant que vainqueur de l'Allemagne en 1945, avait *de jure* un droit de veto sur sa réunification. Ils étaient donc *obligés* d'obtenir son accord et de répondre à son légitime besoin de sécurité.

C'est ce que dit Hans-Dietrich Genscher, ministre allemand des Affaires étrangères, lors de son allocution du 31 janvier 1990, à Tutzing (Bavière), rapportée par l'ambassade américaine de Bonn[31] :

---

26. "NATO enlargement and Russia : myths and realities", *NATO Review*, 2014
27. « L'OTAN a-t-elle vraiment promis à la Russie de ne pas s'élargir à l'Est ? Pas si simple… », *Conspiracy Watch*, 20 décembre 2017
28. https://twitter.com/BrunoTertrais/status/943152395273539584
29. Isabelle Mandraud dans l'émission « C dans l'air » du 11 janvier 2022 (« Poutine rêve d'URSS, l'Ukraine sous tension #cdanslair 11.01.2022 », France 5/YouTube, 12 janvier 2022) (24'06")
30. Nicolas Gosset, dans l'émission « QR l'actu », 21 février 2022
31. https://nsarchive.gwu.edu/document/16112-document-01-u-s-embassy-bonn-confidential-cable

Poutine, maître du jeu ?

> *Genscher avertit cependant que toute tentative d'extension militaire [de l'OTAN] sur le territoire de la République Démocratique Allemande (RDA) bloquerait la réunification allemande.*

Car, pour l'URSS, cela signifiait que l'OTAN se rapprochait *ipso facto* de la frontière soviétique. À ce stade, le Traité de Varsovie existait encore et la doctrine de l'OTAN était inchangée, il était donc légitime pour l'URSS d'y voir un risque pour sa sécurité. De plus, en acceptant la réunification allemande, l'URSS acceptait de retirer son *Groupe des Forces soviétiques en Allemagne* (GFSA), son contingent le plus puissant et le plus moderne, affaiblissant ainsi sensiblement sa posture stratégique en Europe. C'est pourquoi Genscher précise que

> *Les changements en Europe de l'Est et le processus d'unification allemande ne doivent pas « porter atteinte aux intérêts de sécurité soviétiques ». Par conséquent, l'OTAN devrait exclure une « expansion de son territoire vers l'Est, c'est-à-dire de se rapprocher des frontières soviétiques ».*

Mikhaïl Gorbatchev a donc très rapidement – et très légitimement – posé des conditions à son accord, poussant James Baker, secrétaire d'État américain, à entamer immédiatement des discussions avec lui. Le 9 février 1990, afin de calmer ses inquiétudes, Baker déclare[32] :

> *Non seulement pour l'Union soviétique mais aussi pour les autres pays européens, il est important d'avoir des garanties que, si les États-Unis maintiennent leur présence en Allemagne dans le cadre de l'OTAN, pas un pouce de la juridiction militaire actuelle de l'OTAN ne se propagera vers l'Est.*

---

32. *Record of Conversation between Mikhail Gorbachev and James Baker*, 9 février 1990 (National Security Archive, The George Washington University, Washington DC) (https://nsarchive2.gwu.edu//dc.html?doc=4325680-Document-06-Record-of-conversation-between)

Il y a donc eu des promesses, tout simplement parce que les Occidentaux n'avaient *pas d'autre alternative* pour obtenir l'aval de l'URSS et que, sans promesses, l'Allemagne n'aurait pas été réunifiée. Gorbatchev n'a accepté la réunification allemande que parce qu'il avait reçu les assurances du président George H.W. Bush et James Baker, du chancelier Helmut Kohl et de son ministre des Affaires étrangères Hans-Dietrich Genscher, du Premier ministre britannique Margaret Thatcher, de son successeur John Major et de leur ministre des Affaires étrangères Douglas Hurd, du président François Mitterrand, mais aussi du directeur de la CIA Robert Gates et de Manfred Wörner, alors secrétaire général de l'OTAN[33].

Ainsi, le 17 mai 1990, dans une allocution à Bruxelles, Manfred Wörner déclare[34] :

> *Le fait que nous soyons prêts à ne pas déployer une armée de l'Otan au-delà du territoire allemand donne à l'Union soviétique une solide garantie de sécurité.*

En février 2022, dans le magazine allemand *Der Spiegel*, Joshua Shifrinson, politologue américain, révèle un document du 6 mars 1991, classifié SECRET, établi à l'issue de la réunion des directeurs politiques des ministères des Affaires étrangères des États-Unis, de Grande-Bretagne, de France et d'Allemagne. Il rapporte les propos du représentant allemand, Jürgen Chrobog[35] :

> *Nous avons clairement indiqué lors des négociations 2+4 que nous n'étendrions pas l'OTAN au-delà de l'Elbe. Nous ne pouvons donc pas proposer l'adhésion à l'OTAN à la Pologne et aux autres.*

---

33. "Declassified documents show security assurances against NATO expansion to Soviet leaders from Baker, Bush, Genscher, Kohl, Gates, Mitterrand, Thatcher, Hurd, Major, and Woerner", *National Security Archive*, 12 décembre 2017, Washington D.C.
34. Dave Majumdar, "Newly Declassified Documents : Gorbachev Told NATO Wouldn't Move Past East German Border", *The National Interest*, 12 décembre 2017
35. Klaus Wiegrefe, "Neuer Aktenfund von 1991 stützt russischen Vorwurf", *Der Spiegel*, 18 février 2022

Poutine, maître du jeu ?

Les représentant des autres pays acceptent également l'idée de ne pas offrir l'adhésion à l'OTAN aux autres pays de l'Est. Raymond Seitz, représentant américain déclare :

> *Nous avons clairement fait savoir à l'Union soviétique – dans les pourparlers deux plus quatre et ailleurs – que nous ne profiterons pas du retrait des troupes soviétiques d'Europe de l'Est.*

Deuxièmement, trace écrite ou non, il y a eu un *deal* parce qu'un *deal* était inévitable. Or, en droit international, une promesse est un acte unilatéral valable qui doit être respecté (« *promissio est servanda* »). Ceux qui le nient aujourd'hui sont des individus qui ne connaissent pas la valeur de la parole donnée. Mais il est vrai que de tels principes ne valent pas grand-chose devant un avocat new-yorkais...

Le problème est que les Occidentaux – et les Américains en particulier – ont vu la chute du communisme comme leur victoire, qu'ils ont voulu totale, et que donc la Russie n'avait plus rien à dire. En réalité, l'Occident n'a pas gagné la guerre froide, c'est le système communiste qui l'a perdue : il n'était pas viable et s'est effondré de lui-même. Néanmoins, les « faucons » américains y ont vu une opportunité pour détruire complètement la Russie. Robert M. Gates, ancien dirigeant de la CIA (1986-1993), révèle dans ses mémoires que Richard Cheney, alors ministre de la Défense, cherchait à anéantir la Russie[36] :

> *Lorsque l'Union soviétique s'est effondrée à la fin 1991, Dick [Cheney] voulait voir le démantèlement non seulement de l'Union soviétique et de l'empire russe, mais de la Russie elle-même.*

Ainsi, ce que nos chroniqueurs ont jugé « paranoïaque » dans le discours de Vladimir Poutine du 21 février 2022 avait une réalité certaine en 1991.

À cette époque, la Chine est encore un pays en voie de développement, et les États-Unis ont cru pouvoir écarter toute « concurrence » en matière

---

36. Robert M. Gates, *Duty: Memoirs of a Secretary at War*, Knopf Doubleday, 2014, p. 97.

Poutine, maître du jeu ?

de sécurité internationale. Ils ont lutté pour éviter que la Russie puisse se relever sous une forme ou une autre, et remettre en question son leadership. C'est pourquoi, durant la « décennie Eltsine », malgré de bons rapports avec l'administration Clinton, il n'y a aucun développement ou investissement occidental significatif en Russie. Au contraire, elle est alors la proie d'un capitalisme sauvage et d'oligarques peu scrupuleux, qui la dépècent et encouragent le règne des mafias. Ces oligarques s'enfuiront au début des années 2000 en Israël et en Grande-Bretagne avec des fortunes immenses.

Ainsi, les belles promesses de 1990-1991 ont été rapidement oubliées et les pays de la « nouvelle Europe » – selon l'expression de Donald Rumsfeld – ont progressivement rejoint l'Alliance atlantique dès 1999. Pour les anti-Russes primaires d'aujourd'hui, l'Occident a de bonne foi rempli ses obligations et ce qui n'a pas été écrit n'a pas été dit... Piètre notion de la parole donnée et de l'honneur, car ce n'est pas l'avis de Robert M. Gates, qui déclarait en juillet 2000[37] :

> *À un moment d'humiliation et de difficultés particulières pour la Russie, l'accélération de l'expansion de l'OTAN vers l'Est, alors que Gorbatchev et d'autres ont été amenés à croire que cela n'arriverait pas – du moins, rapidement – n'a, je pense, probablement pas seulement aggravé la relation entre les États-Unis et la Russie, mais a rendu beaucoup plus difficile de travailler constructivement avec eux.*

On notera ici l'expression « *ont été amené à croire* », qui indique qu'il y avait clairement, de la part des États-Unis, de la mauvaise foi dès le début.

C'est donc à juste titre que les Russes peuvent aujourd'hui mettre en doute la parole et les intentions de l'OTAN[38]. En réalité, la seule erreur

---

37. *Robert Gates, University of Virginia, Miller Center Oral History, George H.W. Bush Presidency*, July 24, 2000, p. 101 (http ://web1.millercenter.org/poh/transcripts/ohp_2000_0723_gates.pdf)
38. Philippe Descamps, « Quand la Russie rêvait d'Europe : L'Otan ne s'étendra pas d'un pouce vers l'est », *Le Monde Diplomatique*, septembre 2018, pp. 10-11

Poutine, maître du jeu ?

de Mikhaïl Gorbatchev a été de croire en la bonne foi des démocraties occidentales et de ne pas leur demander des assurances écrites… Comme le dit Stephen F. Cohen, professeur d'études russes et slaves à l'Université de New York, le problème est que, *volens nolens*, cette promesse non-respectée – ni dans la forme, ni dans l'esprit – a érodé la confiance des Russes dans la parole des Occidentaux[39].

Cela étant dit, contrairement aux apparences – et malgré des sentiments anti-Russes ancestraux – les pays d'Europe de l'Est n'ont, pour la plupart, pas rejoint l'OTAN par crainte ou par hostilité envers la Russie.

Dans les années 1990, la Russie était très affaiblie et ne représentait aucune menace sérieuse pour eux : l'éclatement de l'URSS avait déstructuré son armée et sa base industrielle. En fait, l'adhésion à l'OTAN était moins une garantie contre une éventuelle agression russe, qu'un passage obligé pour une intégration plus profonde dans les structures occidentales. Elle était perçue de part et d'autre comme un gage d'occidentalisation et une forme d'engagement envers la communauté européenne. Car il ne faut pas oublier que les pays d'Europe de l'Est avaient eu des partis communistes beaucoup mieux implantés et beaucoup plus féroces qu'en URSS même, et que leurs services de sécurité étaient souvent beaucoup plus brutaux que ceux des Soviétiques ; d'ailleurs, ils ont très largement conservé leur culture et certains ont continué à pratiquer des éliminations « discrètes » jusque durant les années 1990, au moins…

Mais ces écarts ont été rapidement oubliés. Grâce aux aides accordées par les États-Unis pour la modernisation de leurs appareils militaires, l'adhésion à l'OTAN a également contribué à alléger leurs finances. Ce phénomène sera largement encouragé par leur participation aux coalitions conduites par les États-Unis en Afghanistan et en Irak. Ainsi, les États-Unis ont littéralement acheté des pays prêts à se vendre et à accomplir leurs basses œuvres au Moyen-Orient (y compris les programmes de torture de

---

39. "Stephen F. Cohen: NATO expansion and Russia", *YouTube/Carnegie Council for Ethics in International Affairs*, 2 juin 2010

la CIA)… Le naturel est revenu au galop ! Pas étonnant si, en 1998 le New York Times relevait que l'extension de l'OTAN était promue par le lobby de l'armement aux États-Unis, qui a dépensé quelque 51 millions de dollars pour soudoyer les politiciens américains à cette fin[40].

La séquence des événements montre que, à l'Est, l'appartenance à l'OTAN a souvent précédé l'adhésion à l'Union Européenne, alors perçue comme une garantie de développement rapide et de prospérité et qui constituait l'objectif réel.

Adhésion des pays de l'Est à l'OTAN et à l'Union européenne

Pays	OTAN	Union Européenne
Tchéquie	mars 1999	mai 2004
Hongrie	mars 1999	mai 2004
Pologne	mars 1999	mai 2004
Bulgarie	mars 2004	janvier 2007
Estonie	mars 2004	mai 2004
Lettonie	mars 2004	mai 2004
Lituanie	mars 2004	mai 2004
Roumanie	mars 2004	janvier 2007
Slovaquie	mars 2004	mai 2004
Slovénie	mars 2004	mai 2004
Albanie	avril 2009	
Croatie	avril 2009	juillet 2013
Monténégro	mai 2017	
Macédoine du Nord	mars 2020	

Figure 1 – L'adhésion des pays de la « nouvelle Europe » à l'OTAN a toujours précédé celle à l'Union Européenne. Leur démarche était davantage guidée par la prospérité que l'Union européenne devait apporter, que par la crainte ou la haine de la Russie.

---

40. Katharine Q. Seelye, "Arms Contractors Spend to Promote An Expanded NATO", *The New York Times*, 30 mars 1998

C'est le même schéma pour l'Ukraine, dont le désir de se rapprocher de l'Union Européenne et de l'OTAN résulte probablement moins de son hostilité envers la Russie qu'à des attentes exagérées sur les retombées d'un tel rapprochement. C'était alors aussi la perception de la Russie. Voilà pourquoi, contrairement à un mythe soigneusement entretenu en Occident, la Russie ne s'est jamais opposée à ce rapprochement, comme nous le verrons. En 2022, la perspective de recevoir des aides de l'Union Européenne et d'externaliser ses dépenses de défense restent certainement le principal moteur de la politique du pays, dont l'économie s'est dégradée et dont la corruption a augmenté depuis son rapprochement avec l'Union Européenne en 2014.

Dans les années 1990, les élites russes ne voient pas l'OTAN comme une menace. D'où le fait qu'elles n'en aie jamais exigé la dissolution, contrairement à ce que prétend Clémentine Fauconnier, politologue, sur *France 5*[41]. Elles voyaient au contraire l'Alliance comme le socle d'une nouvelle architecture de sécurité européenne, dans laquelle la Russie pourrait participer de plein droit. Elles n'étaient pas les seules, car dans son allocution du 31 janvier 1990 à Tutzing, Hans-Dietrich Genscher *« voit les alliances continuer mais en assumant plus un rôle politique que militaire* [42]*»*.

Dès lors, au milieu des années 1990, la Russie ne percevait plus vraiment l'expansion de l'OTAN à l'est comme un problème ; et elle n'a pas jugé nécessaire alors de revenir sur les promesses qui lui avaient été faites avant la réunification allemande.

Quant à l'idée – défendue par Bruno Tertrais – que les Occidentaux ont tenu parole en transformant la CSCE en OSCE, elle n'est pas exacte. D'abord, cette transformation n'avait pas pour but de satisfaire la Russie. Il s'agissait de pérenniser une structure qui avait jusque-là un caractère

---

41. Émission « C dans l'air » du 11 janvier 2022 (« Poutine rêve d'URSS, l'Ukraine sous tension #cdanslair 11.01.2022 », *France 5/YouTube*, 12 janvier 2022) (19'55")
42. https://nsarchive.gwu.edu/document/16112-document-01-u-s-embassy-bonn-confidential-cable

informel (c'est ce qui avait fait son succès durant la guerre froide) en une structure permanente, en raison de son rôle durant la guerre des Balkans. Depuis lors, l'OSCE joue essentiellement un rôle dans la sécurité humaine et moins dans les questions de sécurité internationale. Imaginée par les Soviétiques à la fin des années 1960, comme un forum pour régler des questions de sécurité internationale, elle a progressivement été orientée par les Occidentaux vers les questions de droits de l'homme et de sécurité humaine. Bien que les Russes la considèrent toujours comme un modèle, l'OSCE ne correspond pas à ce qu'ils entrevoyaient à la fin de la guerre froide en termes de coopération sécuritaire en Europe.

La crise ukrainienne révèle l'absence de réflexion stratégique des Occidentaux. Depuis que l'OTAN touche la frontière russe, ni l'OTAN, ni la Russie n'ont une zone tampon qui leur donnerait la flexibilité pour répondre à un conflit en-dessous du seuil nucléaire. En étant directement en contact avec le territoire russe sanctuarisé, l'OTAN – et en particulier les pays de l'Est – s'exposent au risque d'être presque immédiatement impliqués dans un conflit nucléaire.

Cela explique les deux propositions remises par la Russie aux États-Unis et à l'OTAN, à la mi-décembre 2021, intitulées « *Traité entre les États-Unis d'Amérique et la Fédération de Russie sur les garanties de sécurité* » et « *Accord sur des mesures visant à assurer la sécurité de la Fédération de Russie et les États membres de l'Organisation du Traité de l'Atlantique Nord* ». En Occident, l'extrême-droite de gauche parle d'un « *ultimatum*[43] », et Pascal Boniface affirme que Vladimir Poutine a déclaré que « *les deux projets de traité étaient à prendre ou à laisser* [44] ». Faux : le site d'opposition russe *Meduza* parle clairement de « *propositions* »[45]. En fait, comme dans toute la crise ukrainienne de 2021-2022,

---

43. Françoise Thom, "What Does the Russian Ultimatum to the West Mean?", *desk-russie. eu*, 30 décembre 2021
44. Émission « C dans l'air » du 25 janvier (« Ukraine : la surenchère russe... ou américaine ? #cdanslair 25.01.2022 », *France 5/YouTube*, 26 janvier 2022 (14'41")
45. "Moscow's terms Russia publishes proposal for legally binding security guarantees, demanding NATO abandonment of activity in Ukraine and U.S. military withdraw from

Poutine, maître du jeu ?

on « gonfle » artificiellement les propos et les intentions russes, afin de donner l'illusion que Poutine reculera et que la diplomatique occidentale aura été efficace par la suite : c'est de la manipulation.

En faisant leurs propositions, les Russes n'étaient pas idiots et ils savaient que ni les États-Unis ni l'OTAN ne les accepteraient telles quelles. Mais ils ont atteint deux choses. En premier lieu, ils ont clairement mis sur le papier des revendications qui n'étaient pas vraiment nouvelles, mais qui étaient restées de simple « thèmes de discussion ». Maintenant, ils ont imposé aux Occidentaux d'adopter des positions claires. En second lieu, ils ont fixé le point de départ et le niveau des négociations avec des exigences, dont certaines sont un peu plus élevées que ce qu'ils souhaitent afin de garder une marge de manœuvre pour négocier (*bargaining chip*).

On rétorquera que chaque pays a légitimement le droit d'adhérer à l'OTAN et que la Russie n'a aucune légitimité pour interférer dans ces décisions. C'est vrai, mais cela n'est pas le problème : la question n'est pas le droit des pays à adhérer à l'OTAN, mais de savoir s'il est judicieux pour l'Alliance elle-même d'accepter certains membres. Or, Vladimir Poutine a très bien compris que ce processus a jusqu'à présent été dépourvu de toute rationalité, notamment en évacuant la dimension nucléaire du problème.

L'adhésion à une alliance n'est pas un acte anodin, car elle implique des obligations à l'ensemble des membres de l'Alliance. C'est un tel mécanisme qui a fait que l'assassinat de l'archiduc François-Joseph en 1914 a eu pour conséquence 40 millions de morts…

De fait, l'OTAN a une politique dite de la « porte ouverte » ; mais elle est mal comprise. Elle est décrite dans l'article 10 du Traité de Washington :

> *Article 10 – Les parties peuvent, par accord unanime, inviter à accéder au Traité tout autre État européen susceptible de*

post-Soviet world", *Meduza*, 17 décembre 2021

favoriser le développement des principes du présent Traité et de contribuer à la sécurité de la région de l'Atlantique Nord. Tout État ainsi invité peut devenir partie au Traité en déposant son instrument d'accession auprès du gouvernement des États-Unis d'Amérique. Celui-ci informera chacune des parties du dépôt de chaque instrument d'accession.

En d'autres termes, les pays sont « *invités* », dans la mesure où ils peuvent « *contribuer à la sécurité de la région de l'Atlantique Nord* ». En clair, le critère n'est pas la sécurité des pays pris individuellement, mais la sécurité collective de la région. C'est ce que les pays de « nouvelle Europe » n'ont pas compris. En outre, cela signifie que chaque pays de la zone euro-atlantique peut être membre, mais que la décision est à la discrétion de l'Alliance, qui n'a *aucune obligation* d'accepter *chaque* pays qui le souhaite.

Ainsi, lorsque Philippe Lamberts, député européen, affirme que c'est aux Ukrainiens de déterminer s'ils veulent ou non faire partie de l'OTAN[46], c'est inexact. La décision appartient dans tous les cas aux pays-membres de l'Alliance, en fonction de la sécurité que l'Ukraine leur apporterait.

Cela étant dit, on est en droit de se demander si la décision des pays de l'OTAN serait rationnelle dans cette situation, comme on est en droit de se demander quel a été le gain en sécurité de l'OTAN lorsqu'elle a intégré les pays baltes. Ces derniers, dépourvus de toute tradition démocratique, animés par une haine quasi-atavique des Russes, pourraient être à l'origine de pogroms ou d'exactions susceptibles d'imposer une intervention extérieure – peut-être de la Russie – sous l'invocation de la « responsabilité de protéger » (R2P). Rongés par des idéologies d'un autre temps, ces pays n'accordent pas les droits de citoyens à leurs résidents russophones (au point que leur passeport est délivré par l'Union européenne).

---

46. Émission « Crise ukrainienne: Ce que les médias traditionnels n'osent pas dire ! », *ATIPIK TV/YouTube*, 8 février 2022

Par ailleurs, affirmer que « la Russie ne peut avoir de droit de veto sur l'élargissement de l'OTAN » est un peu simpliste. Certes, la Russie n'a pas à intervenir dans les décisions de l'Alliance. Mais l'élargissement de cette dernière n'est pas non plus sans conditions. Un principe a été accepté par tous les membres de l'OSCE et qui a été scellé dans le *Document d'Istanbul* (1999)[47] et la *Déclaration d'Astana* (2010)[48] : « *La sécurité de chaque État participant est indissociablement liée à celle de tous les autres.* » Il signifie que la sécurité d'un pays ne peut se faire aux dépens d'un autre. Or, c'est effectivement le cas, lorsque l'OTAN et les États-Unis en particulier déploient des armements et réduisant *ipso facto* les délais d'alerte et de pré-alerte d'un pays.

Jusqu'à présent, l'acceptation des nouveaux membres de l'OTAN s'est faite dans l'euphorie et sans aucune réflexion stratégique, car la Russie et la Chine étaient faibles. Or, aujourd'hui la situation est radicalement différente, et les problèmes d'un pays peuvent rapidement devenir ceux de l'ensemble de l'Alliance, comme en 1914. La crise ukrainienne a mis en évidence les risques pour l'OTAN elle-même d'une expansion irréfléchie.

C'est ce que dit Vladimir Poutine à Moscou lors de sa conférence de presse du 8 février 2022, avec Emmanuel Macron. Le problème est que nos « experts » n'écoutent pas.

Selon l'expression de Richard Sakwa, professeur de politique russe et européenne à l'Université du Kent[49],

> *un vrai paradoxe géopolitique est que l'OTAN existe pour gérer les risques créés par sa propre existence.*

---

47. https://www.osce.org/files/f/documents/0/2/39570.pdf
48. https://www.osce.org/files/f/documents/b/3/74987.pdf
49. Daniel McLaughlin, "Familiar chill blows through Russia but it has also changed for the better", *The Irish Times*, 18 décembre 2021

2.4. L'adhésion de la Russie à l'OTAN, une plaisanterie ?

Au début des années 1990, la Suisse s'interroge sur sa participation aux institutions continentales comme l'Union européenne et l'OTAN. Mais, soucieuse de préserver sa neutralité, elle consulte ces institutions, ainsi que les membres du Conseil de sécurité afin de mesurer les implications possibles de telles adhésions. Dans ce contexte, j'ai été amené à participer au dialogue avec les plus hautes autorités des Affaires étrangères et de la Défense russes de l'époque, ce qui me permet d'exprimer un point de vue plus proche de la perception russe que celle que nous avons aujourd'hui.

Des documents récemment publiés par la Grande-Bretagne montrent que, en 1995, la Russie envisageait sérieusement une adhésion à l'OTAN, mais que cette idée a été rejetée comme une « plaisanterie » par les chancelleries occidentales[50]. La raison d'être de l'OTAN est de placer ses membres sous la protection nucléaire des États-Unis. Or ces derniers voyaient mal la coexistence des deux principales puissances nucléaires dans la même alliance. C'est d'ailleurs en partie pour cette raison que le général de Gaulle avait retiré la France du commandement intégré de l'Alliance en 1966.

Dans les années 1950, les Soviétiques avaient approché certains pays influents de l'OTAN afin d'explorer l'idée d'une éventuelle adhésion. Même s'il semble qu'ils n'aient pas eu beaucoup d'illusions sur leurs chances de succès, le fait qu'ils l'aient envisagé n'était probablement pas aberrant. En effet, après la mort de Staline, la politique de *coexistence pacifique* entre le bloc communiste et le bloc occidental ainsi que l'abandon du principe de « *non-inévitabilité de la guerre* » dans la stratégie soviétique, laissent entrevoir l'opportunité de nouveaux rapports sur le continent européen. Les Soviétiques vivaient alors dans une forme

---

50. Chris York, "A Secret Plan To Let Russia Join Nato Was Dismissed As 'Farcical', Declassified Papers Reveal", *The Huffington Post*, 31 décembre 2019

Poutine, maître du jeu ?

d'économie de guerre, et ils cherchaient à en sortir afin de développer une vraie économie.

Mais on est alors en pleine guerre froide, et les Occidentaux ne voient pas vraiment comment intégrer l'URSS dans un système de sécurité collective comme l'OTAN, dont la finalité est d'offrir une protection nucléaire à ses membres contre l'Union soviétique. Sans même évoquer les problèmes idéologiques, les Occidentaux craignent qu'elle ne bloque complètement les mécanismes décisionnels de l'Alliance et ne la rende inopérante[51].

Au début des années 1990, les Soviétiques/Russes ravivent l'idée d'une adhésion. Là encore, l'idée est moins farfelue qu'il n'y paraît. Naturellement, si l'on voit l'OTAN telle qu'elle est aujourd'hui, c'est-à-dire avec la finalité qui a justifié sa création en 1949 (affronter l'URSS/Russie), l'idée semble absurde. À l'inverse, si l'on imagine un OTAN repensé, avec une notion de la sécurité non pas fondée sur l'idée de confrontation, mais sur celle de coopération, alors la proposition russe apparaît cohérente et réaliste.

En 1990-1991, l'espoir provoqué par la fin du communisme était bien réel auprès des nouveaux dirigeants russes. En juillet 1991, avec la dissolution du Traité de Varsovie, ils ont vu l'opportunité de réfléchir à une nouvelle architecture de sécurité sur le continent européen. Les Soviétiques/Russes n'ont jamais revendiqué ou voulu une dissolution de l'OTAN en réciprocité de la dissolution du Traité de Varsovie, contrairement à ce que prétend Caroline Roux[52], et les Occidentaux n'ont jamais promis de le faire, comme prétend le général Vincent Desportes sur

---

51. "That time when the Soviet Union tried to join NATO in 1954", *euromaidanpress.com*, 31 mars 201 ; voir également les documents déclassifiés par l'Otan : http://archives.nato.int/uploads/r/null/2/4/24086/C-R_54_14_ENG.pdf
52. Émission « C dans l'air » du 25 janvier (« Ukraine : la surenchère russe... ou américaine ? #cdanslair 25.01.2022 », *France 5/YouTube*, 26 janvier 2022 (20'20")

Poutine, maître du jeu ?

France 5[53]. Au contraire, la Russie a adhéré au *Partenariat pour la paix* (PPP) de l'OTAN.

Cependant, très attachée à l'OSCE (créée à l'initiative de l'URSS), la Russie caressait l'idée d'une sécurité collective qui s'en inspirerait et qui rassemblerait les pays européens et nord-américains. Les dirigeants russes, qui ont vu les dégâts causés par le communisme, pensaient qu'une architecture de sécurité fondée sur les rapports de force était dépassée et rêvaient d'un système plus coopératif. C'était l'idée d'une « *maison européenne commune* », que Mikhaïl Gorbatchev a lancée en 1989, en empruntant l'idée de Charles De Gaulle d'une « *Europe de l'Atlantique à l'Oural* ».

Or, cette idée n'avait rien d'aberrant. Dans son allocution du 17 mai 1990, Manfred Wörner, alors secrétaire général de l'OTAN, déclare[54] :

> *La tâche principale de la prochaine décennie sera de construire une nouvelle structure de sécurité européenne, incluant l'Union soviétique et les pays du Pacte de Varsovie. L'Union soviétique aura un rôle important à jouer dans la construction d'un tel système. Si vous considérez la situation actuelle de l'Union soviétique, qui n'a pratiquement plus d'alliés, alors vous pouvez comprendre son souhait justifié de ne pas être forcée de quitter l'Europe.*

La création du *Conseil de coopération nord-atlantique* (CCNA) par l'OTAN, à la fin 1991, est accueillie avec enthousiasme par les autorités et l'opinion publique en Russie. L'idée d'une coopération sécuritaire continentale y est très populaire et n'exclut pas l'idée d'une éventuelle adhésion à l'OTAN. Des discussions dans ce sens ont lieu en octobre 1993

---

53. « L'OTAN accroît les tensions en Europe - C à Vous, *France 5/YouTube*, 28 février 2022 (01'15")

54. Dave Majumdar, "Newly Declassified Documents : Gorbachev Told NATO Wouldn't Move Past East German Border", *The National Interest*, 12 décembre 2017

Poutine, maître du jeu ?

entre Boris Eltsine, et le secrétaire d'État américain Warren Christopher, qui demeure cependant réservé :

> *Nous examinerons en temps opportun la question de l'adhésion comme une éventualité à plus long terme. Il y aura une évolution, fondée sur le développement d'une habitude de coopération, mais au fil du temps[55].*

La réaction de l'OTAN ne répond pas aux attentes de la population russe. En juin 1994, c'est contre l'avis de son opinion publique, que le gouvernement russe rejoint le *Partenariat pour la Paix* nouvellement créé par l'OTAN. En 1997, afin de donner l'illusion qu'elle veut développer la coopération avec la Russie, l'OTAN jette les bases du *Conseil OTAN-Russie* (COR), créé 2002. Il a pour but d'entretenir un dialogue avec la Russie afin que l'expansion de l'OTAN ne soit pas perçue comme une menace. En réalité, comme le résume Bill Clinton, c'est une manière assez cynique de ne pas appliquer les promesses faites aux dirigeants de l'ex-URSS :

> *Ce que les Russes retirent de cet accord exceptionnel que nous leur proposons, c'est l'occasion de s'asseoir dans la même pièce que l'OTAN et de s'associer à nous chaque fois que nous tous sommes d'accord sur quelque chose, mais ils n'ont aucune possibilité de nous empêcher de faire quelque chose qu'ils n'acceptent pas. Ils peuvent manifester leur désapprobation en sortant de la salle. Et, comme deuxième grand avantage, ils obtiennent notre promesse que nous n'allons pas mettre nos affaires militaires chez leurs anciens alliés, qui seront désormais nos alliés, à moins que nous ne nous réveillions un matin et décidions de changer d'avis[56].*

---

55. Mémorandum interne de Warren Christopher sur son entrevue du 22 octobre 1993 avec Boris Elstine (déclassifié le 8 mai 2000) cité par Dave Majumdar, "How Bill Clinton Accidentally Started Another Cold War", *The American Conservative*, 18 octobre 2017
56. James Goldgeier et Michael McFaul, *Power and Purpose : US Policy toward Russia after the Cold War*, Washington 2003, pp. 204-205

Pour les pays d'Europe de l'Est, la situation est un peu différente. Dans leur esprit, l'adhésion à l'Union européenne et à l'OTAN va souvent de pair : il s'agit d'assurer leur développement dans la sécurité, dans une démarche plus opportuniste que philosophique. Pour eux, les valeurs de la démocratie et des droits de l'Homme restent, malgré tout, très secondaires. Ainsi, en dépit de certains garde-fous constitutionnels et légaux, leurs services de renseignement sont restés des services de sécurité qui conservent assez largement l'héritage de leurs prédécesseurs communistes, comme en témoigne leur participation au programme de torture de la CIA ; ce qui ne semble pas déranger le moins du monde l'Union européenne ! De plus, leur empressement à emboîter le pas aux États-Unis en Afghanistan ou en Irak était davantage motivé par la modernisation de leurs forces armées que par des valeurs humanistes.

Ils y ont gagné la qualification de « *nouvelle Europe* » par Donald Rumsfeld[57]. Ils ont largement contribué à créer la crise migratoire en intervenant aux côtés des États-Unis au Moyen-Orient, puis en refusant d'en accepter les conséquences et comptent sur les pays de la « *vieille Europe* » pour s'en occuper.

2.5. L'intervention russe en Syrie était-elle opportuniste ?

Dans l'émission « C dans l'air » du 17 octobre 2021, on nous présente Vladimir Poutine comme un velléitaire, qui chercherait à conquérir de nouveaux territoires. C'est la rhétorique développée par l'administration Trump, qui nous a été servie par Laure Mandeville[58]. Elle prétend que le refus d'Obama d'intervenir après l'attaque chimique de la Ghouta en août

---

57. Mark Baker, "U.S. : Rumsfeld's 'Old' And 'New' Europe Touches On Uneasy Divide", *RFE/RL*, 24 janvier 2003

58. Émission « C dans l'air » du 17 octobre 2021 (« Poutine, maître du jeu #cdanslair 17.10.2021 », *France 5/YouTube*, 18 octobre 2021) (54'11")

2013 a constitué un « *vide géopolitique, et Poutine voit là une occasion absolument rêvée de mener une opération [en Syrie]* ». Cette idée de la faiblesse occidentale exploitée par Poutine est une pure construction occidentale érigée en fait, souvent évoquée par les « experts » de « C dans l'air ». C'est à la fois simpliste et faux.

Et on sait que c'est faux depuis 2016, grâce à l'explication donnée par un acteur de première main de l'époque : John Kerry, alors secrétaire d'État américain.

En février 2016, Alexandre Iakovenko, ambassadeur de Russie en Grande-Bretagne, révèle que la décision d'intervenir en Syrie a été prise en été 2015, lorsque l'État islamique (EI) atteint la ville de Palmyre. La coalition occidentale prévoyait alors que l'EI entrerait dans Damas en octobre, et que les États-Unis auraient ainsi pu instaurer une zone d'exclusion aérienne au-dessus de la ville. Ce n'est donc pas à cause de la faiblesse occidentale mais pour éviter que la capitale soit livrée aux djihadistes que les Russes sont intervenus[59].

Laure Mandeville reste évidemment très discrète sur l'ambiguïté – pour ne pas dire la perfidie – des Occidentaux. Car, comme l'explique John Kerry, la coalition occidentale a délibérément laissé l'EI se développer, dans l'espoir que cela obligerait le gouvernement syrien à négocier :

> *La raison pour laquelle la Russie s'est impliquée est que l'EI s'est renforcé. Daech menaçait d'atteindre Damas et c'est pourquoi la Russie est intervenue. Parce qu'ils ne voulaient pas d'un gouvernement de Daech et qu'ils soutenaient Assad.*

> *Et nous savions qu'il [Daech] grandissait. Nous observions. Nous avons vu que Daech devenait de plus en plus puissant et nous pensions que Assad était menacé. Nous pensions cependant*

---

59. Alexander Yakovenko, "Russia and the US are partners in trying to end the war in Syria", *The Evening Standard*, 15 février 2016

que nous pourrions probablement gérer, qu'Assad négocierait ensuite. Au lieu de négocier, il a demandé de l'aide à Poutine[60].

L'examen des cartes montre que les frappes occidentales (y compris françaises et belges) ne visent alors l'EI *que* dans la mesure où il est au contact des forces rebelles soutenues par l'Occident (comme les Kurdes), et lorsqu'il n'est pas au contact de forces alliées au gouvernement syrien[61]. C'est d'ailleurs entre la fin 2014 (début des frappes occidentales) et septembre 2015 (début des frappes russes), que l'extension territoriale de l'EI a été la plus rapide[62].

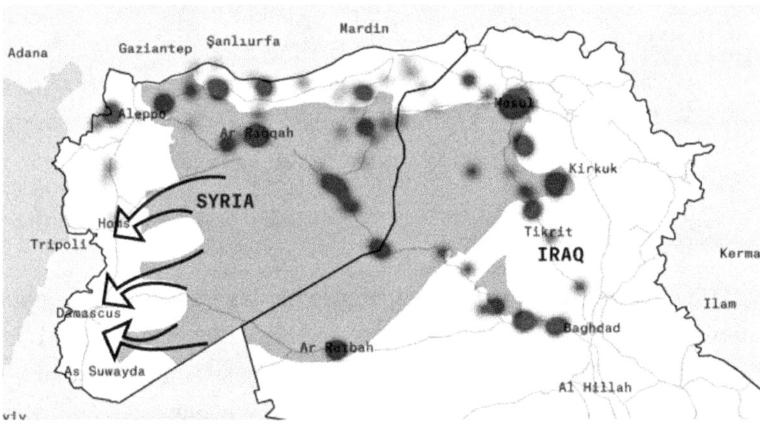

Figure 2 – Carte des frappes occidentales (taches noires) contre l'EI (zone en gris foncé) entre 2014 et septembre 2015 (date de l'arrivée des Russes). Les flèches montrent les offensives de l'EI en direction de Damas. Comme on le constate, les frappes n'ont touché que les islamistes qui étaient au contact des Kurdes ou des groupes soutenus par l'Occident, mais n'ont jamais ciblé les forces de l'EI lorsqu'elles étaient au contact des forces syriennes. [Source : airwars.org]

---

60. John Kerry, enregistrement d'une réunion avec l'opposition syrienne à la Mission des Pays-Bas des Nations unies, le 22 septembre 2016, publié par Wikileaks. ("Leaked audio of John Kerry's meeting with Syrian revolutionaries/UN (improved audio)"), *YouTube*, 4 octobre 2016)
61. Georges Malbrunot, « La France face au conflit syrien : le choix de l'i-realpolitik », *Outre-Terre 2015/3* (n°44) (pp. 23-26)
62. Voir les cartes dynamiques de la guerre : https://syria.liveuamap.com/

Poutine, maître du jeu ?

Ce n'est qu'à la fin 2015, après l'intervention russe, que le territoire de l'EI a commencé à se contracter[63]. À la fin septembre 2015, la Russie propose aux Occidentaux la création d'une coalition élargie pour lutter contre l'EI, mais ils refusent.

En effet, à cette époque, les Occidentaux ne sont pas intéressés par la destruction de l'EI. Ils cherchent à démanteler la Syrie et la diviser en une zone kurde (au nord-ouest), une zone chiite (à l'ouest) et une zone sunnite (à l'est), dans laquelle ils sont prêts à laisser se développer un État salafiste. Un rapport SECRET de la *Defense Intelligence Agency* (DIA) américaine sur la situation en Syrie, daté du 5 août 2012, expose l'idée de favoriser la création d'un État islamique dans l'est de la Syrie :

> *Si la situation le permet, il y a la possibilité d'établir une principauté salafiste déclarée ou non dans l'Est de la Syrie (Hasaka et Deir ez-Zor), et c'est exactement ce que veulent les pays qui soutiennent l'opposition afin d'isoler le régime syrien, qui est considéré comme la profondeur stratégique de l'expansion chiite (Irak et Iran)*[64].

Cette zone est celle qui a été épargnée par les frappes de la coalition internationale jusqu'à l'arrivée des forces russes dans la région. L'idée d'un État salafiste en Syrie fait partie d'un plan américain (établi en accord avec Israël) d'une partition de la Syrie, évoqué par John Kerry lors de son audition devant la *Commission sénatoriale des Affaires étrangères* en février 2016[65]. Ce plan sera repris par l'administration Trump et explique la présence américaine actuelle en Syrie[66]. Ce n'est

---

63. Voir "The Syrian Civil War, every day", *YouTube* (mis à jour quotidiennement)
64. Brad Hoff, "West will facilitate rise of Islamic State "in order to isolate the Syrian regime : 2012 DIA document", *Foreign Policy Journal*, 21 mai 2015 ; voir également : http://www.judicialwatch.org/wp-content/uploads/2015/05/Pg.-291-Pgs.-287-293-JW-v-DOD-and-State-14-812-DOD-Release-2015-04-10-final-version11.pdf
65. Patrick Wintour, "John Kerry says partition of Syria could be part of 'plan B' if peace talks fail", *The Guardian*, 23 février 2016
66. James Dobbins, Jeffrey Martini & Philip Gordon, "A Peace Plan for Syria", *Rand Corporation*, 2015 (Document PE-182-RC) ; Jeff Mackler, "The US Plan to Partition Syria",

pas totalement par hasard, si Abu Bakr al-Baghdadi, puis Abou Ibrahim al-Hachimi al-Qourashi, chefs de l'EI, ont tous deux étés abattus par les forces spéciales américaines *à l'intérieur* de zones sanctuarisées par les forces occidentales contre les forces armées syriennes[67].

Donc, l'intervention de la Russie en Syrie ne résulte pas d'une lubie de Vladimir Poutine, mais du danger résultant d'une stratégie délibérée des pays occidentaux, qui ont joué avec le feu… et qui se sont brûlés !

En février 2012, la Russie, avec Martti Ahtisaari, prix Nobel de la paix et ex-président finlandais, avait proposé aux pays occidentaux un plan en trois points, qui prévoyait le départ de Bachar al-Assad[68] :

> *Un : nous ne devons pas donner d'armes à l'opposition. Deux : nous devons mettre en place un dialogue entre l'opposition et Assad maintenant. Trois : nous devons trouver une façon élégante pour qu'Assad se retire[69].*

Ainsi, dès le début de la crise syrienne, la Russie était favorable à une solution politique pour le départ de Bachar al-Assad. Ce sont les Occidentaux qui refusent : leur objectif n'est pas de remplacer Bachar al-Assad, mais de démanteler la Syrie, qu'Israël – donc les États-Unis et la France – perçoivent comme un bastion avancé de l'Iran.

Au passage, la carte et les propos de Kerry tendent à montrer que François Hollande n'a pas dit la vérité lors du procès des auteurs des attentats du 13 novembre 2015[70] : la participation française à la coalition

---

Counterpunch, 9 février 2018 ; Nafeez Mosaddeq Ahmed, "US military document reveals how the West opposed a democratic Syria", *mondiplo.com*, 24 septembre 2018

67. Chantal Da Silva, Ammar Cheikh Omar, Courtney Kube & Phil Helsel, "ISIS leader dies during U.S. special forces raid in Syria, Biden says", *NBC News*, 3 février 2022

68. Julian Borger & Bastien Inzaurralde, "West 'ignored Russian offer in 2012 to have Syria's Assad step aside'", *The Guardian*, 15 septembre 2015.

69. Fanny Arlandis, « En 2012, la France et ses alliés auraient ignoré un plan prévoyant le départ de Bachar el-Assad », *Slate.fr*, 15 septembre 2015

70. Luc-Antoine Lenoir, « EN DIRECT – Procès 13-Novembre : "Nous n'avions pas l'information qui aurait pu empêcher les attentats", témoigne Hollande », *Le Figaro*, 10 novembre 2021

en 2014-2015 en Irak, puis en Syrie, n'avait – à ce stade – pas pour but de détruire l'EI, mais de désintégrer la Syrie. Ce n'est qu'après s'être brûlé les doigts (avec les attentats) que la France s'est résolue à envisager de détruire l'EI.

En sus, rappelons qu'en termes de droit international, quel que soit notre jugement sur Bachar el-Assad, la Russie a *officiellement* été invitée par le gouvernement syrien à intervenir en Syrie, comme le dit John Kerry. Elle y est donc légitime. En revanche, les États-Unis et la France opèrent *illégalement* en Syrie. La résolution 2170 du 15 août 2014 du Conseil de sécurité des Nations unies[71], souvent invoquée par la France, n'autorise pas à intervenir dans un pays souverain (même si on n'aime pas son président !).

On tente de nous faire voir le soutien de la Russie à la Syrie comme une sorte d'amicale entre dictateurs. C'est une simplification assez grossière de la situation. Concrètement, le problème n'est pas tant de savoir si le président Assad est légitime ou non, mais plutôt de savoir à quoi conduirait son renversement et qui lui succéderait. A priori, la Russie n'avait pas l'intention de rester en Syrie, simplement d'éviter que l'on se retrouve dans la même situation qu'en Libye. C'est pourquoi, en mars 2016, moins de six mois après le début de son intervention et après avoir rendu l'avantage à l'armée syrienne, la Russie a effectué un retrait partiel de son contingent[72].

2.6. La compagnie Wagner est-elle l'armée parallèle de Vladimir Poutine ?

L'existence de la société militaire privée (SMP) Wagner est évoquée depuis plusieurs années, mais c'est en 2021 que les médias français

---

71. https://www.undocs.org/fr/S/RES/2170 (2014)
72. Denis Dyomkin & Suleiman Al-Khalidi, "Putin says Russians to start withdrawing from Syria, as peace talks resume", *Reuters*, 14 mars 2016

commencent à s'y intéresser. Le retrait des militaires français, demandé par le gouvernement malien, et simultanément, le recrutement de personnels de Wagner, ont déclenché la colère du ministre français des Affaires étrangères et une campagne de propagande sans précédent contre la Russie.

Interrogé par Caroline Roux sur la présence des mercenaires russes de l'organisation Wagner en Afrique « *contre les intérêts français* »[73], Jean-Yves Le Drian affirme que, en Centrafrique, ils « *confisquent la capacité fiscale de l'État* » afin de se payer et « *multiplient les violations, les exactions, les prédations pour se substituer parfois même à l'autorité du pays* ». Naturellement, avec l'intégrité toute relative qui le caractérise, il n'apporte ni preuve, ni exemple de ce qu'il affirme. Ses déclarations sont largement reprises par la presse française[74] et déclenchent la colère des autorités de Bangui[75].

Quelques jours plus tard, Mme Sylvie Baïpo-Temon, ministre des Affaires étrangères du Centrafrique, répond à Jean-Yves Le Drian sur *TV5 Monde*[76]. Elle dénonce les propos « *inacceptables* » et « *mensongers* » de son homologue français et réfute toutes ses accusations « *qui ne représentent pas ce qui se passe en République centrafricaine* ».

Elle explique que ces déclarations se réfèrent à une mission d'évaluation de trois mois, effectuée par la Russie – à la demande du gouvernement centrafricain – auprès des douanes centrafricaines, qui a produit des recommandations. Selon les médias centrafricains, ce travail devrait

---

73. Émission « C dans l'air » du 17 octobre 2021 (« Poutine, maître du jeu #cdanslair 17.10.2021 », *France 5/YouTube*, 18 octobre 2021) (1h27'17")

74. « Le groupe Wagner se substitue à l'autorité de l'État en Centrafrique, selon Paris », *Le Figaro/AFP*, 17 octobre 2021 ; "Le groupe Wagner se substitue à l'autorité de l'État en Centrafrique, selon Paris », Mediapart/AFP, 17 octobre 2021.

75. « Centrafrique : les autorités fustigent la sortie du chef de la diplomatie française Drian », *africa24tv.com*, 21 octobre 2021

76. « Centrafrique : la ministre des Affaires Étrangères accuse Le Drian de "propos mensongers" », *TV5Monde*, 21 octobre 2021

Poutine, maître du jeu?

permettre d'accroître les recettes fiscales de 36 milliards de francs CFA[77]. Mme Baïpo-Temon constate qu'il y a, depuis quelque temps, une tentative du ministre français d'« *infantiliser* » son pays[78]. Elle rappelle que le président Macron[79] avait déjà « *accusé le président Touadéra d'être otage de la présence russe* », ce qui est faux. Elle souligne que la République centrafricaine est un « *pays autonome, indépendant, souverain et qu'elle est en droit de faire appel à des partenaires* ». Elle rappelle également que la présence russe dans le pays découle du refus d'autres pays de répondre à son appel d'aide, et notamment à la demande du président Touadéra, en 2016, de maintenir la force SANGARIS, dont le retrait avait précisément été demandé par Le Drian. Elle juge donc les propos de Le Drian « *diffamatoires et mensongers* » et condamne la « *guerre informationnelle* » menée par Paris.

Face aux accusations d'exactions portées par la communauté internationale, le Centrafrique a mis en place une commission d'enquête. Mme Baïpo-Temon rappelle également que l'ensemble des troupes qui ont été engagées sur le territoire centrafricain ont commis des exactions, et que, à ce stade, le dossier de viols de mineurs par des membres de la force SANGARIS n'est pas encore clos. En tous les cas, les paramilitaires russes semblent faire l'objet de moins d'accusations de viol que les militaires français (qui étaient alors sous la responsabilité de Le Drian[80]...

---

77. « RCA: L'expertise russe a permis aux douanes de faire une recette de 36 milliards FCFA », *nouvellesplus.com*, 9 août 2021

78. « Coopération avec les Russes : la Centrafrique accuse la France de l'"infantiliser" », *Tchadinfos*, 20 octobre 2021

79. « Centrafrique : Macron juge le président Touadéra "otage du groupe Wagner" », *rfi.fr*, 31 mai 2021

80. « Soupçons de viols en Centrafrique par des militaires français : l'affaire en quatre dates », *franceinfo*, 30 avril 2015 ; "Soupçons de viols par des soldats français en Centrafrique : des enfants témoignent", *franceinfo*, 8 mai 2015 ; "Quatre militaires français entendus sur des accusations de viols en Centrafrique", *franceinfo / AFP*, 8 décembre 2015 ; "Centrafrique : la justice enquête sur de nouvelles accusations de viols par des soldats français", *franceinfo / AFP*, 8 février 2016 ; "Centrafrique : nouvelles accusations d'abus sexuels pour des soldats français et de l'ONU", *franceinfo Afrique*, 2 avril 2016

et qui ont fait l'objet d'une enquête apparemment bâclée[81], puis d'un non-lieu pour le moins discutable[82]).

Il semble que la présence de Wagner en Afrique soit plus un problème pour Paris que pour les Africains. Car, en Centrafrique, le Parlement a adressé ses remerciements aux Russes pour leur engagement[83], et le gouvernement a fait ériger un monument en leur honneur[84].

En somme, les déclarations de Le Drian illustrent les problèmes de la « Françafrique 2.0 » : les pays africains veulent être libres de leurs décisions. La condescendance qu'exprime Le Drian explique à elle seule pourquoi la France n'est plus la bienvenue dans cette région. Car lorsqu'une force étrangère – nationale ou multinationale – intervient dans un pays, elle se substitue dans une très large mesure à son autorité : les militaires français, même s'ils font un très bon travail, le font au service de la France et non du Mali, du Niger ou d'un autre pays. Ce problème général touche également les opérations de maintien de la paix des Nations unies ou de l'OSCE. Cela conduit parfois à des situations où les militaires sont peu efficaces (comme en République démocratique du Congo, par exemple), car ils ne se sentent pas vraiment concernés par le problème.

Les Africains ont constaté que la manière dont la France mène les opérations accroît leurs problèmes ; et lorsqu'ils veulent travailler à leur manière et entamer un dialogue avec ceux que les Français appellent djihadistes on les en empêche. Ils veulent être souverains chez eux.

C'est en grande partie ce qui a conduit au coup d'État au Mali, et le recours à la société militaire privée (SMP) russe appelée Wagner. Les

---

81. Nathalie Hernandez, « Militaires accusés de viol en Centrafrique : les parties civiles dénoncent une enquête lacunaire et partiale », *Radio France*, 11 mars 2017
82. « Accusations de viols contre des soldats français en Centrafrique : non-lieu ordonné », *Le Monde/AFP*, 15 janvier 2018 ; Maria Malagardis, "Viols d'enfants par des soldats en Centrafrique : un non-lieu qui ne dissipe pas le malaise", *Libération*, 15 janvier 2018
83. Nadia Chahed, "Centrafrique : l'Assemblée adresse ses "remerciements"aux paramilitaires russes de la société Wagner », *aa.com.tr*, 16 octobre 2021
84. Fatma Bendhaou, « Centrafrique : inauguration d'un monument à la gloire des soldats russes », *aa.com.tr*, 1er décembre 2021

SMP (très largement utilisées par les Occidentaux en Irak, en Afghanistan, en Libye et ailleurs), posent de nombreuses questions fonctionnelles et juridiques. Mais elles ont un avantage considérable : lorsqu'on leur dit de partir, elles partent (« Qui paie commande »).

Au fond, ce que l'on appelle Wagner est une entité mal connue. On y voit une « *armée parallèle de Vladimir Poutine*[85] », qui *serait* dirigé par Evguéni Prigogine, dit le « *cuisinier du Kremlin* » et – accessoirement – qui – selon *France info* – *aurait tenté* d'influencer l'élection de Donald Trump[86] (ce qui a été démenti par la suite, nous le verrons plus bas). Bref, on n'en sait rien et on invente, au point que certains experts se demandent si Wagner existe sous la forme qu'on lui attribue. Il semble que cela soit plutôt une constellation de petites sociétés de sécurité qui reçoivent des mandats au coup par coup[87]. Ces sociétés ont des bases dans plusieurs pays européens (Hongrie, Serbie, Suisse, Italie, Allemagne, Grèce et Taïwan) et portent plusieurs noms autres que « Wagner »[88].

La représentation qu'en donnent les autorités et médias français relève plus de la propagande (voire de la désinformation) que l'analyse. Jean-Yves Le Drian, Caroline Roux et autres tendent à nous présenter l'image d'une armée compacte, sorte de force de l'ombre, que *CNews* décrit comme « *l'armée secrète de Vladimir Poutine*[89] ». Cela n'est basé sur aucun fait concret et la réalité semble moins romanesque. Selon *Africa Intelligence*, la « *diplomatie parallèle* » de Wagner serait un

---

85. Charlotte Lalanne, « Centrafrique, Mali... Comment les mercenaires russes de Wagner tissent leur toile », *L'Express*, 3 octobre 2021 (mis à jour le 4 octobre 2021)

86. « Qui est le groupe Wagner, pourvoyeur de mercenaires russes en Centrafrique ? », *rfi/franceinfo*, 29 janvier 2019

87. Amy Mackinnon, "Russia's Wagner Group Doesn't Actually Exist", *Foreign Policy*, 6 juillet 2021

88. Nykolaï Koval, ""Фабрики" наемников: где в России готовят террористов", *obozrevatel.com*, 12 juin 2018

89. François Blanchard, « Mali : qu'est-ce que le groupe Wagner, "l'armée secrète de Vladimir Poutine" ? », *CNews*, 7 octobre 2021 (mis à jour le 11 octobre 2021)

problème pour Moscou[90]… Vladimir Poutine se créerait-il délibérément des problèmes supplémentaires ?

Il semble plus vraisemblable que Le Drian nous raconte n'importe quoi comme alibi pour ne pas avoir de vraie stratégie dans les pays où la France est engagée. Comme toujours, ses engagements militaires paraissent efficaces car ils tuent beaucoup de monde, mais ils ne résolvent pas le problème[91]. Ainsi, selon *France Inter*, « *au Mali (...), en 2020, on a compté davantage de civils tués par des militaires censés les protéger (35 %) que par des groupes dits djihadistes (24 %).* [92]»

C'est ce que le gouvernement malien reproche à la France : elle mène sa guerre au niveau tactique, sans aucune stratégie d'ensemble et, finalement, crée du terrorisme[93]. Le paternalisme français a fait le reste : ayant le sentiment de ne pas être consulté sur le déroulement des opérations, le gouvernement malien s'en remet à des acteurs privés qu'il peut diriger à sa guise, voire renvoyer.

En France, un roman est créé autour de cette « *armée de l'ombre* », définie comme une « *entreprise de déstabilisation de l'Occident en passant par l'Afrique* » qui « *se paie sur la bête* ». Ses dirigeants *récupèrent les mines d'or, les mines d'argent et ont des intérêts dans les champs de gaz.* Le 16 février 2022, sur *France 5*, la journaliste Alexandra Jousset, qui a enquêté sur eux, affirme que, au Mali, « *ils ne vont pouvoir véritablement lutter contre les terroristes, parce qu'on voit qu'une force comme BARKHANE n'a pas réussi à lutter efficacement* ». Elle déclare qu'il y a 1 000 hommes déployés, qui « *ont déjà commencé à faire de la*

---

90. « La diplomatie parallèle de Wagner embarrasse Moscou », *AfricaIntelligence.fr*, 28 octobre 2021

91. « Choguel Maïga : face au retrait de Barkhane, "nous avons l'obligation de chercher des solutions" », *rfi.fr*, 27 septembre 2021

92. Nathanaël Charbonnier, « Les armées régulières seraient tout aussi meurtrières (voire plus) que les terroristes au Sahel », *France Inter*, 3 mai 2021

93. Marie Brette, « Opération Barkhane : "Plus il y a de militaires français au Sahel, plus il y a de djihadistes" », *TV5 Monde*, 3 février 2020 (mis à jour 6 février 2020)

prospection sur trois mines d'or au Mali »[94]. Le lendemain, le président Macron parle de 800 hommes[95], tandis qu'un « officiel français » parle de 300-400 hommes[96] : le chiffre exact est un mystère.

La seule chose juste que dit notre journaliste est que ces Russes n'assureront que des missions de protection. Les Maliens craignent que leurs alliés français organisent un contre-coup d'État, et c'est la principale raison pour laquelle ils se sont tournés vers un prestataire russe.

Cela étant, les Russes assureront probablement aussi des tâches d'instruction. Mais ils ne sont pas destinés à reprendre les missions de BARKHANE, comme on se plaît à le dire en France. En réalité, la raison pour laquelle la junte au pouvoir au Mali ne veut plus de la France est qu'elle estime que son approche ne viendra pas à bout du terrorisme. Or, la junte veut une stratégie moins destructrice, qui inclut un dialogue avec les rebelles, ce que Paris refusait[97]. Donc les Russes ne sont qu'un élément d'une stratégie plus complexe et plus holistique que ce que les Français ont pratiqué en dix ans. Combinaison d'éléments militaires et d'un dialogue, cette stratégie est au moins une tentative de sortir d'une impasse.

La Russie n'a pas moins de légitimité à être en Afrique que la France. Le problème est que cette dernière n'a pas l'habitude que les pays africains prennent leurs aises vis-à-vis de Paris.

Reste que les SMP constituent souvent un problème, car elles contribuent à la militarisation de situations, sans avoir les mêmes contraintes légales et politiques que les armées traditionnelles. Les organisations comme Wagner ne font pas exception. Mais, en braquant le projecteur

---

94. Alexandra Jousset dans l'émission « C à dire » du 16 février 2022 ("Wagner : qui sont les mercenaires de Poutine ?", *France 5/YouTube*, 17 février 2022)
95. Sylvie Corbet & Samuel Petrequin, "France and EU to withdraw troops from Mali, remain in region", *ABC News/Associated Press*, 17 février 2022
96. John Irish, "French official says 300-400 Russian mercenaries operate in Mali", *swissinfo.ch*, 11 janvier 2022
97. Charlotte Lalanne, « Dialogue avec les djihadistes : entre Paris et Bamako, la fracture se creuse », *L'Express*, 21 octobre 2021

sur Wagner, on masque les crimes de guerre commis par les SMP occidentales en Irak et en Afghanistan où tous les pays occidentaux ont utilisé plusieurs dizaines de milliers de mercenaires[98]. Ainsi, comme l'auteur l'a lui-même constaté, la sécurité de l'ambassade américaine de Kaboul était assurée par des mercenaires. Ce que les Américains et les Français appellent pudiquement « contractants » en Afghanistan et en Irak, deviennent des « mercenaires » en Centrafrique. En Irak, ils se sont rendus coupables de nombreux crimes de guerre[99] tout en échappant à la justice[100]… au grand dam de nos fameuses valeurs occidentales si bien défendues par les experts de nos plateaux de télévision…

---

98. Mark Cancian, « In Afghanistan, Contractors Were Unsung Heroes Of US Efforts", *Breaking Defense*, 30 août 2021
99. Peter W. Singer, "The Dark Truth about Blackwater", *Brookings.edu*, 2 octobre 2007
100. Michael Safi, "Trump pardons Blackwater contractors jailed for massacre of Iraq civilians", *The Guardian*, 23 décembre 2020

3. Espionnage et actions de déstabilisation de la Russie

3.1. La Russie mène-t-elle une guerre hybride contre l'Occident ?

Non. Mais c'est un mythe soigneusement entretenu en Occident, comme en témoigne Nathalie Loiseau, députée européenne, dans le reportage *Poutine, maître du jeu* de France 5[101]. Elle n'a manifestement aucune idée de ce qu'elle évoque et – comme beaucoup de politiciens et chercheurs occidentaux – elle utilise ce concept comme fourre-tout, pour donner une cohérence artificielle à des événements qu'*a priori* rien ne lie. Pour preuve, le reportage ne donne ni exemple, ni quel serait l'objectif d'une telle « guerre hybride ».

Cette guerre hybride se fonde sur un concept qui aurait été décrit par Valery Guerassimov, chef de l'état-major général russe, dans un article de 2013 intitulé « *La valeur de la science dans la prospective* »[102]. Après la crise ukrainienne de 2014, les Occidentaux tentent de mettre en cohérence une invasion russe sans troupes russes, une révolution démocratique par

---

101. Émission « C dans l'air » du 17 octobre 2021 (« Poutine, maître du jeu #cdanslair 17.10.2021 », *France 5/YouTube*, 18 octobre 2021) (1h18'07")
102. Герасимов Валерий, "Ценность науки в предвидении", *vpk-news.ru*, 26 février 2013 (https://vpk-news.ru/articles/14632)

des militants d'extrême-droite nationalistes, la légitimité d'un gouvernement qui gouverne sans avoir été élu, etc. On construit alors une logique qui réunit la cyberguerre, le terrorisme, la guerre clandestine, la guerre conventionnelle et, naturellement, la guerre de l'information. L'article de Guerassimov devient la clé de lecture d'événements incohérents.

Dans le sillage de la propagande ukrainienne, on crée ainsi littéralement et artificiellement une base doctrinale russe que des médias, comme *Le Temps*[103] ou *La Croix*[104] utilisent pour condamner la Russie. Le magazine *Le Point* va même plus loin en affirmant que la doctrine est « *validée par Vladimir Poutine* » lui-même[105]. Ce sont des menteurs : en réalité ce concept n'existe pas, et la Russie ne l'a ni théorisé, ni invoqué. Au point qu'en 2015, même l'OTAN se pose la question de *savoir si la guerre hybride existe vraiment*[106]…

Le problème est venu de Mark Galeotti, spécialiste de la Russie, qui, le premier, commente l'article russe qu'il décrit comme la « *Doctrine Guerassimov* » et qui illustrerait le concept russe de la guerre hybride[107]. Mais, en 2018, constatant les dégâts qu'il a involontairement causés, Galeotti s'excuse – courageusement et intelligemment – dans un article intitulé « *Je suis désolé d'avoir créé la doctrine Guerassimov* » publié dans le magazine *Foreign Policy*[108] :

> *J'ai été le premier à écrire sur la tristement célèbre stratégie militaire de la Russie en matière de haute technologie. Un petit problème : elle n'existe pas.*

---

103. Frédéric Koller, « Désinformation, l'offensive russe », *Le Temps*, 27 décembre 2016

104. Olivier Tallès, « Bruxelles s'alarme de la désinformation russe », *La Croix*, 4 mai 2017

105. Marc Nexon, « Gerasimov, le général russe qui mène la guerre de l'information », *Le Point*, 2 mars 2017

106. Dr. Damien Van Puyvelde, « La guerre hybride existe-t-elle vraiment ? », *NATO Review*, 7 mai 2015

107. Mark Galeotti, "The 'Gerasimov Doctrine' and Russian Non-Linear War", *inmoscowsshadows.wordpress.com*, 7 juin 2014

108. Mark Galeotti, "I'm Sorry for Creating the 'Gerasimov Doctrine'", *Foreign Policy*, 5 mars 2018

Dans son article, Guerassimov analyse l'évolution récente des conflits (notamment au Moyen- et Proche-Orient) et en tire des leçons sur la manière de les intégrer dans une réflexion militaire. Son texte est une approche méthodologique et non une description de la manière dont la Russie aurait intégré ces leçons dans sa doctrine.

Mais le mal est fait : les Occidentaux s'obstinent à expliquer un conflit par une doctrine qui n'existe pas, et nos « experts » continuent à propager des informations fallacieuses, par exemple, autour d'un « *projet de déstabilisation de l'Union Européenne* ». Le concept de « guerre hybride », offre un espace indéfini qui permet aux « experts » de tout poil de créer une cohérence autour d'allégations (le plus souvent invérifiées) et de donner une « logique » aux actions attribuées à la Russie. Sans jamais énoncer quels seraient les objectifs d'une telle guerre. Pour le plaisir d'avoir de mauvaises relations ? Pour attirer des sanctions ?

On a parfois l'impression que nous nous créons nous-mêmes des situations de crise à partir d'incidents criminels (comme du *hacking*, *phishing*, et autres) afin de provoquer un sursaut unitaire et d'étouffer la colère des citoyens envers des politiques souvent incohérentes et les politiciens corrompus qui les conçoivent.

3.2. La Russie a-t-elle attaqué des diplomates américains à Cuba et dans d'autres pays à l'aide d'armes soniques ?

Le 9 août 2017, lors d'une conférence de presse du département d'État, la porte-parole Heather Nauert informe que des diplomates de l'ambassade américaine de La Havane se plaignent de maux divers et que certains d'entre eux ont dû être rapatriés[109]. Le magazine *Time* affirme que ces diplomates ont été « blessés » par une « arme acoustique » qui les

---

109. Nora Gámez Torres, "Now Russia is suspected of attacks against diplomats in Cuba. Will U.S. strike back?", *Miami Herald*, 11 septembre 2018

cible depuis la fin 2016[110], et souffrent de graves troubles voire de perte de l'audition[111].

Les imaginations se déchaînent. On parle de « canons acoustiques », semblables au système développé par les Allemands en 1942 (qui a inspiré Hergé pour *L'Affaire Tournesol*). On évoque le dysfonctionnement d'un mouchard placé dans l'ambassade : on se réfère sans doute à « *La Chose* », découverte en 1952 à l'ambassade américaine de Moscou[112], qui était un dispositif d'écoute totalement passif, soumis à un rayonnement constant de micro-ondes et qui renvoyait un signal modulé par la voix humaine. Sur *Fox News*, le présentateur Lou Dobbs, suggère d'attaquer Cuba ; l'« expert » Sebastian Gorka affirme que la Russie est derrière ces « attaques » et a utilisé les mêmes armes en Crimée[113]. Le 3 octobre 2017, quinze diplomates cubains sont expulsés en raison de « *l'incapacité de Cuba à protéger le personnel diplomatique américain*[114] ».

Les scientifiques sont moins catégoriques. Le neurologue Seth Horowitz affirme qu'il « *n'existe aucun phénomène acoustique dans le monde qui puisse provoquer ce type de symptôme*[115] ». En janvier 2019, le *New York Times* révèle que les médecins commencent à douter de la nature et même de l'existence des symptômes[116], tandis que des scienti-

---

110. https://soundcloud.com/user-493247881/the-sound-in-havana#t=0:00; Josh Lederman & Michael Weissenstein (Associated Press), "What Americans heard in mysterious sonic attacks in Havana", *pbs.org*, 12 octobre 2017

111. Kate Samuelson & Justin Worland, "U.S. Diplomats in Cuba Were Injured by a 'Sonic Weapon' What Is That ?", *Time Magazine*, 10 août 2017

112. Voir article Wikipédia « La Chose (dispositif d'écoute) »

113. Fox Business, "Russia was behind US embassy attacks in Cuba, China : report", *YouTube*, 11 septembre 2018

114. Rex W. Tillerson, "On the Expulsion of Cuban Officials From the United States", *U.S. Department of State*, 3 octobre 2017 ; Gardiner Harris, Julie Hirschfeld Davis & Ernesto Londoño, "U.S. Expels 15 Cuban Diplomats, in Latest Sign Détente May Be Ending", *The New York Times*, 3 octobre 2017; "Attaques" mystérieuses à Cuba : Washington expulse quinze diplomates cubains", *Le Monde/AFP*, 3 octobre 2017

115. Kevin Loria, "Mysterious sonic weapons reportedly caused brain injuries in US diplomats in Cuba — here's what we know", *www.businessinsider.com*, 24 août 2017

116. Carl Zimmer, "The Sounds That Haunted U.S. Diplomats in Cuba ? Lovelorn Crickets, Scientists Say", *The New York Times*, 4 janvier 2019

fiques affirment qu'il s'agit du chant d'accouplement d'un criquet des Caraïbes[117] !

Malgré cela, la presse française – dont la russophobie fait office de déontologie – continue à relayer les mensonges de Donald Trump. En 2020, *Le Monde* pointe du doigt Moscou[118] sans ambiguïté, et *La Croix* affirme que, en mars 2017, « *Vladimir Poutine a personnellement remis un prix au jeune scientifique Ilya Romanchenko, (...) pour ses recherches dans le développement de générateurs d'impulsions radio de haute puissance (...) alors que le nombre des victimes du syndrome de La Havane augmentait*[119] ». La presse vient à la rescousse des imbéciles de l'administration Trump !

En septembre 2021, *BuzzFeed News* révèle[120] qu'un rapport déclassifié du département d'État, daté de novembre 2018, établit que le problème ne vient pas de micro-ondes et évoque la possibilité d'une origine naturelle[121]. Mais, en décembre 2021, sur *France-Culture*, Philippe Hayez, ancien directeur adjoint du renseignement à la DGSE, affirme qu'il s'agit d'une « *entreprise mondiale d'intimidation des services de renseignement américains* ». Il reconnaît qu'il n'y a aucune preuve, mais souligne que « *tout laisse penser que notre vieille Russie est à l'origine de cela* »[122].

---

117. Marianne Guenot, "A declassified 2018 State Dept report suggests noises linked to 'Havana Syndrome' were probably just crickets", *Business Insider*, 1er octobre 2018; Alexander L. Stubbs & Fernando Montealegre-Z, *Recording of 'sonic attacks' on U.S. diplomats in Cuba spectrally matches the echoing call of a Caribbean cricket, Biorxiv*, 4 janvier 2019 ; "Attaque sonique à l'ambassade US de Cuba : la surprenante hypothèse des grillons", *Sciences et Avenir / AFP*, 8 janvier 2019

118. « "Syndrome de La Havane" : l'origine du mal mystérieux se déplace de Cuba à Moscou », *Le Monde*, 8 décembre 2020

119. François d'Alançon, « Le "syndrome de La Havane", une saga digne de la guerre froide », *La Croix*, 29 novembre 2021

120. Dan Vergano, "A Declassified State Department Report Says Microwaves Didn't Cause 'Havana Syndrome'", *BuzzFeed News*, 30 septembre 2021

121. https://www.documentcloud.org/documents/21068770-jason-report-2018-havana-syndrome

122. « Qu'est-ce que le syndrome de la Havane dont souffrent plusieurs diplomates américains ? », *France Culture*, 2 décembre 2021

En réalité, il n'en sait rien du tout et affabule. En janvier 2022, un rapport classifié SECRET de la CIA[123] détermine que le problème ne vient pas d'une « *puissance hostile* »[124].

Cet exemple souligne la légèreté avec laquelle les Occidentaux formulent leurs attaques contre la Russie et lui appliquent des sanctions. Il met en évidence l'incapacité de nos services de renseignement à analyser de manière factuelle et avec expertise des événements qui affectent notre politique étrangère et de sécurité nationale.

Il montre également que nous sommes guidés par l'idéologie et que nous sommes incapables d'apprendre des erreurs du passé. Car ce n'est pas la première fois !

Le 13 septembre 1981, Alexander Haig, alors secrétaire d'État, avait accusé les Soviétiques d'employer des mycotoxines en Afghanistan[125]. Les analyses des échantillons recueillis ont montré qu'il s'agissait… d'excréments d'abeilles[126] ! Pour ne pas devoir justifier son ignorance et sa mauvaise foi, le gouvernement américain n'a jamais voulu déclassifier le dossier, qui reste ainsi officiellement non résolu.

De même, en 1981, l'échouage du sous-marin soviétique S-363 non loin de la base navale de Karlskrona[127] déclenche une crise de paranoïa en Suède. Les militaires suédois affirment que les Soviétiques s'infiltrent dans leurs eaux pour mener des opérations clandestines. À la même époque, Viktor Rezun, transfuge du GRU, dévoile aux services de renseignements occidentaux les secrets des forces spéciales soviétiques (Spetsnaz) : il n'en faut pas plus pour suggérer les scénarios les plus alarmants. Les Suédois alertent la communauté internationale du renseignement, et une

---

123. "Acoustic Signals and Physiological Effects on U.S. Diplomats in Cuba", *Groupe JASON*, novembre 2018

124. Ken Dilanian and Josh Lederman, "CIA says 'Havana Syndrome' not result of sustained campaign by hostile power", *nbcnews.com*, 20 janvier 2022

125. Johnathan B. Tucker, "The 'Yellow Rain'Controversy : Lessons for Arms Control Compliance", *The Nonproliferation Review*, Printemps 2001

126. "Yellow Rain Falls", *The New York Times*, 3 septembre 1987

127. Joris Nieuwint, "Whiskey On The Rocks – When Sweden Woke Up To Find a Russian Submarine Stuck On a Rock", *warhistoryonline.com*, 5 août 2015

chasse au sous-marin se développe sur tout le flanc nord de l'OTAN. Les services suédois captent des sons suspects mais ne trouvent rien. Ils découvriront quinze ans plus tard que ces sons provenaient de flatulence de harengs[128] !

Ces anecdotes sont amusantes mais révèlent plusieurs phénomènes. Premièrement, le remarquable niveau d'incompétence des « experts », qui font coller des faits (qui n'étaient pas même avérés) à leurs préjugés. Deuxièmement, l'état d'esprit qui domine les relations internationales actuelles et qui transforme des événements (dont on ne connaît ni les raisons, ni le déroulement, ni les acteurs) en certitudes, dans le seul but de conforter des objectifs de politique étrangère prédéfinis.

3.3. Les services secrets russes sont-ils à l'origine de l'explosion du dépôt de munition de Vrbětice en Tchéquie ?

Le reportage de Caroline Roux évoque la responsabilité de la Russie dans l'explosion du dépôt de munition de Vrbětice en Tchéquie en 2014, dont les responsables seraient les deux mêmes « agents » du GRU « identifiés » par Bellingcat dans l'affaire Skripal.

Or, à cette époque, j'étais responsable de la *lutte contre la prolifération des armes légères* et de la *sécurité physique des dépôts d'armes et de munitions* (PSSM) à l'OTAN. L'accident de Vrbětice avait alors clairement été identifié et rapporté à l'OTAN comme un problème technique de défaut de maintenance, et strictement rien n'indiquait une action de sabotage. Même Miloš Zeman, président de la République tchèque constate, que durant 7 ans, personne n'a évoqué la responsabilité d'agents russes dans cet incident et que le rapport des services secrets

---

128. "How herring farts almost lead to a diplomatic crisis: Magnus Wahlberg at TEDxGöteborg", *TEDx Talks*, 2 novembre 2012

(BIS) « *indique qu'il n'y a une preuve ou témoignage de la présence de deux agents russes sur le site* [129]»…

France 5 relaie donc une théorie qui crée un fait à partir d'une supposition. C'est du conspirationnisme qui, au passage, fournit à la Tchéquie un prétexte pour donner satisfaction à son maître américain : la firme russe ROSATOM est exclue de la compétition pour la construction d'une centrale nucléaire[130] et la décision d'acquérir le vaccin russe Spoutnik-V est annulée[131]. Ancien satellite de l'URSS, la Tchéquie est devenue un satellite des États-Unis…

Cette accusation, qui surgit opportunément 7 ans après les faits, a eu pour but de masquer une autre affaire. Quelques jours plus tôt, le 17 avril 2021, les autorités russes annoncent avoir arrêté des individus qui préparaient un coup d'État contre le président Loukachenko du Bélarus[132]. Dans le contexte de guerre de l'influence qui règne, difficile de dire si c'est vrai ou faux. Toujours est-il que, dans son discours à l'Assemblée fédérale du 21 avril, Vladimir Poutine déclare :

> *[Vous] pouvez penser ce que vous voulez, disons, du président ukrainien Ianoukovytch ou de Maduro au Venezuela. Je le répète, vous pouvez les aimer ou ne pas les aimer (...). Vous pouvez avoir votre propre opinion sur la politique du président du Bélarus Alexandre Loukachenko. Mais la pratique consistant à organiser des coups d'État et à planifier des assassinats politiques, y compris ceux de hauts fonctionnaires – eh bien, cela va trop loin. C'est au-delà de toutes limites[133].*

---

129. Petr Musil, "Zeman: Nemůžeme nechat cizí agenty páchat u nás terorismus. BIS ale zatím nemá důkazy", *Prima News (cnn.iprima.cz)*, 25 avril 2021
130. "Czechs ban Rosatom from nuclear tender, rule out Sputnik vaccine", *AFP*, 20 avril 2021
131. "Czechs Rule Out Russia's Coronavirus Vaccine After Spying Fallout", *The Moscow Times*, 20 avril 2021
132. Wesley Dockery, "Belarus: Two men accused of planning coup arrested in Moscow", *dw.com*, 17 avril 2021
133. "Presidential Address to the Federal Assembly", *kremlin.ru*, 21 avril 2021

Naturellement, l'événement est à peine relevé dans nos médias et aucun gouvernement occidental ne réagit. Cela semble indiquer que les accusations de Poutine sont fondées et que nos services organisent des coups d'État…

3.4. Vladimir Poutine soutient-il la politique du Bélarus ?

Contrairement à ce que prétendent les Occidentaux, la politique de la Russie est de ne pas s'ingérer dans la politique intérieure des autres pays. Elle entretient donc des liens cordiaux avec Minsk, sans en approuver la politique.

À la fin de la guerre froide, contrairement aux autres Républiques de l'ex-URSS, qui se sont empressées d'adopter un modèle économique occidental, le Bélarus est resté dans un système fortement inspiré du modèle soviétique. Malgré sa proximité culturelle avec la Russie, le Bélarus a une conception de l'État et de la société diamétralement opposée à celle des dirigeants russes et a tout fait pour maintenir un cap indépendant.

Le Bélarus voyait dans son non-alignement un moyen d'échapper aux rivalités Est-Ouest issues de la guerre froide, exacerbées par l'intégration, dans l'Union européenne et dans l'OTAN, des sentiments profondément antirusses de ses voisins. Il entretient ainsi des liens équilibrés entre l'Est et l'Ouest.

Au début 2020, afin de s'éloigner davantage de Moscou, le Bélarus décide de s'approvisionner en pétrole auprès des États-Unis[134], au

---

134. « Le Bélarus veut réduire sa dépendance au pétrole russe », *AFP/lapresse.ca*, 21 janvier 2020 ; "Беларусь начала покупать нефть в США после конфликта с российскими нефтяными компаниями", *Настоящее Время (Temps Présent)*, 15 mai 2020 (https://www. currenttime.tv/a/belarus-nachala-pokupat-neft-usa/30614362.html)

détriment de son grand voisin ; et les premières livraisons arrivent en juin[135]. Mais, après les élections d'août 2020 et les rumeurs selon lesquelles Loukachenko n'aurait été élu que grâce à une manipulation des votes, l'Occident adopte des sanctions économiques qui seront renforcées en 2021 après l'affaire du vol RyanAir FR4978.

Résultat : grâce aux sanctions occidentales, la Russie devient son seul partenaire stable. C'est pour répondre à cette situation que le Bélarus se rapproche d'elle et, en 2021, signe un traité d'union, qui couvre un certain nombre de domaines, notamment le domaine douanier.

Donc, au lieu d'exploiter la faiblesse du Bélarus pour le rapprocher de l'Europe, on a tout fait pour le pousser dans les bras de la Russie : en novembre 2021, le Bélarus reconnaît l'annexion de la Crimée par la Russie, alors qu'il s'était abstenu de le faire jusque-là[136].

Cette incohérence occidentale tend à appuyer le sentiment des populations bélarusses et russes que l'Occident – l'Union européenne en particulier – n'a pas pour objectif d'améliorer les choses, mais de les envenimer. En satisfaisant les ambitions de quelques politiciens européens médiocres, nous remettons en cause la crédibilité de nos propres institutions.

3.5. Poutine a-t-il approuvé le détournement du vol Ryanair 4978 par le Bélarus ?

Le 23 mai 2021, une alerte à la bombe anonyme transmise par courriel contraint le vol RyanAir FR4978 reliant Athènes à Vilnius, à atterrir à Minsk. Immédiatement, malgré les informations alors disponibles, la chaîne d'État suisse RTS accuse le président Alexander Loukachenko

---

135. Roustem Falyakhov, "Из Техаса с любовью: Лукашенко привезли американскую нефть", gazeta.ru, *11 juin 2020* (https://www.gazeta.ru/business/2020/06/11/13115077.shtml)
136. "Belarus leader, in U-turn, says annexed Crimea is legally Russian", *Reuters*, 30 novembre 2021

d'avoir « *donné l'ordre personnellement à un avion de chasse MiG-29 d'intercepter l'avion après cette alerte* [137]» en citant le service de presse bélarusse. C'est un mensonge : le service de presse en question indique alors clairement que la décision de faire intervenir un avion de chasse a été prise *après* que le pilote a décidé d'atterrir à Minsk[138]. Loukachenko a ordonné que l'aéroport soit prêt à accueillir l'avion de *RyanAir* et qu'il soit escorté par un avion militaire, conformément aux règles internationales[139]. La chaîne suisse crée donc un narratif conspirationniste.

Partant du postulat que le président bélarusse a délibérément pris l'initiative de détourner un avion de ligne et de le contraindre à atterrir avec un avion de chasse, on y a vu une « *opération spéciale* [140]» du président Loukachenko. Une opération qui, vue sa gravité, ne pouvait avoir été menée qu'avec la bénédiction de Vladimir Poutine.

Symptomatiquement, sur *France 5*, Caroline Roux anime coup sur coup deux émissions *C dans l'air*, dont le titre inclut le nom de Poutine : « *Quand l'ami de Poutine pirate un avion de ligne...* » (24 mai) et « *Avion détourné : l'Europe peut-elle "recadrer" Poutine ?* » (25 mai). Elles cherchent à nous convaincre qu'il s'agit d'un acte de « *piraterie d'État* » qui n'aurait pas pu avoir lieu sans l'approbation de Vladimir Poutine, bien qu'il n'y ait rigoureusement aucun indice suggérant une quelconque implication de la Russie. Cette absence d'indices n'a pas empêché l'Union européenne d'adopter – et de maintenir – des sanctions contre le

---

137. « La Biélorussie a arrêté un militant après avoir intercepté son avion », *RTS Info*, 23 mai 2021 (mis à jour le 24 mai 2021)

138. "ВВС и войска ПВО всегда готовы отразить любую угрозу в воздушном пространстве – Гурцевич", *Belta*, 23 mai 2021 (17:01) https://www.belta.by/society/view/vvs-i-vojska-pvo-vsegda-gotovy-otrazit-ljubuju-ugrozu-v-vozdushnom-prostranstve-gurt-sevich-442589-2021/

139. "Команду принять в Минске "заминированный" самолет Ryanair дал лично Лукашенко", Belta, 23 mai 2021 (14:38) (https://www.belta.by/president/view/komandu-prinjat-v-minske-zaminirovannyj-samolet-ryanair-dal-lichno-lukashenko-442580-2021/)

140. Laure Mandeville, « Avion détourné en Biélorussie : l'Europe a un gros problème sur son flanc Est », *Le Figaro*, 26 mai 2021 (mis à jour 27 mai 2021)

Poutine, maître du jeu ?

Bélarus[141], certains de demander des sanctions contre la Russie[142] et d'en appliquer quelques-unes[143].

Dans l'émission du 24 mai, Laure Mandeville, du *Figaro*, parle d'un « *chaos des opérations spéciales menées dans l'espace aérien européen (...) par les Bélarusses aujourd'hui, mais il y en a eu avant Poutine* » [144]. Alors qu'aucun élément ne permet de le faire à ce stade, elle crée de toutes pièces un scénario affirmant que les autorités bélarusses voulaient « *intercepter l'avion de ligne irlandais* » et ont envoyé sur l'ordre personnel d'Alexandre Loukachenko, un MiG-29 « *clairement avec une volonté d'intimidation* », « *pour faire faire demi-tour à l'avion* » [145]. En réalité, le FR4978 a viré sur Minsk à 12h47, alors que le MiG-29 a décollé de la base aérienne de Baranovitchi à 13h04. Certes, les informations proviennent alors du Bélarus, mais elles sont rapidement confirmées par les déclarations des passagers, par le verbatim du dialogue entre l'appareil et la tour de contrôle, puis par le rapport de l'OACI.

Le Bélarus a un gouvernement autoritaire. C'est une cible facile pour toutes sortes d'accusations, fondées ou non. Ici, le jeu va plus loin, car il s'agit d'établir – artificiellement – un lien avec la Russie. Pour y arriver, les experts de *France 5* construisent un scénario à partir de leurs perceptions. Ainsi, Frédéric Encel, partant du principe que Loukachenko est un dirigeant autoritaire, lui attribue la décision « *d'employer la méthode forte* » et d'envoyer « *un chasseur-bombardier pour intercepter un avion de ligne* ». Postulant qu'il s'agit d'un « *coup de force* », « *pour défier l'Union européenne* », Encel en déduit qu'il faut logiquement « *l'appui*

---

141. Alberto Nardelli, "EU Sanctions Russian Billionaire as U.S. Joins Action on Belarus", *Bloomberg*, 21 juin 2021
142. Ilya Zaslavskiy, "Why the EU should punish Russian 'Kremligarchs' for Ryanair hijacking", *euractiv.com*, 3 juin 2021
143. Alberto Nardelli, John Follain & Alexander Sazonov, "EU Sanctions Russian Billionaire as U.S. Joins Action on Belarus", *Bloomberg*, 21 juin 2021
144. Émission « C dans l'air » du 24 mai 2021, « Quand l'ami de Poutine pirate un avion de ligne... #cdanslair 24.05.2020 », *France 5/YouTube*, 25 mai 2021 (02'20")
145. https://youtu.be/-LfZt4ESJ44?t=235

ou la promesse de l'appui de Vladimir Poutine » [146]. Caroline Roux surenchérit alors : « *On parle de la Biélorussie, mais en réalité on parle de la Russie.* [147] » Pourtant, Benoît Vitkine, correspondant du *Monde* à Moscou, confesse – une fois n'est pas coutume – qu'il n'y a « *pas grand-chose* » qui laisse penser à une implication russe. Ce qui n'empêchera pas, trois jours plus tard, Isabelle Mandraud d'évoquer dans *Le Monde* « *la position dominante de la Russie dans ce dossier.* [148]»

Le 25 mai, dans l'émission « C à vous » sur *France 5*, Anne Nivat, journaliste, affirme que Loukachenko « *avec ce coup d'éclat absolument démentiel, a voulu plaire à Vladimir Poutine, montrer que lui aussi était capable de violer l'ordre international, le droit international, etc.*[149] », mais elle constate quelques secondes plus tard que « *c'est quand même assez gênant pour Poutine.* [150]» Allez comprendre !

En bref, il n'y a rigoureusement aucun élément factuel qui lui permet d'affirmer cela. Elle affabule. Car, comme le constate *Libération*, cette affaire embarrasse la Russie[151], qui n'apparaît à *aucune* étape de cet incident. Quel serait le but de Vladimir Poutine ? Attirer de nouvelles sanctions contre la Russie ? Cet assemblage de suppositions érigées en faits. Littéralement, du conspirationnisme.

Les experts servent la propagande gouvernementale, qui parle d'une « *piraterie d'État* »,[152] selon les termes de Clément Beaune, secrétaire d'État aux Affaires européennes. Marie Mendras, chercheur au CNRS

---

146. Émission « C dans l'air » (« Quand l'ami de Poutine pirate un avion de ligne... #cdanslair 24.05.2020 », France 5/YouTube, 25 mai 2021) (11'30")

147. Émission « C dans l'air » (« Quand l'ami de Poutine pirate un avion de ligne... #cdanslair 24.05.2020 », France 5/YouTube, 25 mai 2021) (24'13")

148. Isabelle Mandraud, « Avion détourné par la Biélorussie, sanctions de l'Union européenne : nos réponses à vos questions », *Le Monde*, 28 mai 2021

149. Émission « C à vous », « Alexandre Loukachenko, l'autocrate biélorusse - C à Vous - 25/05/2021 », *France 5/YouTube*, 25 mai 2021 (04'10")

150. *Id.*

151. Léo Vidal-Giraud, « La Russie forcée de soutenir le Bélarus mais impuissante à le contrôler », *Libération*, 27 mai 2021

152. Robin Verner, « Avion détourné par le Bélarus : Clément Beaune dénonce "une piraterie d'Etat" », *BFM TV*, 24 mai 2021

et professeur à Science Po, parle d'un « *incroyable acte de piraterie et de prise d'otages, qui aurait pu coûter la vie à tous les passagers de l'avion* » [153]. Le chroniqueur Pierre Haski y voit un acte « *très haut placé dans l'échelle des violations du droit international* » que Loukachenko aurait mené en estimant que l'Union européenne ne réagirait pas[154]. Patrick Martin-Genier, enseignant à Sciences Po, y voit même une Europe « *menacée dans son intégrité* »[155] !

Leurs divagations sont fondées sur le postulat que l'avion a été délibérément détourné dans le seul but d'arrêter Roman Protassevitch[156], un opposant d'extrême-droite qui se trouvait dans l'avion. Le directeur de RyanAir[157] évoque la présence d'agents du KGB à bord de l'avion pour le détourner et arrêter l'opposant[158]. En fait, on n'en sait rien, mais le conspirationnisme occidental est en marche[159]. On accuse la Grèce d'avoir laissé embarquer ces agents à Athènes[160]. Mais le 27 mai, le Premier ministre grec Kyriakos Mitsotakis affirme qu'après une « *enquête approfondie* » de ses services de renseignement (EYP), il ressort qu'il n'y avait « *absolument aucune preuve (...). Aucune, zéro !* » de la présence d'éventuels agents bélarusses « *ou d'autres services de sécurité* » dans l'avion[161].

De fait, les vidéos de surveillance de l'aéroport de Minsk, diffusées juste après l'incident, montrent Protassevitch sortant librement et seul

---

153. Marie Mendras dans l'émission « C à vous », « Alexandre Loukachenko, l'autocrate biélorusse – C à Vous – 25/05/2021 », *France 5/YouTube*, 25 mai 2021 (04'50")
154. Émission « C dans l'air » du 25 mai 2021 (« Avion détourné : l'Europe peut-elle "recadrer"Poutine ? #cdanslair 25.05.2021 », *France 5/YouTube*, 26 mai 2021) (02'20")
155. Id. (06'38")
156. « Le pouvoir biélorusse a détourné un avion de Ryanair afin de capturer un opposant », *La Montagne*, 23 mai 2021
157. https://youtu.be/-LfZt4ESJ44?t=965
158. Bill Bostock, "Belarus had KGB agents on the passenger plane that was diverted to arrest a dissident journalist, Ryanair CEO says", *Business Insider*, 24 mai 2021
159. « Les pressions s'accentuent sur la Biélorussie après le détournement d'un avion », *RTS.ch*, 25 mai 2021
160. Alexia Kefalas, « Grèce : les services secrets mis en cause pour n'avoir pas protégé Protassevitch », *lefigaro.fr*, 25 mai 2021
161. « Athènes dément la présence d'agents du KGB dans l'avion détourné par Minsk », *AFP/VOA*, 27 mai 2021

de l'appareil à 14h02[162] pour se rendre dans la navette qui le conduira à l'aérogare. Alertée par les tweets de l'opposition[163] bélarusse[164], la police de l'aéroport l'interpelle à 14h53, 50 minutes après sa sortie de l'avion[165], sans intervention d'un autre passager ou de quelque agent secret infiltré.

Quant aux passagers qui n'ont pas repris l'avion pour Vilnius et désignés comme agents du KGB par Benoît Vitkine, il s'agissait de trois citoyens biélorusses, un citoyen grec et un passager de nationalité russe, qui avaient réservé des vols Athènes-Vilnius-Minsk, et qui sont donc restés à Minsk. Tout simplement.

Deux jours plus tard, alors que la plupart des documents ont été publiés par l'opposition russe et bélarusse, Laure Mandeville répète son accusation dans *Le Figaro* en parlant d'une « *stupéfiante "opération spéciale"* que *le dictateur Alexandre Loukachenko a personnellement orchestrée en forçant un avion de ligne (...) à faire demi-tour au-dessus de son territoire* »[166].

Pour rendre cette théorie crédible, il faut faire passer Raman Protassevitch pour un journaliste indépendant, épris de démocratie. Ce n'est pas tout à fait le cas.

En 2020, l'ONG américaine *FOIA Research* a fait une enquête édifiante sur lui[167] : c'est un anticommuniste farouche, membre de plusieurs groupes néo-nazis, dont le détachement PAGONIA, formé de combattants volontaires bélarusses lors de la guerre en Ukraine. En 2015, il avait été interviewé en Ukraine par le media américain *Radio Svaboda* où il confesse qu'il a combattu dans le Donbass[168] avec le détachement

---

162. https://youtu.be/IF2DAEboPCE?t=1539
163. https://twitter.com/Tsihanouskaya/status/1396435123592179714
164. https://twitter.com/franakviacorka/status/1396429666374782981
165. https://youtu.be/IF2DAEboPCE?t=1672
166. Laure Mandeville, « Avion détourné en Biélorussie : l'Europe a un gros problème sur son flanc Est », *Le Figaro*, 26 mai 2021 (mis à jour 27 mai 2021)
167. https://www.foiaresearch.net/person/roman-protasevich
168. pbs.twimg.com/media/E2UIHnIXsAAVSE7?format=jpg&name=large

PAGONIA[169] au sein du Régiment Azov et qu'il a été blessé à Shirokino en mars 2015, ce que confirme son père[170]. En juillet 2015, il fait la couverture du magazine néo-nazi « *Soleil Noir* »[171]. Il participe – en armes – à un défilé du régiment Azov dans les rues de Marioupol. En mars 2017, il fait partie des *black blocks* néo-nazis lors des manifestations de Brest (Bélarus).

Naturellement, le portrait brossé par la *Radio-Télévision Suisse* évite de mentionner les multiples photos qu'il a postées sur sa page Facebook attestant ses liens[172] avec le mouvement néo-nazi et le régiment Azov, pourtant coupable de nombreux crimes de guerre contre des civils russophones (tortures, éliminations, etc.), mais la chaîne d'État suisse est coutumière de ce genre de manipulations.

Le 17 janvier 2022, l'OACI publie son rapport d'investigation[173]. Il donne raison à la version présentée par le Bélarus dès le 23 mai 2021, et confirme le contenu de mon ouvrage sur la question[174]. Très clairement, il apparaît que le MiG-29 a décollé plus d'un quart d'heure après le virage du Boeing sur Minsk et qu'il n'y a eu aucune coercition, confirmant ainsi les informations disponibles au 23 mai 2021. Les scénarios fantaisistes et malhonnêtes émis par les politiciens européens – et qui ont servi de base à des sanctions contre le Bélarus – étaient imaginaires : le Bélarus a réagi selon les règles internationales, et par conséquent, l'implication de Vladimir Poutine dans cette affaire n'avait aucun sens.

Le rapport confirme que la fausse alerte à la bombe était « *délibérément fausse* », et que « *l'équipe [d'investigation] n'a pas été en mesure*

---

169. "Баец атраду "Пагоня": У выпадку ўварваньня мы будзем першымі, хто кінецца бараніць Беларусь", *svaboda.org*, 18 septembre 2015
170. twitter.com/Volod_Ishchenko/status/1397509726641008643
171. https://archive.ph/mYUOU
172. https://www.rts.ch/audio-podcast/2021/audio/portrait-de-l-opposant-belarusse-roman-protassevitch-25201392.html
173. "Event Involving Ryanair Flight Fr4978 In Belarus Airspace On 23 May 2021 – Report of the ICAO Fact-Finding Investigation", *ICOA*, janvier 2022 (https://www.politico.eu/wp-content/uploads/2022/01/19/ICAO-Fact-Finding-Investigation-Report_FR497849.pdf)
174. Jacques Baud, *Le Détournement du vol RyanAir FR4978*, Sigest, 2021

d'attribuer la commission de cet acte d'ingérence illicite à un individu ou à un État ». Il subsiste encore des points à éclaircir, notamment dans les procédures de gestion de la crise, mais il ressort que le président bélarusse n'a pas détourné d'avion de ligne et, donc, que l'implication de Vladimir Poutine n'était qu'une vaste fumisterie. Cela n'a pas empêché le ministère français des Affaires étrangères d'affirmer au lendemain de la publication du rapport :

> *Il en résulte que le régime biélorusse a orchestré le détournement d'un avion civil dans le seul but d'arrêter un journaliste d'opposition, Roman Protassevitch*[175].

Bref, on mélange tout et on invente quand on ne sait pas ; on ne juge pas à partir des faits, mais à partir de préjugés : c'est la définition exacte de la théorie du complot.

Il serait inadmissible pour un État de détourner un avion pour en extraire un opposant. Mais dès le début de l'affaire, *aucun fait* n'indiquait que cela avait été le cas. Comme la *RTS*, on travaille avec une éthique à géométrie variable, afin de couvrir des crimes et l'extrémisme de l'opposant. On découvre ici que la Charte de Munich n'est pas respectée, dénotant un profond manque de professionnalisme et d'intégrité journalistique ; ce qui n'est pas très surprenant pour un media aux pratiques douteuses et corrompues[176].

Il est bon de s'attaquer aux tyrannies. Encore faut-il le faire à bon escient et avec intelligence, un ingrédient absent chez les acteurs que nous avons évoqués. Ils illustrent la tendance actuelle à sacrifier nos valeurs pour transmettre un message politique et influencer des décisions politiques, musclées et spectaculaires, mais inefficaces et contre-productives.

---

175. « Rapport de l'OACI sur le vol Ryanair FR4978 – Q&R – Extrait du point de presse (18 janvier 2022) », www.diplomatie.gouv.fr
176. Boris Busslinger, Célia Héron & Sylvia Revello, « La *RTS*, Darius Rochebin et la loi du silence », *letemps.ch*, 31 octobre 2020 (mis à jour 30 novembre 2020)

3.6. La Russie s'est-elle ingérée dans l'élection présidentielle américaine de 2016 au profit de Donald Trump (Russiagate) ?

Dans l'émission du 17 octobre 2021, « Poutine, maître du jeu », Caroline Roux ne manque pas d'évoquer les tentatives d'ingérence russes dans la vie démocratique occidentale. Elle évoque les élections présidentielles américaine et française ainsi que le Brexit.

Intitulé « Rapport d'enquête sur l'ingérence russe dans l'élection présidentielle de 2016 » et publié en mars 2019, le *Rapport Mueller* devait déterminer dans quelle mesure la Russie avait influencé l'élection de Donald Trump[177]. Finalement, le rapport déclare que la Russie aurait pu avoir un intérêt à le faire, mais « *l'enquête n'a pas établi que les membres de la campagne Trump ont comploté ou coordonné avec le gouvernement russe dans ses activités d'ingérence électorale* ».

Le scandale très médiatique de l'ingérence russe dans l'élection présidentielle américaine de 2016 (Russiagate) repose sur trois piliers :
- l'accusation de collusion entre Donald Trump et la Russie, expliquée par un dossier – établi par Christopher Steele, un ex-agent du MI-6 britannique – affirmant que la Russie « tiendrait » Trump avec des documents compromettants (« Kompromat »)[178] ;
- une campagne d'influence menée sur les réseaux sociaux par des hackers travaillant pour les services de renseignement militaires (GRU) et intérieur (FSB) russes ;
- le vol de courriels dans les serveurs de la commission électorale du parti démocrate par des hackers des services de renseignement russes.

---

177. https://www.justice.gov/archives/sco/file/1373816/download
178. https://www.documentcloud.org/documents/3259984-Trump-Intelligence-Allegations.html

3.6.1. Le dossier Steele

Établi par un ex-agent du MI-6 britannique en disponibilité, le
« Dossier Steele » est un document classifié CONFIDENTIEL, alléguant
des activités salaces de Donald Trump alors qu'il était avec des prostituées
à Moscou, et de ses liens avec des personnalités russes, qui l'auraient aidé
pour sa campagne présidentielle.

Très rapidement, il est apparu que ce dossier était une fabrication
grossière, mais les médias américains et européens y ont vu une opportunité de délégitimer l'élection de Trump. En octobre 2021, l'affaire se
dégonfle et ce que l'on supposait se vérifie : le dossier a été fabriqué.
Michael Sussmann, l'avocat de Hillary Clinton est mis en accusation
pour avoir menti au FBI[179]. Igor Danchenko, l'informateur de Steele,
a été mis en accusation par le FBI[180] : il a reçu ses informations d'un
proche des Clinton. Ainsi, non seulement le dossier a été financé par la
campagne de Hillary Clinton et le *Comité national démocrate* (CND)[181],
mais ses allégations mensongères provenaient de l'entourage des
Clinton. En janvier 2017, Danchenko avait déjà avoué au FBI que le
dossier était une falsification[182], mais personne n'en a tenu compte, et
l'équipe d'Hillary Clinton a menti depuis le début sur le financement
de ce dossier. Le but des démocrates est alors de créer une situation
poussant à la destitution de Trump…

Bref, le dossier était une imposture totale et a été totalement débunké
par le FBI, comme l'annonçait *Associated Press* en avril 2019[183].

Conspiracy Watch tente de minimiser l'importance du dossier Steele[184].
Pourtant, il était important car il constituait la « preuve » que Trump

---

179. "U.S. v Michael Sussmann indictment", *The Washington Post*, 16 septembre 2021
180. https://www.justice.gov/opa/press-release/file/1446386/download
181. Adam Entous, Devlin Barrett & Rosalind S. Helderman, "Clinton campaign, DNC paid
for research that led to Russia dossier", *The Washington Post*, 24 octobre 2017
182. https://mate.substack.com/p/russiagate-has-no-rock-bottom
183. Mike Schneider, "Florida officials say no hacking, despite Mueller report", *AP News*,
19 avril 2019 ; Aaron Maté, "The end of Russiagate", *Le Monde diplomatique*, mai 2019
184. « Les   Déconspirateurs – l'émission   #08 »,   *ConspiracyWatch.info/YouTube*,
15 déc5 décembre 2021

aurait été manipulable et constituait ainsi le « mobile » de la Russie pour faire élire Trump à la présidence. Le « mobile » ayant disparu, on ne voit pas l'intérêt de la Russie à prendre le risque politique de s'ingérer dans cette élection. Comme nous l'avons mis en Annexe 1, Trump est probablement le président qui a pris le plus de mesures « antirusses » de l'Histoire récente au cours de son mandat.

3.6.2. La campagne d'influence sur les réseaux sociaux

L'emploi des réseaux sociaux (notamment Facebook et Twitter) pour influencer l'élection de Donald Trump a été largement évoqué par les démocrates pour expliquer la défaite d'Hillary Clinton. Les « experts » pointent du doigt l'*Internet Research Agency* (IRA), basée à Saint-Pétersbourg et qui serait dirigée par Evgueni Prigogine, dit le « cuisinier du Kremlin » ; mais on n'en sait rien. En 2019, l'IRA est le sujet d'un reportage de *France 24* censé montrer la menace russe sur les élections européennes : fait « à charge », sans respect pour la Charte de Munich (qui est l'équivalent du serment d'Hippocrate pour les journalistes), il présente des biais évidents.

Rappelons, pour donner la mesure de la chose, que les deux candidats à la présidentielle de 2016 ont dépensé au total 81 millions de dollars sur Facebook, alors que « les Russes » en auraient dépensé moins de 50 000[185]. Outre le fait que ni Google, ni Facebook n'ont été en mesure d'établir un lien avéré entre des « posts » et le gouvernement russe, et que certains d'entre eux faisaient la promotion d'Obama, Facebook a établi que 10 millions de personnes auraient vu au moins une des publicités payées par des Russes, dont 44 % *avant* les élections et 56 % *après*, tandis qu'environ 25 % étaient destinées à des profils particuliers et n'ont jamais été vues par personne[186].

---

185. Josh Constine, "Trump and Clinton spent $81M on US election Facebook ads, Russian agency $46K", *TechCrunch*, novembre 2017
186. Daisuke Wakabayashi, "Google Finds Accounts Connected to Russia Bought Election Ads", *The New York Times*, 9 octobre 2017

Dans un rapport commandité par la *Commission sénatoriale du Renseignement* (SSCI), la firme *New Knowledge* constate que seuls 11 % des « posts » attribués à l'IRA avaient un contenu politique. Les « posts » qui nommaient Clinton ou Trump ne représentaient que 6 % des tweets, 18 % des « posts » sur Instagram et 7 % des « posts » sur Facebook[187].

Influence sur les réseaux sociaux

	Facebook	Instagram	Twitter
Nombre total de « posts »	61 483	116 205	10 401 029
« Posts » mentionnant Clinton	1 777 (2,9 %)	7 915 (6,8 %)	198 123 (1,9 %)
« Posts » mentionnant Trump	2 563 (4.2 %)	13 106 (11,3 %)	430 185 (4,1 %)

Figure 3 – « Posts » mentionnant les candidats à la présidentielle américaine de 2016. Leur faible nombre tend à indiquer qu'il ne s'agissait pas d'une opération à caractère politique, mais une action commerciale [Source : The Tactics & Tropes of the Internet Research Agency, University of Nebraska/US Senate Documents]

Donc, non seulement l'action « des Russes » n'a eu pratiquement aucun impact sur les électeurs, mais les liens avec le gouvernement russe sont strictement spéculatifs. En fait, *New Knowledge* et le journaliste d'investigation Aaron Maté constatent qu'en réalité, la stratégie de l'IRA s'apparente davantage à du marketing numérique qu'à une stratégie d'influence[188]. Loin d'avoir la configuration d'une opération sophistiquée de propagande, il s'est agi d'un travail beaucoup plus simple, fonctionnant avec des « pièges à clics » destinés à gagner de l'argent.

Quant aux attaques informatiques sur lesquelles sont fondées les accusations officielles contre la Russie, la firme *Worldfence*, qui a analysé

---

187. Renee DiResta, et al., "The Tactics & Tropes of the Internet Research Agency", *University of Nebraska/US Senate Documents*, octobre 2019
188. Aaron Maté, "New Studies Show Pundits Are Wrong About Russian Social-Media Involvement in US Politics", *The Nation*, 28 décembre 2018

Poutine, maître du jeu ?

les données du département de la Sécurité intérieure (DHS) et du FBI, conclut[189] :

> *Les adresses IP fournies par le DHS pourraient avoir été utilisées pour une attaque par un acteur étatique comme la Russie, mais elles ne semblent pas présenter de lien avec la Russie. Elles sont probablement utilisées par un large éventail d'autres acteurs malveillants, en particulier les 15 % des adresses IP qui sont des nœuds de sortie TOR.*

> *L'échantillon de malware est ancien, largement utilisé et semble être ukrainien. Il n'a aucun lien apparent avec les services secrets russes et ce serait un indicateur de compromission pour n'importe quel site Web.*

Pour couronner le tout, en mars 2020, le *New York Times* annonce que le FBI abandonne toutes les charges contre les hackers russes et l'IRA[190]… Donc, les accusations et conspirations élaborées par nos « experts » sont des inventions.

3.6.3. Le vol des courriels du parti démocrate

Reste donc la divulgation par Wikileaks des courriels du *Comité national démocrate* (CND), qui mettait à jour la corruption et les manipulations des votes au sein du parti démocrate (notamment au profit de Hillary Clinton contre Bernie Sanders).

Le problème se décompose en deux parties, que les complotistes tentent de réconcilier : a) des intrusions observées dans les serveurs

---

189. Mark Maunder, "US Govt Data Shows Russia Used Outdated Ukrainian PHP Malware", Worldfence, 30 décembre 2016
190. Katie Benner & Sharon LaFraniere, "Justice Dept. Moves to Drop Charges Against Russian Firms Filed by Mueller", *The New York Times*, 16 mars 2020 (mis à jour le 7 mai 2020)

du CND au début de 2016, et b) la fuite de courriels du CND puis leur divulgation par Wikileaks.

Pour le premier aspect, on sait maintenant que les logiciels utilisés pour ces intrusions ont été codés en Ukraine[191]. En décembre 2016, le *National Cybersecurity and Communications Integration Center* (NCCIC) publie une synthèse accusant la Russie d'avoir piraté les courriels de personnalités du parti démocrate[192]. Pourtant, les données publiées par le NCCIC, permettent de déterminer que les *hackers* seraient… ukrainiens[193] !

Quant aux courriels, sans entrer dans les détails techniques, la question est de savoir comment ils sont passés des serveurs du CND à Wikileaks. Selon le parti démocrate, il s'agit d'un piratage informatique mené depuis la Russie ; pour Wikileaks, les fichiers ont été téléchargés puis lui ont été transmis.

D'ailleurs, dès 2016, Julian Assange, fondateur de Wikileaks, avait déclaré que les fichiers n'avaient pas été obtenus par piratage par la Russie, comme le prétendait le parti démocrate, mais reçus grâce à un lanceur d'alerte au sein du Parti démocrate qui les aurait exfiltrés. Conformément aux usages journalistiques, il a refusé de dévoiler le nom de sa source, suggérant qu'il a pu s'agir de Seth Rich, membre du CND, après son assassinat – encore inexpliqué – dans une rue de Washington. Les rumeurs selon lesquelles il aurait été éliminé sur un contrat ont immédiatement été attribuées à la Russie. Pourtant, en juillet 2021, dans une série de documents publiés par le FBI[194], on peut lire : « *Étant donné [expurgé] il est concevable qu'un individu ou un groupe ait voulu payer pour sa mort* ».

---

191. Brian Feldman, "Ukraine Is Proving Key to the DNC Hack Investigation", *Intelligencer*, 16 août 2017

192. *GRIZZLY STEPPE – Russian Malicious Cyber Activity*, NCCIC/FBI, 29 décembre 2016 (Reference : JAR-16-20296A)

193. Petri Krohn, "Did a Ukrainian University Student Create Grizzly Steppe?", *Off-Guardian*, 9 janvier 2017

194. https://vault.fbi.gov/seth-rich/seth-rich-part-01-of-03/view

Le problème est que le CND a refusé au FBI l'accès à ses serveurs originaux. Il a mis à sa disposition des *répliques* des serveurs, comme le confesse le directeur du FBI devant la commission d'enquête du Congrès[195]. En décembre 2017, Donna Brazile, présidente par intérim du CND, admet que le comité a détruit les serveurs originaux[196] ! Donc, non seulement le parti démocrate a refusé au FBI l'accès aux pièces à conviction, mais il les a détruites !

Quant à la manière dont ces courriels se sont retrouvés en possession de Wikileaks, les données techniques disponibles tendent à confirmer la version donnée par Julian Assange. Dans un mémo adressé par des anciens officiers de renseignement à Donald Trump, ils confirment que les fichiers ont été téléchargés par un collaborateur du CND[197]. Mandatée par le CND, la firme *CrowdStrike* confirme plus tard par la voix de son directeur qu'elle n'a détecté aucune preuve que les données aient été piratées[198]. Par ailleurs, le FBI n'a reçu de *CrowdStrike* que trois brouillons caviardés, la firme n'ayant jamais produit de rapport final complet[199]. Enfin, la NSA, qui serait en mesure de détecter une intrusion russe, n'a manifestement pas été en mesure de le faire[200], et pour cause…

Il résulte de tout cela qu'il existe encore de nombreuses zones d'ombre dans les événements qui ont entouré l'élection de Donald Trump en 2016, même si on peut exclure une tentative d'ingérence de la Russie. Que des individus – russes – aient tenté de tirer avantage de l'élection par

---

195. "The DNC Denied The FBI Access To Their Servers To Look For Russian Hacking", *YouTube*, 11 janvier 2017 (https://www.youtube.com/watch?v=u96t7dQZ_pI)

196. Nicholas Ballasy, "Brazile: After Hacking, DNC Replicated Server for FBI Then 'Destroyed'Machines", *PJMedia*, 13 décembre 2017

197. https://consortiumnews.com/2017/07/24/intel-vets-challenge-russia-hack-evidence/

198. https://intelligence.house.gov/russiainvestigation/

199. Ray McGovern, "FBI Never Saw CrowdStrike Unredacted or Final Report on Alleged Russian Hacking Because None was Produced", *Consortium News*, 17 juin 2019 ; *Government's Response To Defendant's Motion To Compel Unredacted Crowdstrike Reports*, District Court For The District Of Columbia, Document Criminal No. 19-cr-18-ABJ, 31 mai 2019

200. Robert Mackey, "If Russian Intelligence Did Hack the DNC, the NSA Would Know, Snowden Says", *The Intercept*, 26 juillet 2016

des « pièges à clics », c'est très probable. Que des tentatives d'intrusion (occidentales) aient utilisé des serveurs russes, c'est également probable. Mais les allégations quant à une tentative de la Russie d'imposer un candidat n'ont aucun sens.

En fait, il s'agit manifestement d'une manœuvre du parti démocrate pour invalider l'élection de Donald Trump. Ses efforts pour obtenir un *impeachment* (une destitution) nécessitaient une accusation forte de collusion ou de trahison en faveur de la Russie.

Il n'en demeure pas moins que les « chasseurs de complotisme », comme Rudy Reichstadt[201], se sont empressés de qualifier de complotistes ceux qui remettaient en question les accusations contre la Russie. Il suggère un lien entre une ingérence russe et le fait qu'Hillary Clinton ait perdu après avoir obtenu près de 2 millions de voix de plus que Donald Trump. Or, ce sont deux choses qui n'ont absolument aucun lien. L'apparente injustice qui a frappé Clinton par rapport au vote populaire résulte d'un mécanisme électoral inhabituel pour un Français. Le système des « grands électeurs » sert à corriger l'influence disproportionnée que pourraient prendre des États très peuplés (comme la Californie ou New York) au détriment de « petits » États, comme le Delaware.

3.7. La Russie a-t-elle tenté d'influencer le vote sur le Brexit ?

Le 23 juin 2016, par un vote historique, 51,9 % des votants britanniques décident de quitter l'Union européenne. Pour les élites politiques européennes, le bon sens ne peut être qu'en faveur de l'Europe, donc ce choix ne pouvait être que le résultat d'une forte influence étrangère. En outre, elles craignent que le Brexit fasse école, encourageant les souverainistes et sonnant le glas de l'Union européenne. C'est le cas en

---

201. Rudy Reichstadt, « Le 45ème président des Etats-Unis est-il un espion russe ? », *Conspiracy Watch*, 21 janvier 2017

Poutine, maître du jeu ?

France, où, en 2005, le pouvoir a décidé d'ignorer le choix du peuple (qui pourtant, détient la souveraineté nationale selon la Constitution), et où l'on sait qu'un nouveau référendum se traduirait très probablement par un Frexit[202].

Il faut donc trouver une explication dramatique à cette situation inattendue… Après avoir évoqué les promesses fallacieuses, comme la réallocation des contributions européennes à la sécurité sociale britannique, on évoque les forces obscures. Le scandale du Russiagate vient de commencer aux États-Unis : émerge alors l'idée que le Brexit est le résultat d'un complot ourdi par la Russie. Émerge alors l'idée d'une ingérence russe dans le vote populaire. C'est ce qu'affirme Caroline Roux dans le reportage de *France 5*.

Pourtant, le rapport du Parlement britannique sur la désinformation et l'exploitation des fausses nouvelles constate[203] :

> *[Nous] tenons à réaffirmer que le gouvernement n'a pas eu la preuve de l'emploi réussi de désinformation par des acteurs étrangers, y compris la Russie, pour influencer les processus démocratiques britanniques.*

L'usage du mot « réussi » a suscité beaucoup d'interrogations, car en effet, il y a eu des actions sur les réseaux sociaux, mais – avec toute la bonne volonté du monde – il est difficile de les associer à une opération d'influence.

Ainsi, sur Twitter, 419 comptes – dont *on pense* qu'ils sont basés en Russie – ont émis 3 468 « tweets » sur le thème du Brexit, dont 78 % *après* le vote [204], tandis que le montant total dépensé en publicités par

---

202. "France would have left EU in similar referendum to UK's, says Macron", *The Guardian*, 22 janvier 2018
203. "Disinformation and 'fake news': Final Report", *House of Commons*, 14 février 2019
204. Robert Booth, Matthew Weaver, Alex Hern, Stacee Smith & Shaun Walker, "Russia used hundreds of fake accounts to tweet about Brexit, data shows", *The Guardian*, 14 novembre 2017

Poutine, maître du jeu ?

Russia Today sur cette plate-forme s'élève à 767 £ (soit environ 850 €)[205]. Selon Facebook, qui a examiné en détail les activités de comptes possiblement liés à la Russie, l'Internet Research Agency (IRA) aurait dépensé au total 0,97 $ (soit 0,85 €) pour trois publicités liées à l'immigration, sans mentionner le Brexit[206] ! Facebook conclut qu'il n'y a pas eu d'effort de la Russie pour influencer le vote du Brexit[207]. De son côté Google, n'a trouvé aucun indice d'influence[208].

En juin 2019, Nick Clegg, ex-vice-premier ministre, député au Parlement et vice-directeur de Facebook, confirme qu'il n'y a « *absolument aucune preuve* » que la Russie ait influencé le vote[209], et que le réseau social n'a pas constaté « *de tentatives significatives par des forces extérieures* » pour le faire, en précisant que « *les racines de l'euroscepticisme britannique sont très profondes* », et donc qu'il n'y avait pas besoin d'une intervention russe[210].

En 2017-2018, des allégations concernant un financement par la Russie ont été avancées[211], puis vivement réfutées par le milliardaire Aaron Banks, principal financier de la campagne du Brexit[212]. Motif de l'accusation : Banks aurait fait sa fortune en Russie[213].

---

205. James Titcomb, "Russia Today spent £767 on Twitter adverts during Brexit campaign", *The Telegraph*, 14 déc4 décembre 2017
206. "Facebook says Russian-linked accounts spent just 97 cents on ads over Brexit", *Reuters*, 13 décembre 2017
207. Mallory Locklear, "Facebook found essentially no Russian effort to sway Brexit vote", *Engadget*, 13 décembre 2017
208. James Titcomb, "Russia Today spent £767 on Twitter adverts during Brexit campaign", *The Telegraph*, 14 déc4 décembre 2017
209. "Facebook: Nick Clegg says 'no evidence' of Russian interference in Brexit vote", *BBC News*, 24 juin 2019
210. Chris Baynes, "Facebook found 'no evidence' of Russian meddling in Brexit vote, says lobbyist Nick Clegg", *The Independent*, 24 juin 2019
211. Kate Holton & Guy Faulconbridge, "UK investigates Brexit campaign funding amid speculation of Russian meddling", *Reuters*, 1er novembre 2017
212. Paul Dallison, "'No Russian money' in Brexit campaign, says UKIP donor", *Politico*, 4 novembre 2018
213. Iain Campbell, "Revealed: How Arron Banks's campaign 'ambassador' made his millions in Russia", *opendemocracy.net*, 10 novembre 2018

Poutine, maître du jeu ?

En juillet 2020, le rapport de la *Commission du renseignement et de la sécurité* (ICS) du Parlement évoque à peine le Brexit[214] :

Nous avons cherché à établir s'il existe des renseignements secrets qui confirmaient ou ont été alimentés par ces études. En réponse à notre demande de preuves écrites au début de l'enquête, le MI5 n'a initialement fourni que six lignes de texte.

Concernant les allégations de financement occulte par la Russie à travers Aaron Banks, reprise par « C dans l'air » en novembre 2019[215], le rapport conclut :

Nous notons qu'Aaron Banks est devenu le plus grand donateur de l'histoire politique britannique en donnant 8 millions de livres sterling à la campagne Leave.EU. En octobre 2018, la Commission électorale – qui enquêtait sur la source de ce don – a renvoyé l'affaire à la National Crime Agency, qui a enquêté. En septembre 2019, la National Crime Agency a annoncé qu'elle avait conclu l'enquête, n'ayant trouvé aucune preuve que des infractions pénales avaient été commises en vertu de la loi de 2000 sur les partis politiques, les élections et les référendums ou du droit des sociétés par l'une des personnes ou organisations qui lui ont été référées par la commission électorale.

Donc : rien. Même *Reuters* constate que les services n'ont pas été en mesure de trouver des éléments lui permettant de dire que la Russie ait tenté d'influencer le vote sur le Brexit[216]. Ironiquement, sur *Slate.fr*, Derek

214. "Russia", *Intelligence and Security Committee of Parliament*, House of Commons, 21 juillet 2020

215. « Élections : Boris Johnson, le Brexit... et l'"affaire russe" #cdanslair 23.11.2019 », *YouTube/France 5*, 23 novembre 2019

216. Elizabeth Piper & William James, "UK government failed to find out whether Russia meddled in Brexit vote: report", *Reuters*, 21 juillet 2020

Poutine, maître du jeu ?

Chollet, du *German Marshall Fund of the United States*, en cherchant à accuser Vladimir Poutine, le disculpe[217] :

> *Poutine a tout fait pour diviser l'Occident, mais sans y parvenir. [Le Brexit] l'avantage, sans qu'il n'ait à s'en mêler.*

Finalement, comme pour le *Russiagate* américain, il apparaît que les soi-disant ingérences dans le vote du Brexit s'apparentent plus à des pièges à clicks destinés à gagner de l'argent qu'à un schéma d'influence à caractère politique ou stratégique. On observe que les influences étrangères ont essentiellement été en faveur du maintien de la Grande-Bretagne dans l'Union européenne, comme Barack Obama[218], mais ont été insuffisantes pour compenser le scepticisme des Britanniques.

Depuis 2010, les sondages montrent que l'opinion publique britannique est très partagée : les opinions alternent entre « oui » et « non », comme le montrent les sondages de cette période[219]. C'est très vraisemblablement la crise des migrants de 2014-2015 – consécutive aux opérations en Libye, en Syrie et en Irak – qui a eu le dernier mot.

Quant à l'idée que la Russie aurait cherché à favoriser le Brexit pour réduire le risque de sanctions européennes, c'est tout simplement un puéril montage intellectuel occidental[220] pour trois raisons principales.

La première est que, avec pragmatisme, la Russie a pris les sanctions comme une opportunité. Après une chute en 2015, conséquence de la crise ukrainienne, son PIB en croissance constante depuis. Elle a développé des secteurs industriels nouveaux – autrefois assurés par les entreprises européennes – et de nouveaux marchés plus stables en Asie, notamment

---

217. Dan de Luce & Paul McLeary, « Le Brexit, bonne nouvelle pour la Russie et grosse migraine pour l'Otan », slate.fr, 1er juillet 2016
218. "Barack Obama visit: Stick with EU, US president urges UK", *BBC News*, 22 avril 2016
219. Article « Liste de sondages sur le référendum sur l'appartenance du Royaume-Uni à l'Union européenne », *Wkipédia* (consulté le 20 novembre 2021).
220. Marc Nexon, "Brexit : Poutine se frotte les mains », *Le Point*, 26 juin 2016

avec la Chine. La principale conséquence de la politique européenne a donc été de renforcer l'axe Moscou-Pékin.

La deuxième est que l'on suppose que les Russes considèrent la politique de l'Union européenne comme rationnelle. Or, ils constatent que non seulement les sanctions sont devenues le principal instrument de politique étrangère européen envers la Russie mais, de plus, la politique européenne s'aligne sur la haine viscérale qu'ont certains pays à l'égard de la Russie, comme la Pologne et la Lituanie, devenant irrationnelle. Ainsi, on la sanctionne pour des problèmes qui ne la concernent pas[221].

La troisième est qu'après le Brexit, le Royaume-Uni est venu renforcer le « bloc » américain – comme on pouvait s'y attendre – « antirusse » : la nouvelle situation n'apportait aucun changement pour la Russie, et elle n'y avait donc aucun intérêt.

Nul doute que, si la Russie avait considéré le Brexit comme un problème stratégique et s'était engagée activement dans une campagne d'influence, celle-ci se serait déroulée bien différemment. Car, enfin, s'il suffit de 850 € pour diviser et déstabiliser l'Union européenne, comme le prétend le média *Slate.fr*[222], nous avons une mesure de sa robustesse !

Les États-Unis ont investi des millions de dollars pour déstabiliser l'Ukraine en influençant les opinions et encourageant les mouvements d'opposition. Ils dépensent des millions de dollars chaque année pour faire la même chose en Russie. En admettant que la Russie se lance dans la même entreprise contre l'Union européenne avec seulement une poignée d'euros, cela en dit long sur la valeur de l'idée même que nous nous faisons de l'Europe… Les accusations invérifiées et spéculatives se contentent de montrer que nous ne croyons pas nous-mêmes dans notre projet.

---

221. Ilya Zaslavskiy, "Why the EU should punish Russian 'Kremligarchs' for Ryanair hijacking", *euractiv.com*, 3 juin 2021 ; Alberto Nardelli, "EU Sanctions Russian Billionaire as U.S. Joins Action on Belarus", *Bloomberg*, 21 juin 2021
222. Dan de Luce & Paul McLeary, « Le Brexit, bonne nouvelle pour la Russie et grosse migraine pour l'Otan », slate.fr, 1er juillet 2016

3.8. La Russie a-t-elle tenté d'influencer l'élection présidentielle française de 2017 ?

À l'approche de la présidentielle de 2022, il est tentant de revenir sur une accusation récurrente en France : la Russie aurait tenté d'influencer la présidentielle de 2017.

En février 2017, l'équipe de campagne d'Emmanuel Macron surfe sur la vague du Russiagate. Richard Ferrand[223] affirme dans *Le Monde* que « *le site internet du mouvement En marche ! et ses infrastructures font l'objet de plusieurs milliers d'attaques mensuelles sous diverses formes* », tandis que Mounir Mahjoubi[224], responsable informatique de la campagne d'*En Marche* confesse avoir « *un doute sur l'origine des cyber-attaques* ». Les accusations contre la Russie sont circonstancielles et expliquées par le fait que « *la Russie est très active, sur les fake news et sur les réseaux sociaux* ». Un doute légitime, puisque Ferrand lui-même avoue que les « *2 000 attaques (...) proviennent très clairement d'Ukraine* ».[225] Ce qui n'empêche pas *BFM TV* d'accuser sans équivoque la Russie[226]... Quant aux raisons d'une telle ingérence, Ferrand soutient que Poutine cherche à étendre son influence[227]. À quelles fins et comment ? Pas de réponse. C'est idiot.

Cette distorsion permet aux médias de faire d'une pierre deux coups : contre Trump et contre la Russie, tout en ouvrant la porte aux

---

223. Richard Ferrand, « Ne laissons pas la Russie déstabiliser la présidentielle en France ! », *lemonde.fr*, 14 février 2017

224. Martin Untersinger, « En marche ! dénonce des attaques informatiques "organisées" et "convergentes" », *lemonde.fr*, 14 février 2017

225. « Quand le piratage informatique menace la présidentielle », *France 3 (www.francetvinfo.fr)*, 16 février 2017 (mis à jour le 30 mars 2017). NdA : l'expression "*très clairement*" est prononcée par Ferrand (voir la vidéo), mais n'est pas reprise dans la citation du texte.

226. « Le site de "En Marche !" de nouveau victime d'une attaque russe », *BFM TV*, 14 février 2017

227. « Richard Ferrand vise la Russie après les attaques informatiques visant Macron », *Le Huffington Post/YouTube*, 16 février 2017

accusations concernant le référendum sur le Brexit et la campagne
d'Emmanuel Macron[228].

En février 2017, le candidat Macron est au coude-à-coude avec
François Fillon, mais il n'a pas de programme et un sondage IFOP
montre que son électorat est le plus faiblement convaincu de son choix[229].
Il faut donc le raffermir et lui donner une stature en montrant qu'il est la
cible de la Russie. Les accusations de Ferrand n'ont aucun fondement
technique : interviewé sur la plate-forme « pol », il botte en touche et
n'apporte que des éléments circonstanciels. Il précise que même s'il
s'agissait d'un « *coup de com'* », il ne l'avouerait pas[230] ! Un exemple de
l'éthique politique française !

Le 5 mai 2017, deux jours avant le second tour de la présidentielle, le
mouvement *En Marche* annonce qu'il a été l'objet d'une attaque informatique et que quelque 20 000 courriels ont été piratés. Immédiatement,
l'ingérence russe est évoquée. Le lendemain, Vitali Kremez, directeur
de la firme de sécurité informatique « Flashpoint », affirme dans *The
Independent* que les pirates appartiendraient à l'entité FANCY BEAR[231],
soupçonnée d'avoir piraté le parti démocrate américain en 2016. À la
vérité, il n'en sait rien : il n'a pas eu accès aux serveurs français et il
affabule. Une analyse produite par *slate.fr* montre que l'origine des fuites
se situe probablement en France et qu'en plus des courriels « fuités »,
il y a aussi des faux qui ne proviennent pas du piratage en question[232].

---

228. « La campagne d'Emmanuel Macron dans le viseur de pirates russes », *lemonde.fr*,
25 avril 2017

229. Arnaud Focraud, « Présidentielle : pourquoi les sondages sont incapables de prévoir
l'affiche du second tour », *Le Journal du Dimanche*, 18 avril 2017 (mis à jour le 27 juillet
2017) ; Julien Absalon, « Présidentielle 2017 : Macron doit composer avec un électorat
friable", *RTL*, 6 mars 2017

230. « Macron et la Russie : Richard Ferrand dément tout coup de com' de la part d'En
Marche ! », *lelab.europe1.fr*, 16 février 2017

231. Lizzie Dearden, "Emmanuel Macron email leaks 'linked to Russian-backed hackers
who attacked Democratic National Committee'", *The Independent*, 6 mai 2017

232. Jean-Marc Manach, « On a examiné les "Macron Leaks" pour vous, voilà ce qu'on y a
trouvé », *slate.fr*, 9 mai 2017

Le magazine américain *Forbes*[233] enquête et émet les mêmes doutes sur la responsabilité de la Russie. Tout porte à croire que le scandale du « Macronleaks » a son origine en France même.

En juin, Guillaume Poupard, directeur de l'*Agence nationale de la sécurité des systèmes d'information (ANSSI)*, responsable de la cybersécurité en France, affirmera que « *rien ne permet d'affirmer que la Russie est à l'origine de cette attaque*[234] ». Il confiera à *Associated Press* que l'attaque ne présente pas les caractéristiques d'une action étatique, que rien ne permet de la relier à la Russie, et qu'elle « *pourrait même [avoir été menée] par un individu isolé*[235] ». Donc : rien.

Mais le mythe a la vie dure. En 2018, les auteurs d'un rapport établi conjointement par le *Centre d'analyse, de prévision et de stratégie (CAPS)* des Affaires étrangères et *l'Institut de recherche stratégique de l'École militaire (IRSEM)* du ministère des Armées en 2018, reconnaissent que « la France n'a jamais officiellement attribué l'attaque » et que Guillaume Poupard a déclaré que « l'attaque était tellement générique et simple qu'il pourrait s'agir de n'importe qui[236] ». Néanmoins, ils concluent que « *ce qui peut être retenu de façon relativement certaine, c'est que les responsables, quels qu'ils soient, étaient au moins liés aux intérêts russes et ont reçu de l'aide de l'ultra-droite américaine et de la fachosphère française, deux milieux aujourd'hui majoritairement proches de la vision du monde véhiculée par le Kremlin* ».[237]

---

233. Thomas Brewster, "Did Russia Hack Macron ? The Evidence Is Far From Conclusive", *Forbes*, 8 mai 2017

234. Louis Adam, "MacronLeaks : l'Anssi ne confirme pas la piste russe", *ZDNet*, 2 juin 2017 ; Louis Adam, "Macronleaks : Alors M.Poupard, c'est la Russie ?", *www.zdnet.fr*, 8 juin 2017

235. John Leicester, "AP Interview : France warns of risk of war in cyberspace", *AP News*, 1 juin 2017

236. Andrew Rettman, "Macron Leaks could be 'isolated individual', France says", *EU Observer*, 2 juin 2017

237. Jean-Baptiste Jeangène Vilmer, Alexandre Escorcia, Marine Guillaume & Janaina Herrera, *Les Manipulations de l'information*, CAPS/IRSEM, Paris, août 2018

Poutine, maître du jeu ?

Donc, on ne sait pas qui c'est, cela peut être un individu isolé, mais il est certainement lié à la Russie et a été aidé par la fachosphère, notoirement proche du Kremlin ! On est exactement dans la définition du complotisme : la création d'un narratif à partir d'hypothèses pour en faire une réalité. Incidemment, les noms des quatre auteurs du rapport se trouvent dans la liste des membres du *cluster* français[238] de l'*Integrity Initiative*. Il s'agit d'un projet financé par le gouvernement britannique, chargé de la guerre d'influence contre la Russie.

En Belgique, le quotidien *La Libre* va jusqu'à affirmer que les mêmes acteurs se sont attaqués à l'opérateur de téléphonie *Proximus* et à l'OTAN[239], sans évoquer que l'une des pistes conduit aux… États-Unis[240] !

Bref, les Russes sont responsables de tout. Les pannes informatiques de l'enseignement à distance, lors des confinements, en mars 2020[241] et en avril 2021[242] , sont dénoncées par Jean-Michel Blanquer, ministre de l'Éducation nationale, comme des cyber-attaques de la Russie. Dans quel but ? « *Voler l'excellence française* » ? comme le suggère le site parodique *Nord Presse* ?

Lors de la visite de Vladimir Poutine en France, en mai 2017, Emmanuel Macron n'évoque pas ces prétendues attaques informatiques[243]. En revanche, il accuse les médias russes *Sputnik* et *RT* d'avoir « *produit des contre-vérités* » au cours de la campagne présidentielle française. Il ment, car ils ne les ont pas « produits ». Tout au plus ont-ils relayé des

---

238. https://fdik.org/Integrity_Initiative/integrity-france.pdf
239. Christophe Lamfalussy, "Macronleaks : les pirates sont les mêmes que ceux qui se sont attaqués à Proximus et à l'OTAN", LaLibre.be, 27 avril 2017 (Mis à jour le 6 mai 2017)
240. "Russland im Verdacht – eine Spur führt in die USA", *www.20min.ch*, 6 mai 2017
241. Nicolas Domenach, « Les indiscrets de Nicolas Domenach : Blanquer dénonce les *hackers* russes », *Challenges.fr*, 29 mars 2020
242. « Le système français d'enseignement à distance piraté », *lematin.ch/AFP*, 7 avril 2021.
243. Corentin Durand, « Macron et Poutine : quand la dénonciation des *fake news* éclipse la cyberguerre russe », *numerama.com*, 30 mai 2017

fausses nouvelles produites en France même, comme le démontre un débunkage de *Libération*[244].

Selon toute vraisemblance, le gouvernement russe n'est pas intervenu dans la campagne électorale, mais les médias ont instillé un doute que l'on traînera jusqu'aux élections européennes de 2019. Malgré quelques erreurs factuelles, *France Culture* est l'un des rares médias français à proposer une analyse plus honnête de la situation[245]. L'affaire resurgit en décembre[246] – sans élément nouveau – et sera reprise par Emmanuel Macron en février 2020 lors de la conférence de Munich sur la Sécurité[247].

S'il y avait réellement eu ingérence, une vraie démocratie qui se respecte aurait sans doute invalidé le scrutin, et cela n'a pas été le cas !

Ce complotisme serait anodin s'il ne conditionnait pas les relations internationales et s'il n'avait pas d'implications sur la vie des gens en Russie et en France…

3.9. La Russie a-t-elle cherché à influencer la présidentielle de 2022 ?

Sur *France 5*, Clémentine Fauconnier, politologue, suggère que la Russie pourrait s'ingérer dans la présidentielle française de 2022[248].

La Russie en a certainement les capacités, mais nos accusations ne sont fondées que sur des suppositions et des constructions de nature conspirationniste. Comme pour toute action politique ou militaire, il faut

---

244. Vincent Coquaz, « RT et Sputnik ont-ils relayé des *fake news* pendant la campagne comme le dit En Marche ? », *CheckNews.fr*, 6 juin 2018

245. Philippe Reltien et Cellule investigation de Radio France, « La menace d'une ingérence russe plane-t-elle sur les élections européennes ? », *France Culture*, 22 mars 2019

246. « Le Renseignement militaire russe derrière le piratage de la campagne de Macron, d'après *Le Monde* », *AFP/RTBF.be*, 7 décembre 2019

247. « Macron : la Russie continuera à "essayer de déstabiliser" l'Occident », *rfi.fr*, 15 février 2020 (mis à jour le 16 février 2020)

248. Émission « C dans l'air » du 17 octobre 2021 (« Poutine, maître du jeu #cdanslair 17.10.2021 », *France 5/YouTube*, 18 octobre 2021) (1h54'20")

Poutine, maître du jeu ?

se poser la question : « Dans quel but la Russie mènerait-elle une telle guerre ? ».

Sur un plan stratégique, la Russie a toujours eu une politique étrangère pragmatique, qui travaille avec les gouvernements en place. Durant la guerre froide, à l'époque où les grandes puissances plaçaient leurs pions sur l'échiquier mondial, Américains et Soviétiques soutenaient (voire installaient) des gouvernements qui leur étaient favorables. Aujourd'hui, cet affrontement idéologique a disparu et même si la gouvernance russe est différente de la nôtre, il n'y a plus d'enjeu de cette nature sur le plan international. On ne voit pas pourquoi les Russes n'auraient pas tenté d'influencer des politiques occidentales potentiellement dommageables pour eux jusqu'en 2016, puis, tout à coup, auraient commencé à influencer des élections.

La difficulté des candidats à la présidentielle française de 2022 pour se distinguer les uns des autres, et la continuité de politique étrangère entre Joe Biden, Donald Trump et de Barack Obama, montrent que l'intérêt de Vladimir Poutine pour élaborer une stratégie d'influence en faveur de l'un ou l'autre d'entre eux n'a rigoureusement aucun sens. En réalité, aux États-Unis, comme nous l'avons vu, le Russiagate n'était qu'une manière de masquer les malversations au sein du Parti démocrate, celles qui ont coûté la présidence à Hillary Clinton.

Il est *possible* que des Russes soient responsables de cyber-attaques, mais nous ne sommes pas en mesure d'affirmer que les attaques viennent de Russie, ni capables de les relier au gouvernement russe. Et ceci, pour des raisons techniques.

En mars 2017, WikiLeaks a publié sous le nom de « VAULT 7 » plusieurs milliers de documents de la CIA. Parmi ceux-ci, des outils informatiques, comme MARBLE FRAMEWORK[249], que l'Agence a développés afin de mener des cyber-opérations en faisant croire qu'elles proviennent de pays étrangers. Ces outils révèlent des traces d'attaques

---

249. WikiLeaks.org/ciav7p1/cms/page_14588467.html

dans plusieurs langues (notamment le chinois, le russe, le coréen, l'arabe et le farsi[250]), permettant de mener des opérations sous « fausse bannière »[251]. Il est établi que ces outils ont été utilisés avant leur publication en 2015 et 2016, et très probablement ensuite également[252].

En fait, l'influence est un trait culturel beaucoup plus américain que russe. Ce qui explique pourquoi, les États-Unis ont une fâcheuse tendance à renverser des gouvernements (bien souvent avec l'aide de leurs alliés européens)[253]. Dans ce domaine, rappelons que la CIA aurait tenté de s'immiscer dans la présidentielle française de 2012[254] , et que le Russiagate aurait pu masquer des initiatives venant des États-Unis eux-mêmes[255].

Nous l'avons vu : les soi-disant « ingérences » russes ont toutes été démenties par les services de renseignements occidentaux.

Quant aux cyber-attaques, depuis 2007, on entretient l'idée que seuls les Russes (et les Chinois) pratiquent ce genre d'exercice. Pourtant, dans

---

250. Stephanie Dube Dwilson, "WikiLeaks Vault 7 Part 3 Reveals CIA Tool Might Mask Hacks as Russian, Chinese, Arabic", *Heavy.com*, 31 mars 2017

251. Jacques Cheminat, « Marble Framework : le double jeu perfide des hackers de la CIA », *silicon.fr*, 31 mars 2017

252. Catalin Cimpanu, "WikiLeaks Dumps Source Code of CIA Tool Called Marble", *Bleeping Computer*, 1er avril 2017

253. Liste des pays où les États-Unis sont intervenus militairement ou ont tenté d'influencer activement un processus politique par des actions clandestines : Chine (1945-46), France (1948-1950), Italie (1948-1952), Syrie (1949), Corée (1950-53), Chine (1950-53), Iran (1953), Guatemala (1954), Tibet (1950-), Indonésie (1958), Cuba (1959-), Congo (1960-65), Irak (1960-63), République Dominicaine (1961), Vietnam (1961-1975), Brésil (1964), Congo (1964), Guatemala (1964), Laos (1964-73), République Dominicaine (1965-66), Pérou (1965), Grèce (1967), Guatemala (1967-69), Cambodge (1969-70), Chili (1970-73), Argentine (1976), Turquie (1980), Pologne (1980-81), El Salvador (1981-92), Nicaragua (1981-90), Cambodge (1980-95), Angola (1980), Liban (1982-84), Grenade (1983), Philippines (1986), Libye (1986), Iran (1987-88), Libye (1989), Panama (1989-90), Irak (1991), Koweit (1991), Somalie (1992-94), Irak (1992-96), Bosnie (1995), Iran (1998), Soudan (1998), Afghanistan (1998), Serbie (1999), Afghanistan (2001-2021), Irak (2003-), Somalie (2006-2007), Libye (2011-), Syrie (2011-)

254. Press Release, « La lettre de mission de la CIA pour l'élection présidentielle française de 2012 », *WikiLeaks*, 16 février 2017

255. Kim Zetter, "WikiLeaks Files Show the CIA Repurposing Hacking Code to Save Time, Not to Frame Russia", *The Intercept*, 8 mars 2017

Poutine, maître du jeu ?

les cas où une explication a été trouvée (et démontrée), elle a systématiquement disculpé la Russie. Il est probable que des Russes, s'amusent à faire des cyber-attaques, mais la main de l'État reste hypothétique et l'on observe sur des cartes de menaces informatiques que la très grande majorité des cyber-attaques provient des États-Unis et de la vieille Europe.[256]

Ainsi, en décembre 2016, la firme américaine *CrowdStrike* (qui a expertisé des serveurs du parti démocrate dans le Russiagate) affirme que la Russie aurait pénétré un réseau de conduite de tir d'artillerie ukrainien pour y implanter des maliciels, causant ainsi des pertes importantes[257]. Elle attribue ce piratage à l'entité FANCY BEAR, qu'elle associe au service de renseignement militaire russe (GRU). L'information est un peu grosse, mais certains médias, comme la *Radio-Télévision Suisse*[258], la relaient tout de même. Las, en mars 2017, *Voice of America* révèle que CrowdStrike a falsifié des informations provenant de l'*International Institute for Strategic Studies* (IISS) pour arriver à sa conclusion et qu'elle retire ses allégations[259].

Voir partout la main des services de renseignement russes (ou chinois) tend plutôt à nous affaiblir. En désignant systématiquement la Russie comme origine de nos problèmes informatiques, nous sommes devenus incapables de déterminer l'origine réelle des attaques informatiques. Il est très possible de pousser des pays de l'OTAN dans une guerre qu'ils n'ont pas souhaitée car les outils informatiques existent et sont accessibles.

Les États-Unis sont le pays qui a le plus de pannes de réseaux électriques de tous les pays occidentaux, du fait de réseaux privatisés et vétustes que les exploitants ne mettent que rarement à niveau pour

---

256. https://www.imperva.com/cyber-threat-attack-map/ (consulté le 13 février 2022) ; https://www.fireeye.com/cyber-map/threat-map.html

257. "Use of FANCY BEAR android malware in tracking of Ukrainian field artillery units", *CrowdStrike*, 22 décembre 2016

258. « Les hackers russes du Parti démocrate ont visé l'armée ukrainienne », *rts.ch*, 22 décembre 2016

259. L'ancien rapport a été publié le 22 décembre 2016 et le rapport corrigé, le 23 mars 2017 (Oleksiy Kuzmenko & Pete Cobus, "Cyber Firm Rewrites Part of Disputed Russian Hacking Report", *Voice of America*, 24 mars 2017)

Poutine, maître du jeu ?

baisser les coûts, et qui résistent mal aux surcharges[260]. Les soi-disant cyber-attaques russes permettent ainsi aux compagnies de dégager leur responsabilité.

En fin de compte, entre la mauvaise foi et l'incapacité technique des firmes de sécurité informatique, l'attribution d'une attaque informatique dépend plus de préjugés que de faits. Il n'en demeure pas moins que, s'il s'agissait d'actions conduites par l'État russe, elles devraient avoir un objectif; or, nous n'avons jamais été en mesure d'en identifier un, et ces « attaques » semblent n'avoir été suivies par rien. Il s'agit donc très vraisemblablement le plus souvent de problèmes de gestion de réseaux, d'attaques par des *hackers* indépendants probablement situés chez nous, agissant par défi ou par rancune…

---

260. Ula Chrobak, "The US has more power outages than any other developed country. Here's why.", *Popular Science*, 17 août 2020

4. La crise énergétique de 2021

4.1. La Russie est-elle un partenaire peu fiable qui utilise le flux de gaz naturel à des fins politiques ?

L'idée que la Russie utilise ses fournitures d'énergie à des fins politiques est récurrente depuis la guerre froide aux États-Unis. Pour le comprendre, il faut revenir au motif qui a poussé à la création de l'OTAN : la capacité nucléaire américaine. Mais, dès les années 1960, avec l'adoption de la stratégie de la « riposte graduée », il devient clair que l'emploi des armes nucléaires dans un conflit avec l'URSS se fera en premier lieu sur les pays européens. Les Américains craignent donc que les opinions publiques européennes refusent une telle stratégie (ce qui arrive dans les années 1980, avec les mouvements pacifistes allemands). Ils craignent également que des liens plus étroits avec la Russie puissent affecter la stratégie américaine. Depuis cette époque, les Américains cherchent à éviter tout rapprochement entre l'Europe et la Russie qu'ils accusent de vouloir diviser les Occidentaux.

Pour accréditer ce risque et discréditer la Russie, on tente de nous convaincre qu'elle (lire : Vladimir Poutine) n'est pas un partenaire fiable. Or, la réalité est différente : même durant la guerre froide, les Soviétiques ont scrupuleusement respecté leurs contrats de livraison et n'ont jamais tenté de les utiliser comme moyen d'influence politique.

La Russie fournit du gaz naturel à l'Europe occidentale depuis les années 1960. Entre 1968 et 1975, l'Union soviétique a conclu pas moins de 8 accords gaziers avec l'Autriche, la France, l'Italie et l'Allemagne de l'Ouest. Tous ces accords ont été respectés, même au plus fort de la guerre froide.

En 1982, l'URSS entreprend la construction du gazoduc entre Urengoy (Sibérie) et Uzhhorod (Ukraine) pour augmenter ses livraisons vers l'Europe. La CIA constate alors, qu'après le choc pétrolier de 1973, les Européens craignent pour leur approvisionnement énergétique et que, face au caractère imprévisible de la politique des pays arabes, ils préfèrent faire confiance à l'URSS. Elle craint qu'une plus grande dépendance de l'Europe vis-à-vis de la Russie affecte son soutien à la politique américaine :

> *L'URSS calcule également que la dépendance future accrue des Européens de l'Ouest vis-à-vis des livraisons de gaz soviétique les rendra plus vulnérables à la coercition soviétique et deviendra un facteur permanent dans leur prise de décision sur les questions Est-Ouest. Les Soviétiques, en outre, ont utilisé la question des pipelines pour créer et exploiter des divisions entre l'Europe occidentale et les États-Unis. Par le passé, les Soviétiques ont exploité l'intérêt de l'Europe occidentale pour l'expansion du commerce Est-Ouest afin de contourner les sanctions américaines, et ils pensent que de bons accords sur des pipelines réduiront la volonté européenne de soutenir de futures actions économiques américaines contre l'URSS* [261].

Les États-Unis tentent alors de décourager leurs alliés européens, mais ceux-ci n'écoutent pas :

---

261. "The Soviet Gas Pipeline in Perspective", *Special National Intelligence Estimate, Central Intelligence Agency*, 21 septembre 1982 (SNIE 3-11/2-82)

> *Il sera difficile d'obtenir la coopération des Alliés pour restreindre le commerce avec l'URSS. Au-delà des incitations économiques, il existe des considérations politiques qui alimentent la réticence des Européens de l'Ouest à accepter des restrictions sur le commerce et les crédits à l'URSS. (...) Les dirigeants alliés ont affirmé qu'ils ne mèneraient pas de guerre économique contre l'Union soviétique.*

Dès juillet 1981, les manifestations se multiplient en Europe contre le déploiement des missiles Pershing II. Les Américains craignent qu'un rapprochement avec l'URSS n'empêche ce déploiement. Il faut alors la présenter comme un fournisseur peu fiable. Les États-Unis décident de rendre le *pipeline* inopérant. En janvier 1982, le président Ronald Reagan approuve un plan de la CIA pour saboter des gazoducs en Russie[262]. L'opération est décrite dans les mémoires de Thomas Reed, ancien secrétaire à l'US Air Force et membre du *National Security Council* :

> *Afin de perturber l'approvisionnement en gaz soviétique, ses revenus en devises fortes de l'Occident et l'économie interne russe, le logiciel du pipeline qui devait faire fonctionner les pompes, les turbines et les vannes a été programmé pour se détraquer, après un intervalle décent, en réinitialisant les vitesses de la pompe et les réglages des vannes afin de produire des pressions bien au-delà de celles acceptables par les joints et les soudures des canalisations. Le résultat a été l'explosion et l'incendie non nucléaires les plus monumentaux jamais vus de l'espace [263].*

Ces sabotages ne découragent pas les Soviétiques, qui terminent le gazoduc. Les États-Unis proclament donc un embargo contre le gaz soviétique pour forcer les Européens à ne plus en acheter. Ils offrent de

---

262. Roman Kupchinsky, "Analysis: The Recurring Fear Of Russian Gas Dependency", *Radio Free Europe/Radio Liberty*, 11 mai 2006
263. Thomas C. Reed, *At The Abyss: An Insider's History of the Cold War*, Presidio (2005)

compenser les Européens en augmentant leurs livraisons de charbon, mais leurs capacités de production et de transport maritime sont insuffisantes, et ils ne peuvent remplir leurs promesses. En novembre 1982, ils sont contraints de stopper leur embargo et les livraisons soviétiques vers l'Europe reprennent normalement.

On peut raisonnablement supposer que s'il y avait eu une confrontation armée à cette époque, l'URSS aurait stoppé ses livraisons d'hydrocarbures. Cependant, durant la toute guerre froide, la Russie n'a jamais utilisé ses fournitures de gaz comme moyen de pression. Les États-Unis, eux, ont bataillé pour éviter que des liens durables en l'Europe et la Russie ne s'établissent. C'est le principe du « *Vous êtes avec nous ou contre nous* » qui anime la politique étrangère américaine (démocrate et républicaine).

Principaux fournisseurs de pétrole des États-Unis

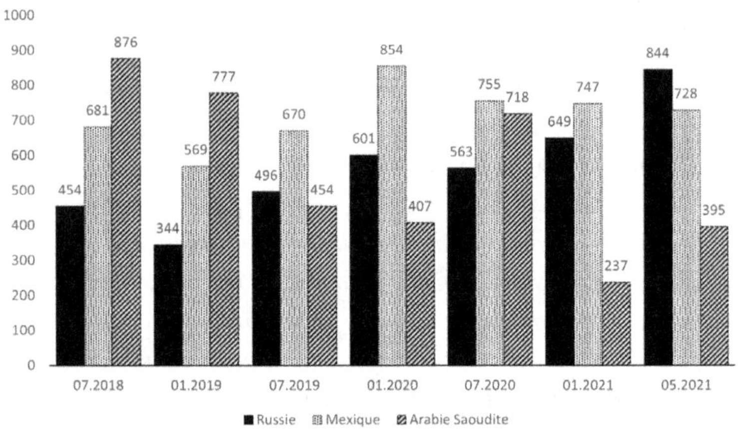

Figure 4 – Principaux pays fournisseurs de pétrole des États-Unis. Le Canada est le premier fournisseur, mais la deuxième place a été l'objets de changements importants. Comme on le constate, bien qu'ils s'efforcent de limiter les livraisons russes aux pays européens, les États-Unis dépendent de plus en plus de la Russie pour leurs propres besoins énergétiques. [Source : Sheela Tobben & Jeffrey Bair, « Russia Captures No. 2 Rank Among Foreign Oil Suppliers to U.S. », Bloomberg, 4 août 2021 (mis à jour 5 août 2021)]

En septembre 2014, après la crise ukrainienne, les Américains imposent des sanctions interdisant à des compagnies occidentales de livrer du matériel lié à l'exploitation d'hydrocarbures à la Russie : en partant de l'idée qu'elle dépend de la technologie occidentale pour son économie, ils pensent asphyxier la Russie et la contraindre à négocier. Cela a pour effet de stopper la coopération entre Exxon et Shell avec les compagnies pétrolières russes (Gazprom, Gazprom Neft, Rosneft, LukOil et Surgutneftegas). Conséquence : après un retard temporaire dans la production, les Russes ont entrepris de développer eux-mêmes les technologies nécessaires. Aujourd'hui, la Russie n'a plus besoin de la technologie occidentale.

C'est ce qui explique que les Américains adoptent des sanctions contre leurs alliés, comme l'Allemagne à propos du gazoduc *Nord Stream 2*. Alors que les Allemands tendent à voir le commerce Est-Ouest comme un pont, les Américains le perçoivent comme un facteur de division du camp occidental.

On accuse la Russie d'utiliser l'énergie comme moyen de pression sur les pays occidentaux. Or, non seulement ces accusations ne sont jamais assorties de preuves, mais ce sont clairement les Américains, puis l'Union européenne, qui ont tenté d'instrumentaliser l'économie à des fins politiques. Fin octobre 2021, le *Wall Street Journal* constate que cette instrumentalisation de l'énergie à des fins de politique internationale par l'Union européenne n'a conduit qu'à un échec[264].

Les auteurs n'ont pas connaissance d'un cas où la Russie aurait utilisé ses livraisons de gaz comme moyen de pression pour obtenir des concessions de nature politique, économique ou autres de la part des pays occidentaux.

Dans l'affaire *Nord Stream 2*, les Américains sont moins inquiets de la dépendance européenne à la Russie, que du rapprochement entre

---

264. James Marson & Joe Wallace, "Europe's Push to Loosen Russian Influence on Gas Prices Bites Back", *The Wall Street Journal*, 27 octobre 2021

l'Europe et son puissant voisin. C'est pourquoi, alors qu'ils brandissent la menace d'une dépendance de l'Europe, ils augmentent simultanément leurs propres importations de pétrole brut de Russie[265]. En août 2021, ces dernières atteignent leur sommet depuis 11 ans et dépassent celles de l'Arabie Saoudite[266]. La Russie devient ainsi le deuxième plus important fournisseur de pétrole des États-Unis, après le Canada et avant le Mexique[267].

Ce sont les Européens qui s'avèrent être des acheteurs peu fiables. La Russie continuera à respecter ses engagements, mais il est vraisemblable qu'elle rechigne à en prendre de nouveaux. Car la manière dont on traite avec elle, en appliquant des sanctions de manière aléatoire et en substituant l'idéologie à la diplomatie pour régler les différends, fait que le marché occidental devient de moins en moins attractif.

La Russie a compris que ses transactions avec l'Union européenne sont systématiquement placées dans un contexte politique et idéologique et sont ainsi sujettes à des sanctions de manière imprévisible. Elle a également compris que le développement de la Chine et l'explosion du marché asiatique constituent une opportunité : plus stable, plus prévisible, plus résistant aux sanctions, payant plus et cherchant à réduire sa dépendance envers les États-Unis, il est clairement plus attractif. C'est pourquoi la Russie a construit un vaste réseau de *pipelines* et commence à fournir autant de ressources qui ne seront plus disponibles pour l'Europe.

---

265. "Analysis: US reliance on Russian oil hits record high despite souring ties", *spglobal. com*, 16 avril 2021 ; Lucia Kassai, "Russian Oil Shipments to the US Set to Surge in Ida's Wake", *Bloomberg*, 8 septembre 2021 (mis à jour 9 septembre 2021) ; Tsvetana Paraskova, "US Imports Of Russian Oil Expected To Soar After Hurricane Ida", *oilprice.com*, 9 septembre 2021
266. Rosemary Griffin & Eklavya Gupte, "Russian crude exports to US highlight risks to Ukraine talks for Biden", *S&P Global*, 21 janvier 2022
267. Sheela Tobben & Jeffrey Bair, "Russia Captures No. 2 Rank Among Foreign Oil Suppliers to US", *Bloomberg*, 4 août 2021 (mis à jour le 5 août 2021)

4.2. La montée du prix des hydrocarbures à la fin de 2021 est-elle le résultat d'une manœuvre délibérée de la Russie ?

En octobre 2021, dans l'émission « C dans l'air », on suggère que la Russie manipule le prix du gaz en jouant sur le robinet et que la hausse du prix des hydrocarbures de la fin 2021 résulte d'une politique délibérée de Vladimir Poutine.

Pourtant, à peine la Russie a-t-elle augmenté sa distribution de gaz naturel vers l'Europe, l'Allemagne annonce la suspension de la certification de Nord Stream 2[268] : la société qui l'exploite doit être allemande (et non suisse). Cette situation était connue depuis longtemps, mais ce nouveau retard intervient opportunément pour accroître les tensions.

Il est suivi, le 22 novembre, par un nouveau train de sanctions américaines contre le *pipeline*[269], qui font bondir le prix du gaz naturel. Puis, le 13 décembre, après l'entrée en fonction du nouveau gouvernement allemand, Annalena Baerbock, nouvelle ministre des Affaires étrangères, annonce que la certification du gazoduc sera retardée en raison des menaces de guerre avec l'Ukraine[270]. En réalité, elle introduit une dimension géopolitique à son opposition personnelle au projet[271], une erreur que le gouvernement Merkel a soigneusement évité. Mais Annalena Baerbock n'est pas vraiment un modèle d'intégrité : plagiats, tricheries sur sa biographie et dissimulation de revenus[272], elle illustre l'approche idéologique et dogmatique des relations avec la Russie.

---

268. "Certification procedure for Nord Stream 2 suspended", *Bundesnetzagentur* (Bonn), 16 novembre 2021

269. Antony J. Blinken, "Imposition of Further Sanctions in Connection with Nord Stream 2", *state.gov*, 22 novembre 2021

270. Jillian Ambrose, "Gas prices near record highs as Berlin rejects pipeline from Russia", *The Guardian*, 13 décembre 2021

271. Louis Westendarp, "German green leader Baerbock opposes Nord Stream 2 permit, calls out Russian 'blackmail'", *Politico*, 20 octobre 2021

272. Orit Arfa, "Who is Annalena Baerbock, Germany's new foreign minister?", *J-wire.com.au*, 10 décembre 2021

Poutine, maître du jeu ?

Dans l'émission de *France 5* « Poutine, maître du jeu », les « experts » martèlent que la dépendance de l'Europe par rapport à la Russie entraîne une vulnérabilité que Vladimir Poutine exploite pour faire pression sur les Européens. Ainsi, Clémentine Fauconnier, politologue « spécialiste » de la Russie, affirme que « *l'énergie est un des leviers d'influence fondamentaux de la politique étrangère de la Russie* [273]». Elle n'apporte aucun élément pour étayer son allégation et ne fait que relayer le discours américain initié lors de la guerre froide.

Le centre de la discussion est naturellement l'augmentation vertigineuse du prix de l'énergie en Europe à ce moment-là. Dans la même émission, Caroline Roux affirme que, dans « *la flambée des prix du gaz, (...) là, pour le coup, Vladimir Poutine est au centre du jeu* [274]». Elle y voit « *un levier de plus pour Vladimir Poutine* » et cite la ministre américaine de l'énergie qui affirme « *qu'il y a une manipulation du prix du gaz de la part de la Russie* ».

Un peu plus tard, un reportage affirme que, en 2021, « *à l'approche de l'hiver, quand les stocks sont au plus bas, Vladimir Poutine fait monter la pression*[275]». Il propage une position assez largement partagée par les conspirationnistes et l'extrême-droite, comme en Pologne[276], où le gouvernement affirme qu'il s'agit d'une démarche délibérée de la Russie[277]. C'est une construction faite à partir d'hypothèses et des préjugés sans fondement : la définition du complotisme.

Deux semaines auparavant, *Reuters* rapportent dans un *factbox* que entre janvier et septembre 2021, les exportations russes de gaz naturel ont augmenté[278] :

---

273. Émission « C dans l'air » du 17 octobre 2021 ("Poutine, maître du jeu #cdanslair 17.10.2021", *France 5/YouTube*, 18 octobre 2021) (1h41'07")
274. *Id.* (1h34'00")
275. *Id.* (1h44'40")
276. https://www.europarl.europa.eu/doceo/document/P-9-2021-004842_EN.html
277. Frédéric Simon, "Europe's gas supply squeeze engineered by Russia, Poland says", *euractiv.com*, 20 octobre 2021 (mis à jour le 21 octobre 2021)
278. "FACTBOX-Russian gas pipeline exports to Europe", *Reuters*, 4 octobre 2021

– de 15 %, pour atteindre 145,8 milliards de mètres cubes ;
– de 148 % vers la Turquie, de 14 % vers l'Italie, de 305,6 % vers la Roumanie, de 125,2 % vers la Serbie, de 11,2 % vers la Pologne, de 52,5 % vers la Bulgarie, de 10,8 % vers la Grèce, de 17,5 % vers la Finlande et de 30 % vers l'Allemagne.

Comme pour confirmer ces chiffres, le 6 octobre, *Bloomberg* rapporte qu'Angela Merkel rejette l'idée que la Russie soit à l'origine de la crise, en jouant sur ses livraisons[279] :

> *À ma connaissance, il n'y a aucune commande pour laquelle la Russie a dit qu'elle ne vous livrerait pas, surtout pas en ce qui concerne le pipeline en Ukraine.*

Le 11 octobre, *Reuters* confirme que le problème vient des politiques mises en œuvre par l'Union européenne[280]. Le 15 octobre, deux jours avant l'émission de Caroline Roux, Frans Timmermans, vice-président de la Commission européenne déclare à la chaîne de télévision bulgare *bTV*[281] :

> *Nous n'avons aucune raison de croire que [la Russie] exerce une pression sur le marché ou le manipule.*

Donc Caroline Roux ment. Assez curieusement, les experts présents sur le plateau, dont on pourrait attendre qu'ils défendent la cause européenne face à la Russie, remettent en question les déclarations de la chancelière allemande – principale partenaire de la France dans l'Union européenne – et du vice-président de la Commission européenne. C'est une allégorie de la faiblesse de la politique occidentale à l'égard de la Russie : l'émotion s'impose à la raison, la russophobie remplace le bon sens.

---

279. Arne Delfs, "Merkel Dismisses Russian Role in Europe's Energy Price Crisis", *Bloomberg*, 6 octobre 2021
280. John Kemp, "Forget Russian intentions, fundamentals drove up Europe's gas price", *Reuters*, 11 octobre 2021
281. "Тимерманс ексклузивно пред bTV: Въглищата нямат бъдеще", *btvnovinite.bg*, 15 octobre 2021 (https://btvnovinite.bg/predavania/tazi-sutrin/timermans-ekskluzivno-pred-btv-njama-badeshte-v-izpolzvaneto-na-vaglishta.html)

La hausse des prix du gaz naturel en Europe à la fin 2021 dépend d'un faisceau de facteurs, qui n'ont rien à voir avec des tentatives de « manipulation du marché par Vladimir Poutine ».

Le premier élément est que la Russie, malgré ses immenses réserves, a des capacités de production limitées[282]. C'est un problème qui a lui aussi son origine dans la politique occidentale. En 2014, on l'a vu dans l'espoir d'affaiblir la Russie[283], les pays occidentaux ont mis un embargo sur les équipements destinés à l'exploitation des hydrocarbures[284]. La Russie a donc dû produire elle-même ces équipements, ralentissant temporairement la croissance de ses capacités de production. Aujourd'hui, la Russie est devenue autonome. Elle n'a plus besoin des firmes occidentales, et le retard occasionné se retrouve dans la hausse des prix de l'énergie… ce que les Occidentaux paient aujourd'hui et qui bénéficie à la Russie !

Le second élément est lié aux tensions sur le marché de l'énergie en raison de facteurs climatique et conjoncturels. Dans un *fact-check*, *BBC News* énumère les facteurs responsables de la flambée des prix[285] :

– l'hiver rigoureux de 2021 a poussé les pays européens à utiliser leurs stocks d'hydrocarbures en début d'année, et ils n'ont pas eu l'occasion de les renflouer. *BBC News* cite Adeline Van Houtte de l'*Economist Intelligence Unit* qui observe que, comme les pays européens, la Russie a dû faire face à un hiver 2021 rigoureux et utiliser ses propres réserves ;

– les mouvements spéculatifs de *traders* qui ont acheté des hydrocarbures au printemps 2021, lors de la hausse des prix, en vue de les revendre plus tard dans l'année ;

---

282. Elena Mazneva, "Russia Has a Gas Problem Nearly the Size of Exports to Europe", *Bloomberg*, 3 septembre 2021
283. Lukas Trakimavičius, "Targeting Russia's Oil: Why Sanctions Will Ultimately Work", *Atlantic Council*, 31 juillet 2017
284. Olesya Astakhova, Katya Golubkova & Vladimir Soldatkin, "Fresh sanctions will freeze big foreign oil projects in Russia", Reuters, 14 septembre 2014
285. Jake Horton, "Europe gas prices: How far is Russia responsible?", *BBC*, 18 octobre 2021

Poutine, maître du jeu ?

–   la réduction de l'offre d'hydrocarbures en provenance de Norvège ;

–   l'insuffisance des vents en mer du Nord durant l'été 2021, qui a poussé certains pays à compenser l'énergie éolienne par des hydrocarbures ;

–   l'accroissement de la demande de gaz en Asie, en raison d'un fort taux de croissance et du remplacement du charbon par du gaz, que les Américains ont préféré fournir à l'Asie qu'à l'Europe, en raison des prix plus élevés que les Asiatiques sont prêts à payer.

L'augmentation du prix du gaz résulte donc de la combinaison de facteurs qui n'ont rien à voir avec la Russie mais est liée aux politiques de l'énergie appliquées en Europe, ce qu'aucun des « experts » présents sur le plateau de « C dans l'air » ne mentionne. Dimitri Peskov, porte-parole du gouvernement russe, a donc raison en affirmant : « *nous insistons sur le fait que la Russie n'a et ne peut avoir aucun rôle dans ce qu'il se passe sur le marché du gaz en Europe* [286]».

Le problème est qu'en nous focalisant sur une hypothétique responsabilité de la Russie dans chacune de nos difficultés, nous ne nous appliquons pas à trouver des stratégies et des solutions. C'est la grande faiblesse de la politique étrangère de l'Union européenne, encouragée par des « experts » aveugles.

4.3. La Russie utilise-t-elle le « levier » de l'énergie pour soumettre ses partenaires ?

Laure Mandeville évoque la « *dépendance à l'égard de la Russie* » et Caroline Roux surenchérit en suggérant que si Vladimir Poutine « *décide unilatéralement de couper le robinet, s'il décide de jouer de manière artificielle sur les cours du gaz, on se met dans les mains de Vladimir*

---

286. Dimitri Peskov, conférence de presse du 6 0octobre 2021, cité dans « C dans l'air » du 17 octobre 2021 ("Poutine, maître du jeu #cdanslair 17.10.2021", *France 5/YouTube*, 18 octobre 2021) (1h36'28")

Poutine, maître du jeu ?

Poutine[287] ». À l'appui de ces accusations, elle cite une « *déclaration* » de Vladimir Chizhov, « *l'ambassadeur du Kremlin* » à Bruxelles[288] :

> *L'Union européenne ferait bien de ne plus percevoir la Russie comme un adversaire si les 27 s'attendent à recevoir plus de gaz que ce qui était prévu dans les contrats.*

Caroline Roux, qui entretient une liaison très distante avec la Charte de Munich, reprend cette citation de la chaîne d'État *France 24*[289], qui se base sur le média *Euractiv*[290] – basé à Tallinn, en Estonie – qui, lui-même, se réfère à une interview accordée par l'ambassadeur russe au *Financial Times*[291].

L'historique de cette citation est intéressant :

Source	Date	Citation
Financial Times	10 octobre 2021	Chizhov a déclaré que le choix de l'Europe de traiter Moscou comme un « adversaire » géopolitique n'avait pas aidé. « *Le nœud du problème n'est qu'une question de phraséologie* », a-t-il déclaré. « *Changez l'adversaire en partenaire et les choses se résolvent plus facilement. (…) Lorsque l'Union européenne trouvera suffisamment de volonté politique pour le faire, elle saura où nous trouver.* »
Euractiv	14 octobre 2021	L'envoyé de la Russie auprès de l'Union européenne, Vladimir Chizhov, a appelé l'Union européenne à normaliser ses relations en vue de résoudre la crise du gaz. Dans son interview avec le *Financial Times*, il a affirmé que la Russie ne devrait pas être considérée comme un adversaire.

---

287. Émission « C dans l'air » du 17 octobre 2021 ("Poutine, maître du jeu #cdanslair 17.10.2021", *France 5/YouTube*, 18 octobre 2021) (1h33'30")
288. *Id.* (1h38'45")
289. « Crise du gaz en Europe : la Russie sur tous les fronts énergétiques », *France 24*, 14 octobre 2021
290. Andrei Belyi, "Dangerous liaisons: requesting additional gas from Russia will be politically sensitive", *Euractiv*, 14 octobre 2021
291. Henry Foy & Sam Fleming, "Moscow's EU envoy urges Europe to fix ties to avoid gas shortages", *Financial Times*, 10 octobre 2021

| France 24 | 14 octobre 2021 | Vladimir Chizhov, l'ambassadeur du Kremlin à Bruxelles, a suggéré de manière assez peu subtile que l'Union européenne ferait bien de *« ne plus percevoir la Russie comme un adversaire »*, si les 27 s'attendent à obtenir plus de gaz que ce qui était prévu dans les contrats. |
| France 5 | 17 octobre 2021 | |

Figure 5 – Déformation des déclarations de l'ambassadeur de Russie

Donc Caroline Roux affabule en transformant une déclaration afin de la rendre plus menaçante. Or, comme on le constate, le message originel de Chizhov est beaucoup plus bénin : tout d'abord, il est dans son rôle d'essayer d'arrondir les angles dans la relation entre la Russie et l'Union européenne. Ensuite, il signifie que si l'Europe n'avait pas autant de défiance vis-à-vis de la Russie, elle encouragerait des contrats de longue durée, qui garantissent une plus grande stabilité des prix. Finalement, il se réfère sans doute au fait que dans la situation tendue actuelle, la Russie n'est pas prête à aller au-delà de ce à quoi elle s'est engagée et à sacrifier ses propres réserves stratégiques au profit des Européens.

En Occident, les tendances inflationnistes s'ajoutent à l'impopularité des mesures contre la CoViD-19, qui résultent toutes deux d'une gestion catastrophique. Ainsi, lors d'un entretien avec Xi Jinping, Joe Biden demande à la Chine de libérer ses réserves afin de faire baisser le prix du pétrole[292]. La Chine constate que les pays producteurs de pétrole sont réticents à augmenter leur production, de plus, en libérant ses réserves stratégiques, elle se rendrait vulnérable à un éventuel blocus, compte tenu de la forte présence navale occidentale dans la région. La Chine y répond donc en partie seulement et avec prudence[293], démontrant ainsi la faiblesse des États-Unis, condamnés à implorer leur ennemi…

---

292. Anna Kitanaka, Javier Blas & Jenny Leonard, "Biden and Xi Discussed Releasing Oil From Strategic Reserves", *Bloomberg*, 17 novembre 2021
293. "China to release some oil from strategic reserves after US invite", *The Business Times*, 18 novembre 2021

Les Occidentaux ont des politiques complètement erratiques et guidées par le seul objectif d'affaiblir la Russie. On est ainsi dans une situation ubuesque où le département d'État américain exige de la Russie qu'elle fournisse plus de gaz naturel à l'Europe[294], tout en appliquant de nouvelles sanctions sur *Nord Stream 2*[295] !...

Après nous avoir expliqué la difficulté de l'Union européenne à adopter une stratégie énergétique et une politique étrangère commune depuis ses débuts, Clémentine Fauconnier déclare que « *Vladimir Poutine adore montrer la faiblesse d'une construction supranationale qu'il déteste parce qu'elle va complètement à l'encontre de l'idéologie souverainiste qu'il défend* [296]». Il est assez cocasse de constater que les Européens sont incapables d'avoir une politique cohérente alors que Vladimir Poutine tenterait de saborder son propre intérêt national juste pour mettre en évidence cette faiblesse. Nos « experts » prennent leurs désirs pour des réalités. Ils se contentent de souligner que Vladimir Poutine est parfaitement rationnel et que – contrairement aux Occidentaux – il agit en fonction des faits et non en fonction de ce qu'il voudrait que la réalité soit. C'est le dogmatisme avec lequel les Occidentaux prennent leurs décisions, tant au sein de l'Union européenne que pour leurs politiques étrangères, qui les conduit à l'échec.

4.3.1. Le cas de la Pologne

La Pologne avait des contrats de longue durée avec la Russie depuis septembre 1996. En 2014, elle constate que le prix qu'elle paie à la Russie est supérieur au prix du marché. Rien de surprenant à cela : le prix du gaz est alors indexé sur celui du pétrole et calculé

---

294. David McHugh, "US official: Russia should send more gas to Europe 'quickly'", *Associated Press*, 25 octobre 2021

295. https://www.state.gov/imposition-of-further-sanctions-in-connection-with-nord-stream-2/

296. Émission « C dans l'air » du 17 octobre 2021 ("Poutine, maître du jeu #cdanslair 17.10.2021", *France 5/YouTube*, 18 octobre 2021) (1h41'15")

sur la base d'une moyenne roulante des prix du marché. Ainsi, les brusques changements de prix peuvent rendre – au moins temporairement – ces arrangements moins intéressants que des achats sur le marché spot.

Quand le prix du gaz s'effondre sur les marchés internationaux, la Pologne cherche à renégocier les termes de son contrat avec Gazprom et engage une procédure judiciaire auprès du tribunal arbitral de Stockholm, compétent pour ce litige, en 2016. En 2019, ce dernier donne raison à la Pologne qui obtient alors le remboursement d'un trop-payé de 1,4 milliard d'euros, et la possibilité d'avoir un prix qui suit le marché de manière plus flexible[297]. La même année, la Pologne annonce qu'elle ne renouvellera pas son contrat au-delà de 2022[298].

Le cas de la Pologne fait école. L'Union européenne conclut un accord avec Gazprom, qui découple le prix du gaz et celui du pétrole et suit de plus près le prix du marché[299]. Parallèlement, l'Union européenne recommande à ses membres de recourir au marché spot, plutôt qu'à des contrats de long terme avec la Russie. C'est cette politique qui est à l'origine des difficultés financières de certains pays européens aujourd'hui.

Ironie du sort, la montée en flèche des cours du gaz naturel à la fin 2021 a fait payer à la Pologne un prix considérablement plus élevé que ce qu'elle aurait payé avec l'ancien contrat. Résultat : fin octobre 2021, la Pologne vient pleurnicher auprès de Gazprom pour obtenir des rabais sur les livraisons de gaz[300].

---

297. « Arbitrage Gazprom/PGNiG: Le gazier polonais crie victoire et demande 1,5 milliards de dollars », *Le Figaro /AFP*, 30 mars 2020

298. "Poland to buy spot gas once Gazprom contract ends", *argusmedia.com*, 13 septembre 2021 ; "Poland's PGNiG requests talks with Gazprom on contracted gas price", *S&P Global Platts*, 2 novembre 2021

299. Foo Yun Chee & Alissa de Carbonnel, "EU ends antitrust case against Gazprom without fines", *Reuters*, 24 mai 2018

300. "PGNiG asks Gazprom to lower gas prices", *The First News*, 28 octobre 2021

4.3.2. Le cas de la Moldavie

Depuis 1994, la Moldavie a accumulé une dette de 709 millions de dollars envers Gazprom pour du gaz naturel déjà livré[301].

Fin 2020, un nouveau gouvernement très pro-européen arrive au pouvoir en Moldavie. À la même époque, le prix du gaz naturel sur le marché spot est au plus bas. Le gouvernement décide alors de suivre les recommandations de l'Union européenne[302] et de préférer des achats sur le marché spot à des contrats de longue durée avec la Russie. Il ne renouvellera pas son contrat avec Gazprom, qui arrive à échéance en septembre 2021[303]. Le *Financial Times* rapporte les « *efforts déployés par les fonctionnaires de l'Union européenne pour convaincre le pays qu'il devrait éviter de signer un nouvel accord le liant à Moscou et se reposer plutôt sur un approvisionnement par des entreprises européennes* ».[304]

Sauf que, en 2021, les prix du marché s'envolent. Les Moldaves se rendent compte que l'énergie leur reviendra considérablement plus cher qu'avec un contrat de long terme avec la Russie. De son côté, Gazprom exige le paiement de la dette. La Première ministre Natalia Gavrilita se tourne alors vers l'Union européenne pour obtenir des compensations financières. Par la voix de Josep Borrell, celle-ci refuse[305]. Après avoir conclu un accord avec la Pologne pour une livraison de court terme, la Moldavie signe un contrat de cinq ans avec Gazprom[306].

---

301. Madalin Necsutu, "Moldova Talks With Gazprom as Gas Contract Almost Expires", *Balkan Insight,* 25 octobre 2021

302. "Moldova will not Renew the Contract with Gazprom", *RTA,* 23 août 2018

303. "The Parliament of Moldova refused to discuss the extension of the contract with "Gazprom"", *scooptrade.com,* 30 septembre 2021

304. Henry Foy, "Moldova strikes deal with Gazprom to end gas supply squeeze", *Financial Times,* 29 octobre 2021

305. Katja Yafimava, "Moldova's Gas Crisis and Its Lessons for Europe", *Carnegie Moscow Center,* 5 novembre 2021

306. Iulian Ernst, "Moldova seals 5-year contract with Gazprom", *Intellinews,* 30 octobre 2021 ; "Crise du gaz : la Moldavie et la Russie prolongent leur contrat pour cinq ans", *Euronews/AFP,* 30 octobre 2021 ; Elena Gunkel, ""Газпром" начал поставлять газ в Молдову по новому контракту", *dw.com,* 1er novembre 2021

Le prix du gaz du nouveau contrat est alors beaucoup plus élevé que le prix payé en 2020. Naturellement, les conspirationnistes occidentaux y voient une instrumentalisation du prix du gaz afin d'exercer une pression sur le gouvernement moldave[307] et une « punition » pour le gouvernement pro-européen moldave. Dans quel but ? Pas de réponse. D'autres l'expliquent par une manœuvre de rétorsion de Vladimir Poutine après la victoire de Maïa Sandu, la candidate pro-européenne, aux élections de décembre 2020[308]. Pourtant, Vladimir Poutine a été le premier chef d'État à la féliciter après sa victoire, et Dmitri Kozak, vice-président du gouvernement de la Fédération russe, a été le premier visiteur de haut rang à rencontrer le nouveau gouvernement moldave en août 2021[309].

En fait, Gazprom a simplement appliqué les règles que lui a imposées l'Union européenne. En octobre 2021 le prix du gaz est au plus haut. Malgré une offre de ristourne de 25 % par Gazprom, il reste bien plus haut que ce que le pays payait avec le contrat précédent, mais reste inférieur au prix sur le marché européen.

4.3.3. Le cas de l'Ukraine

Pour justifier le risque d'une dépendance envers la Russie, nos « experts » citent l'interruption des livraisons de gaz à l'Ukraine en 2006. Sur sa chaîne YouTube, Pascal Boniface l'explique par une mesure pour faire pression sur le président ukrainien Viktor Iouchtchenko et l'empêcher de se rapprocher de l'Europe[310]. Sur *France 5*, Laure Mandeville, du

---

307. « Moldavie : l'Union européenne dénonce l'instrumentalisation du prix du gaz par Moscou », *AFP*, 28 octobre 2021
308. Yves Bourdillon, « Bruxelles à l'aide de la Moldavie face à Gazprom », *Les Echos*, 29 octobre 2021
309. Katja Yafimava, "Moldova's Gas Crisis and Its Lessons for Europe", *Carnegie Moscow Center*, 5 novembre 2021
310. « Expliquez-moi... La situation en Ukraine », *YouTube*, 31 octobre 2019

Figaro, évoque une histoire semblable[311]. Il suffit d'aller sur *Wikipédia* pour constater que c'est faux[312].

L'histoire est plus complexe et plus prosaïque. Après le démembrement de l'URSS, la Russie a continué à approvisionner l'Europe par des gazoducs qui traversent le territoire de ses ex-Républiques et pays-satellites. Ceux-ci reçoivent des *royalties* pour ce transit et bénéficient de tarifs préférentiels pour leur gaz.

En Ukraine, le réseau de gazoducs est l'un des plus anciens construits par les Soviétiques. Il est géré par la compagnie nationale *Neftgaz*. Dans les années 1990, les Russes constatent que les « fuites » le long du réseau ukrainien sont anormalement importantes. Les tentatives de Gazprom (qui gère le gaz à l'intérieur des tuyaux) d'inspecter et de racheter ces infrastructures afin de les remettre en état et à niveau se soldent par des échecs. Le Parlement ukrainien adopte même une loi interdisant la vente des infrastructures d'hydrocarbures à des entités étrangères. Et pour cause ! Depuis les années 1990, prenant la vétusté du réseau comme prétexte, certains oligarques ukrainiens peu scrupuleux se sont cachés derrière ces « fuites » pour détourner de grandes quantités de gaz et les revendre au prix fort à des pays européens peu regardants[313].

C'est pourquoi, après des négociations infructueuses et en désespoir de cause, Gazprom a décidé de relever le prix du gaz fourni à l'Ukraine (tout en le maintenant en-dessous du prix du marché européen) afin de compenser ses pertes. Cette hausse de prix, qui est purement commerciale et n'a aucun caractère politique, a provoqué un bras de fer. L'Ukraine a cessé de payer son gaz, ce qui a conduit à la fermeture temporaire des approvisionnements en gaz en 2006 et en 2009. C'est donc parce que l'Ukraine volait du gaz destiné à l'Europe que ce problème a émergé[314].

---

311. Émission « C dans l'air » du 17 octobre 2021 ("Poutine, maître du jeu #cdanslair 17.10.2021", *France 5/YouTube*, 18 octobre 2021) (1h49'00")
312. Article « 2005–2006 Russia–Ukraine gas dispute », Wikipedia (en anglais) (consulté le 5 février 2022)
313. "Ukraine 'stealing Europe's gas'", *BBCNews*, 2 janvier 2006
314. Voir *Wikipédia*, article « 2005–06 Russia–Ukraine gas dispute »

La crise de 2014 n'a pas amélioré les choses. L'Ukraine continue à percevoir de la Russie des *royalties* très élevées pour le gaz qui transite sur son territoire et alimente l'Europe. En revanche, elle refuse d'acheter du gaz à la Russie et a adopté le mécanisme dit du « flux inverse », qui consiste à laisser transiter le gaz vers les pays européens, puis à le racheter aux pays européens et le faire revenir en Ukraine. Évidemment, le prix payé par l'Ukraine sur le marché européen n'est plus au tarif préférentiel que lui accordait la Russie. L'Ukraine a ainsi pris de plein fouet les hausses de prix sur le marché européen.

D'un autre côté, les problèmes liés au vieillissement du réseau, les détournements de gaz et les prix de transit ont rendu le transit à travers l'Ukraine peu rentable pour Gazprom. La firme russe a diversifié son réseau en construisant un réseau au sud de l'Europe et au nord. C'est ce qui explique que la Russie a répondu favorablement à la demande allemande de construire *Nord Stream 2*, qui double le pipeline *Nord Stream 1* et constitue la voie la plus directe entre les champs gaziers du nord de la Russie et l'Europe.

Aujourd'hui, avec l'espoir de mise en service de *Nord Stream 2*, l'Ukraine voit s'amenuiser ses sources de revenus. C'est pourquoi elle incite les États-Unis à appliquer des sanctions sur *Nord Stream 2* et, afin d'encourager la Russie à revenir, elle lui a offert une ristourne de 50 % sur le prix du transit en octobre 2021[315].

Pays profondément corrompu et dominé par des oligarques qui ont érigé la corruption en système, sa gouvernance est inefficace et très largement à l'origine des difficultés du pays. Après 2014, malgré de multiples projets – mal conçus et inefficaces – pour améliorer les choses, l'Occident n'a pas corrigé les problèmes de l'Ukraine. Il les a instrumentalisés au profit de la lutte contre la Russie, enfonçant davantage le pays dans le marasme.

---

315. "Ukraine offers Russia's Gazprom 50 % tariff discount for extra gas transit", *Reuters*, 23 octobre 2021

4.3.4. Nord Stream 2

En octobre 2021, les « experts » de « C dans l'air » braquent leur projecteur sur le projet germano-russe *Nord Stream 2*. Laure Mandeville affirme qu'il « *change le jeu économique et donc politique* » en Europe. Elle regrette que l'administration Biden n'ait pas poursuivi la ligne de Donald Trump en cédant à l'Allemagne et en laissant la construction du gazoduc se poursuivre[316].

Nos « experts » ne sont pas des Européens convaincus, mais des militants qui n'ont fait que relayer la rhétorique de Donald Trump (qu'ils critiquent par ailleurs). Car le projet *Nord Stream 2* a été initié *à la demande de l'Allemagne*, afin de lui permettre d'atteindre ses objectifs climatiques. Voilà pourquoi elle a tenté de résister aux pressions pour abandonner ce projet, simplement parce qu'il déplaît aux États-Unis. En fait, la politique européenne a été débordée par son alignement sur la politique américaine, elle-même alimentée par une russophobie opportuniste.

Ainsi, *Nord Stream 2* montre que les Européens sont loin d'être solidaires. La France a créé une confusion entre sa politique européenne et son idéologie en tentant de faire pression sur l'Allemagne pour des questions sans rapport avec l'énergie[317], puis en s'opposant au projet dans l'espoir d'influer sur la Russie dans l'affaire Navalny[318].

Pourtant, l'opposition française n'est qu'un effet de manches : la firme française Engie a investi près d'un milliard d'euros dans le projet. On ne voit donc pas l'intérêt de la France à le saper. D'autant que l'autorité sur la mise en œuvre du projet appartient à l'Allemagne. La France n'a pas son mot à dire. Alors chassée du Mali, contournée par Vladimir Poutine

---

316. Émission « C dans l'air » du 17 octobre 2021 ("Poutine, maître du jeu #cdanslair 17.10.2021", *France 5/YouTube*, 18 octobre 2021) (1h37'00")
317. Georgi Gotev, "Nord Stream 2 in dire straits after French U-turn", *euractiv.com/ Reuters*, 8 février 2019 ; Dave Keating, "Why Did France Just Save Nord Stream 2?", *Forbes*, 8 février 2019
318. Jean-Claude Bourbon, « La France réclame l'abandon du projet de gazoduc Nord Stream 2 », *La Croix*, 1er février 2021 ; Arthur Olivier, « Qu'est-ce que Nord Stream 2, le nouveau gazoduc entre la Russie et l'Allemagne ? », *touteleurope.eu*, 25 octobre 2021

Poutine, maître du jeu ?

parce qu'elle n'a pas rempli son rôle dans la mise en œuvre des Accords de Minsk, la France se cherche un profil avant l'élection présidentielle, et Jean-Yves Le Drian joue les fiers-à-bras à l'abri du grand frère allemand !

L'opposition au projet a deux sources majeures. La première est l'administration Trump (puis Biden), qui a cherché à isoler la Russie sur la scène internationale et, simultanément, à écarter une concurrence pour le gaz américain issu de la fracturation hydraulique, une technologie qui a une forte incidence sur l'environnement et fournit un produit beaucoup plus cher que le gaz russe. Ensuite, ce sont les pays comme l'Ukraine et la Pologne qui ne sont pas fondamentalement opposés au projet russe, mais qui auraient préféré qu'il passe sur leur territoire, afin d'en retirer les droits de péage. Derrière des grandes considérations philosophiques, l'Ukraine et la Pologne sont mues par l'appât du gain, tout simplement.

Ce sont les États-Unis qui ont instrumentalisé l'énergie pour retarder la construction de *Nord Stream 2*[319].

Le 22 janvier 2022, lors d'une émission sur la cherté de l'énergie en France, Nicolas Bouzou, économiste, affirme que sa cause est qu'il « *n'y a pas de volonté de la Russie de nous aider et de produire plus* », et que c'est par rétorsion que la Russie ne fournit pas plus de gaz à l'Europe[320]. C'est évidemment faux. Comme nous l'avons vu, ce sont les Occidentaux qui cherchent à faire pression sur la Russie, et non pas l'inverse.

La confusion entre la politique et le commerce est une spécialité occidentale, comme avec les frégates Mistral, que la France a refusé de livrer à la Russie en 2014. La France pleurnichera en 2021, lorsqu'elle sera victime de la même politique de la part de l'Australie avec des sous-marins. L'arroseur arrosé…

En janvier 2022, les Allemands tiennent un langage ferme sur *Nord Stream 2* mais, au fur et à mesure que l'on constate qu'une attaque russe

---

319. Johanna Luyssen, « Le *pipeline* Nord Stream 2 compromis par les sanctions américaines », *Libération*, 12 décembre 2019
320. Émission « C dans l'air » du 22 janvier 2022 ("Rouler, se chauffer : un nouveau luxe ? #cdanslair 22.01.2022", *France 5/YouTube*, 22 janvier 2022) (40'28")

est peu probable, leur discours change[321]. Le 8 février 2022, lors de sa rencontre avec le chancelier allemand Olaf Scholz, Joe Biden déclare :

> *Si la Russie envahit l'Ukraine – c'est-à-dire si des chars ou des soldats franchissent de nouveau la frontière –, alors il n'y aura plus de Nord Stream 2* [322].

Olaf Scholz ne partage pas la même détermination et ne confirme pas l'abandon du projet en cas d'invasion russe[323]. Apparemment, le même jour, Annalena Baerbock, ministre allemande des Affaires étrangères, exprime la même position à Kiev, déclenchant la colère de Zelensky[324].

Quoi qu'il en soit, on peut supposer que, en cas d'invasion russe en Ukraine, il serait très difficile pour l'Allemagne de l'ignorer. Il est donc vraisemblable que, à ce stade, cet apparent assouplissement de la position allemande ne vise pas à plaire à la Russie mais à réduire les risques de guerre. Car si aucun média occidental n'a relevé le renforcement du dispositif ukrainien autour du Donbass, le service de renseignement allemand – le BND – a constaté que l'Ukraine se prépare à une opération. En clair, les Allemands pensent que la Russie n'a aucune intention d'intervenir en Ukraine, mais craignent que la promesse d'arrêter *Nord Stream 2* pousse Zelensky à lancer une offensive contre le Donbass avec l'appui des Américains, qui pourrait pousser la Russie à intervenir et ainsi forcer l'Allemagne à condamner le *pipeline*.

Cet épisode illustre les enjeux de la crise de 2021-2022 et explique l'attitude des Ukrainiens qui nous semble ambiguë. Pour les Américains,

---

321. « Ukraine : les sanctions contre la Russie viseront le gazoduc Nord Stream 2 en cas d'attaque, annonce l'Allemagne », *Le Figaro/AFP*, 27 janvier 2022 (mis à jour le 28 janvier 2022) ; Clément Boutin, ""Pas un pas de plus!": l'avertissement de Le Drian à Poutine sur l'Ukraine", *BFM TV/AFP*, 30 janvier 2022
322. "Biden vows to 'end' Nord Stream 2 pipeline if Russia invades Ukraine", *France 24*, 8 février 2022
323. "Remarks by President Biden and Chancellor Scholz of the Federal Republic of Germany at Press Conference", *whitehouse.gov*, 7 février 2022
324. Kevin Liptak, "Nord Stream 2 pipeline proves to be a sticking point in Biden and new German chancellor's show of unity", *CNN*, 8 février 2022

cette crise vise l'Allemagne et *Nord Stream 2*. La création d'une menace artificielle à la frontière ukrainienne a pour seul but de pousser l'Allemagne à renoncer à son projet. C'est pourquoi, les Ukrainiens – qui ont tout à gagner d'un accroissement du transit de gaz sur son territoire – emboîtent le pas des Américains. Cependant, d'un autre côté, ils savent que la Russie n'a jamais eu l'intention d'attaquer l'Ukraine et constatent que les menaces de guerre imminente brandies par les Américains ont des répercussions très concrètes sur leur économie. Aussi cherchent-ils à tempérer l'ardeur de Joe Biden et d'Anthony Blinken.

5. La menace russe et la crise ukrainienne

5.1. Que signifie le discours de Munich de 2007 ?

Dans un reportage consacré aux débuts de Vladimir Poutine à la tête de la Russie, Caroline Roux évoque une entente qui démarre de manière « plutôt cordiale » avec l'Occident, pour « *brutalement changer de ton* » avec son discours du 10 février 2007 à Munich, que Benoît Vitkine, correspondant du Monde à Moscou, qualifie de « *discours hostile contre le monde unipolaire, et donc contre les États-Unis* »[325]. On nous présente un Vladimir Poutine velléitaire et quasi bipolaire, alors qu'on le décrit plus souvent en Occident comme un « joueur d'échecs », qui agit rarement sous le coup de l'émotion.

Pour présenter Poutine comme un impulsif et dérationaliser son discours, Caroline Roux omet de mentionner deux événements majeurs, que le chef d'État évoque dans son discours :

- l'élargissement de l'OTAN vers l'Est, que nous avons déjà vu plus haut (question 2.3), et
- l'abandon progressif du cadre normatif de la sécurité internationale par les États-Unis.

---

325. Émission « C dans l'air » du 17 octobre 2021 (“Poutine, maître du jeu #cdanslair 17.10.2021”, *France 5/YouTube*, 18 octobre 2021) (1h33'30")

Ces deux éléments – très largement tus par les commentateurs occidentaux – reviendront régulièrement dans le discours russe et seront remis sur la table des négociations avec les Américains par Vladimir Poutine quinze ans plus tard, à l'occasion de la crise ukrainienne.

Ce que le reportage ne nous dit pas, c'est que, en 2001, George W. Bush a décidé de se retirer unilatéralement du Traité ABM et de déployer des missiles antibalistiques (ABM) en Europe orientale. Le Traité ABM visait à limiter l'usage de missiles à vocation défensive[326]. Sa logique était d'exploiter la dissuasion issue du risque d'une destruction mutuelle, en autorisant la protection des organes de décision par un bouclier balistique (afin de préserver une capacité de négociation). Ainsi, il limitait le déploiement de missiles antibalistiques à certaines zones spécifiques (notamment autour des capitales) et l'interdisait hors des territoires nationaux.

En 2007, les Américains sont en pleine négociation avec les Tchèques et les Polonais pour déployer ces missiles, officiellement afin de se protéger de la menace iranienne. Ce faisant, ils rompent l'équilibre stratégique garanti par le Traité ABM et créent une nouvelle situation propice à un conflit en Europe.

Non seulement Vladimir Poutine y voit un risque pour la sécurité de la Russie, mais il constate que les États-Unis s'affranchissent de plus en plus du droit international afin de mener une politique unilatérale. C'est ce qui explique son ton à Munich.

On observera que ce mouvement n'a fait que s'accélérer depuis. Ainsi, les États-Unis se sont progressivement retirés de tous les accords de contrôle des armements issus de la guerre froide : le *Traité ABM* (2002), le *Traité Open Skies* (2018) et le *Traité sur les forces nucléaires à portée intermédiaire* (FNI) (2019). Cette tendance s'est poursuivie sous Trump et Biden avec le retrait du *Joint Comprehensive Plan of Action* (JCPOA) avec l'Iran (mai 2018), du *Traité d'amitié, de commerce et de*

---

326. https://www.armscontrol.org/factsheets/abmtreaty

droits consulaires de 1955 (octobre 2018), du *Protocole facultatif de la Convention de Vienne sur les relations diplomatiques, concernant le règlement obligatoire des différends* de 1961 (octobre 2018), de l'*Union Postale Universelle* (octobre 2018), de l'UNESCO (janvier 2019), de l'*Organisation Mondiale de la Santé* (juillet 2020), etc. Les Européens pleurnichent sur le retrait américain des *Accords de Paris* (novembre 2020) décidé par Donald Trump, sans remarquer que c'est tout le système du droit international qui est remis en question.

En 2019, Donald Trump a justifié son retrait du Traité INF par une soi-disant violation par la partie russe. Mais, comme le constate le *Stockholm International Peace Research Institute* (SIPRI), les Américains n'ont jamais apporté la preuve de ces violations[327]. En fait, ils cherchaient simplement à sortir de l'accord pour pouvoir installer leurs systèmes de missiles AEGIS en Pologne et en Roumanie. Selon l'administration américaine, ces systèmes sont officiellement destinés à intercepter des missiles balistiques iraniens. Or il y a deux problèmes qui font clairement douter de la bonne foi des Américains :

– le premier est qu'il n'y a alors *aucune* indication que les Iraniens développent de tels missiles[328], comme le déclare Michael Ellemann, de la firme Lockheed-Martin, devant une commission du Sénat américain[329].

– le second est que ces systèmes utilisent des lanceurs Mk41, qui permettent de lancer soit des missiles antibalistiques, soit des missiles nucléaires. Le site de Radzikowo (Pologne) est à 800 km de la frontière russe et à 1 300 km de Moscou.

---

327. Dr Tytti Erästö & Dr Petr Topychkanov, "Russian and US policies on the INF Treaty endanger arms control", *SIPRI*, 15 juin 2018
328. Dr Tytti Erästö, "Europe's Overlooked Missile Defence Dilemma", *European Leadership Network*, 20 juillet 2017
329. Statement of Mr. Michael Elleman – Iran's Ballistic Missile Program – Before the U.S. Senate Committee on Banking, Housing, and Urban Affairs, *International Institute for Strategic Studies*, 24 mai 2016

En février 2022, après la rencontre entre Vladimir Poutine et Emmanuel Macron, Patrick Cohen, sur *France 5*, s'étonne de l'évocation d'une guerre nucléaire par le président russe et affirme que les systèmes déployés en Europe sont purement défensifs[330].

C'est aussi ce qu'affirmaient les administrations Bush et Trump. Même si c'est théoriquement vrai, c'est techniquement et stratégiquement faux. Le doute, qui a permis de les installer, est le même doute que les Russes pourraient légitimement avoir en cas de conflit. Cette présence à proximité immédiate du territoire de la Russie peut conduire à un conflit nucléaire car, en cas de conflit, on ne pourrait pas savoir quelle est la nature des missiles chargés dans les systèmes : les Russes doivent-ils donc attendre les explosions pour réagir ?

La réponse est connue : n'ayant aucun délai de pré-alerte, les Russes n'auraient pratiquement pas de temps pour déterminer la nature d'un missile tiré et seraient ainsi contraints de riposter préemptivement[331] par une frappe nucléaire. C'est la raison pour laquelle Vladimir Poutine dit que les pays européens pourraient être entraînés dans un conflit nucléaire sans le vouloir.

5.2. Vladimir Poutine a-t-il cherché à empêcher l'Ukraine de s'associer à l'Europe ?

Les défenseurs de l'Union Européenne affirment que la politique étrangère russe est guidée par le fait que « *Poutine déteste l'Union Européenne* » et les « *constructions supranationales* ». Le 19 janvier 2022, en pleine crise ukrainienne, sur la chaîne d'État *France 5*, Marion Van Renterghem, chroniqueuse à *L'Express*, affirme que l'objectif de

---

330. Émission « C à vous » du 8 février 2022 ("Ukraine : la désescalade est-elle possible ? - C à vous - 08/02/2022", *France 5/YouTube*, 8 février 2022)
331. En termes de stratégie nucléaire, et très simplement : un tir préventif vise à empêcher l'adversaire d'utiliser ses armes nucléaires, et un tir préemptif vise à frapper juste avant la mise à feu d'un missile adverse.

Poutine, maître du jeu ?

Vladimir Poutine est d'« *humilier l'Union Européenne* », car elle est son « *ennemi public numéro un* »[332]. Une semaine plus tard, dans la même émission, Jean-Dominique Giuliani, président de la Fondation Robert Schuman, répète la même chose[333].

L'idée que Poutine « déteste l'Europe » vient de la crise de Maïdan en 2013-2014, où on lui prête le fait d'avoir refusé que l'Ukraine signe un accord avec l'Union européenne. Ce mythe vient d'une simplification des événements et d'une omission de quelques séquences. Ainsi, le 21 février 2022, dans l'émission « C dans l'air », Benjamin Haddad, de l'Atlantic Council, déclare que, en 2014, le souhait de l'Ukraine de se rapprocher de l'Union Européenne et de lutter contre la corruption a provoqué l'intervention de la Russie[334]. C'est faux : nous traiterons la question de « l'intervention russe » plus bas ; mais quant à l'accord avec l'Union européenne, la Russie ne s'y est pas opposée.

Tout d'abord, les Russes et leurs dirigeants, ont toujours été conscients de leurs faiblesses économiques. La Russie n'a jamais tenté de se lancer dans une compétition avec l'Europe ou les États-Unis. Depuis l'époque tsariste, la Russie n'a jamais réussi à développer une base industrielle comparable à celle de l'Europe ou de l'Asie, et elle le sait. Dans l'après-guerre froide, la Russie s'est plutôt vue comme complémentaire de l'Europe et non comme son égal.

Ensuite, il faut rappeler que la population ukrainienne n'était pas unanimement favorable à un accord avec l'Union européenne. Un sondage effectué en novembre 2013 par le *Kyiv International Institute of Sociology* (KIIS)[335] montre qu'elle est alors partagée à « 50/50 » entre

---

332. Émission « C dans l'air » du 19 janvier 2022 ("Ukraine : peut-on éviter la guerre ? #cdanslair 19.01.2022", *France 5/YouTube*, 20 janvier 2022 (9'35") (https://youtu.be/owOJJKRYQZs?t=577)

333. Émission « C dans l'air » du 25 janvier ("Ukraine : la surenchère russe... ou américaine ? #cdanslair 25.01.2022", *France 5/YouTube*, 26 janvier 2022 (19'27")

334. Émission « C dans l'air » du 21 février 2022 ("Ukraine : que veut vraiment Poutine ? #cdanslair 21.02.2022", *France 5/YouTube*, 22 février 2022) (04'02")

335. "Poll: Ukrainian public split over EU, Customs Union options", *Kyiv Post*, 26 novembre 2013

un accord avec l'Union européenne et une union douanière avec la Russie. Le problème est que le président Ianoukovitch pense que son économie n'est pas prête à se couper de la Russie pour des raisons structurelles : adaptée au marché russe, elle n'était pas prête pour affronter le très compétitif marché européen, ce qui se vérifiera par la suite.

L'économie ukrainienne est alors fortement liée à la Russie, et les dirigeants ukrainiens ne veulent pas la fragiliser en coupant les ponts.

De son côté, la Russie, n'est pas opposée à un accord entre l'Ukraine et l'Union Européenne, mais elle cherche à maintenir ses relations économiques avec son partenaire historique. C'est pourquoi elle propose un accord tripartite, qui réconcilierait le souhait de l'Ukraine de s'associer à l'Union européenne tout en préservant ses liens avec la Russie. Selon Mykola Azarov, premier ministre ukrainien, des études montraient que la proposition russe ne s'opposait pas à la proposition européenne[336] et qu'il était donc possible d'avoir une solution satisfaisant les intérêts ukrainiens.

Mais l'Union européenne refuse que l'Ukraine soit simultanément partie de deux accords, et Barroso demande à l'Ukraine de choisir[337]. Le gouvernement ukrainien demande donc à l'Union européenne de retarder la signature de l'accord afin de mieux étudier les implications de l'accord avec l'Union européenne sur ses relations avec la Russie et de mieux préparer son économie à cette situation. Il déclare[338] :

> *Il n'y a pas d'alternative aux réformes en Ukraine et d'alternative à l'intégration européenne. (...) Nous allons dans cette voie et ne changeons pas de direction.*

---

336. "Azarov: Ukraine could cooperate with Customs Union and EU", *Kiyv Post*, 17 décembre 2012
337. "Barroso reminds Ukraine that Customs Union and free trade with EU are incompatible", *ukrinform*, 25 février 2013
338. "Ukraine has no alternative but European integration – Yanukovych", *Interfax-Ukraine*, 21 novembre 2013

Le premier ministre ukrainien d'alors confirme[339] :

> *J'affirme en toute connaissance de cause que le processus de négociation de l'accord d'association se poursuit et que les travaux visant à rapprocher notre pays des normes européennes ne s'arrêtent pas un seul jour.*

Cette suspension n'a donc clairement qu'un caractère temporaire, mais elle est présentée par la presse occidentale et l'opposition ukrainienne comme un refus de se rapprocher de l'Europe sous la pression russe[340].

L'Union européenne rejette toute solution tripartite[341] : elle y voit alors un problème analogue à ce que l'Union européenne et la Grande-Bretagne auront plus tard avec la frontière irlandaise. L'Union européenne n'aime pas les partenaires qui cumulent les avantages de deux systèmes et c'est pourquoi elle a imposé à l'Ukraine de choisir entre l'Union européenne et la Russie.

L'opinion publique ukrainienne, à qui on avait fait miroiter des visas ou des augmentations de salaire, a été rapidement polarisée et son mécontentement instrumentalisé. Voilà le déclencheur des événements de Maïdan[342].

C'est donc bien l'Union européenne qui a créé les tensions entre l'Ukraine et la Russie, comme le constate Arnaud Dubien, directeur de l'*Observatoire franco-russe* dans *Le Monde*[343] :

---

339. "Ukraine says still wants historic pact with EU", *Hürriyet Daily News/AFP*, 28 novembre 2013

340. AFP, « L'Ukraine renonce à l'accord d'association avec l'UE », *Libération*, 21 novembre 2013 ; Lucas Roxo, "Pourquoi l'Ukraine dit non à l'Europe", *Radio France/Franceinfo*, 29 novembre 2013 (mis à jour le 2 mai 2014) ; RTL/AFP, "L'Ukraine refuse toujours de signer un accord avec l'UE", *RTL.fr*, 29 novembre 2013 ; Pascal Boniface dans "Expliquez-moi... La situation en Ukraine", *YouTube*, 31 octobre 2019

341. "Ukraine 'still wants to sign EU deal'", *aljazeera.com*, 29 novembre 2013

342. "Ukraine protests after Yanukovych EU deal rejection", *bbc.com*, 30 novembre 2013

343. Propos d'Arnaud Dubien, directeur de l'Observatoire franco-russe, financé par la Chambre de commerce franco-russe dans « UE-Ukraine : "Moscou a remporté une nouvelle bataille géopolitique" », *lemonde.fr*, 22 novembre 2013

Poutine, maître du jeu ?

> *L'Ukraine est un pays très morcelé, aux identités multiples,*
> *et qui ne peut effectuer de choix tranché, que ce soit en faveur de*
> *l'Occident ou de la Russie. L'une des erreurs de Bruxelles a été*
> *de lui demander de le faire et de tourner de fait le dos à la Russie,*
> *une option suicidaire pour le pays.*

En mars 2014, dans le *Washington Post*, Henry Kissinger constate lui aussi que l'Union Européenne « *a contribué à transformer une négociation en une crise*[344] ».

Ironie du sort, le nouveau gouvernement issu de l'Euromaïdan, avant de signer l'accord avec l'Union européenne, sera contraint de prendre ce même temps de réflexion qu'avait souhaité Ianoukovitch...

Comme le dit le chercheur Frederico Santopinto, du *Groupe de recherche et d'information sur la paix et la sécurité* (GRIP) à Bruxelles, la Russie n'était pas opposée à la conclusion d'un accord avec l'Union Européenne, mais souhaitait que cela ne se fasse pas aux dépens de sa relation avec l'Ukraine. C'est l'Union Européenne qui a refusé la coexistence de deux accords : la diplomatie européenne a considéré l'Ukraine comme une frontière entre l'Est et l'Ouest, alors que la Russie y voyait un pont[345].

Dans cette affaire, l'Union européenne a trois problèmes. Le premier est que les pays d'Europe orientale ont – qu'ils le veuillent ou non – des liens culturels et économiques historiques avec la Russie. C'est le cas des pays baltes, qui ont un lien à travers leurs minorités ou de l'Ukraine, dont l'industrie était largement complémentaire de celle de la Russie.

Le second est que l'Union européenne n'a pas réussi à intégrer les pays de l'Est dans un esprit européen commun. Ces pays, qui n'ont aucune tradition démocratique, ont été brutalement plongés dans une culture européenne orientée sur la tolérance et la coopération, qui s'est lentement forgée depuis la Seconde Guerre mondiale. Or, aucun de ces

---

344. Henry A. Kissinger, "How the Ukraine Crisis Ends", *The Washington Post*, 5 mars 2014
345. Federico Santopinto, « Du libre-échange à la crise ukrainienne – L'UE face à ses erreurs », *GRIP*, Bruxelles, 14 avril 2014

pays de la « nouvelle Europe » n'a ces caractéristiques ni même ces valeurs, et l'Union européenne a été incapable de les promouvoir, au contraire. Ainsi, en pleine crise ukrainienne, les Polonais refusent l'entrée de réfugiés venant d'Ukraine parce qu'ils sont noirs ! Un exemple parmi d'autres…

Le troisième découle des deux premiers : elle n'a aucun mécanisme pour appliquer une politique étrangère commune, et elle peine à réunir les intérêts particuliers de ses membres en une démarche cohérente. C'est la raison pour laquelle, l'Allemagne, la France et parfois l'Italie tentent de représenter de manière informelle la voix de l'Europe.

Dans la crise ukrainienne, le rôle de l'Europe a été mineur, mais non pas parce que Vladimir Poutine ne l'aime pas, mais parce qu'elle n'est en mesure d'apporter une contribution. Si Poutine est « *au cœur de l'actualité stratégique* », comme le constate Pascal Boniface, ce n'est pas parce qu'il le souhaite, mais parce que la Russie est une puissance nucléaire. Pascal Boniface regrette – à juste titre – que les propositions de la France et de l'Allemagne pour avoir un sommet entre l'Europe et la Russie n'ont pas été suivies par l'Union européenne. Mais il oublie la dimension nucléaire : l'Europe n'a virtuellement aucune maîtrise sur les armes nucléaires. C'est la raison pour laquelle Vladimir Poutine s'adresse directement aux États-Unis et non parce qu'il ne prend pas les Européens au sérieux[346].

5.3. Vladimir Poutine cherche-t-il à diviser les Occidentaux ?

Les explications de nos « experts » sur la volonté de la Russie de « nous diviser » n'est que le recyclage de vieux discours datant de la guerre froide.

---

346. « Russie/États-Unis : l'Europe n'est pas à la table des négociations, elle est au menu », *YouTube*, 10 janvier 2022 (https://youtu.be/IJyjEcuR0v4?t=203)

Durant cette période, les relations entre blocs sont déterminées par la capacité et la détermination à employer les armes nucléaires. Or, les Américains ont un problème : compte tenu de la doctrine d'alors (« *flexible response* »), si une guerre nucléaire devait avoir lieu, elle débuterait très probablement sur le territoire européen, avec peu de chance de toucher le territoire américain. Autrement dit, en cas de guerre, les intérêts des Européens et des États-Unis ne coïncideraient pas totalement. Certes, les Européens ne veulent pas être occupés par les Soviétiques, mais ils ne sont pas très enthousiastes non plus à l'idée de voir leurs territoires vitrifiés.

Dès 1945, les Américains ont très vite compris l'enjeu d'un lien robuste entre l'Europe et les États-Unis. Aussi ont-ils ont proposé à leurs partenaires européens le Traité de Washington, qui crée l'OTAN. Son rôle est de figer le lien transatlantique. C'est pourquoi les Américains se sont systématiquement opposés à toute initiative qui pourrait l'affaiblir, comme l'existence d'une capacité de défense européenne autonome. Ils ont donc tout fait pour empêcher que des liens durables s'établissent avec l'URSS, jusqu'à aller saboter les *pipelines* de gaz venant d'URSS, comme nous l'avons vu.

Cet esprit est resté, jusqu'à l'absurde. Ainsi, en 2020-2021, pour lutter contre le projet *Nord Stream 2*, les Américains brandissent la menace d'une dépendance de l'Europe envers la Russie. Pourtant, dans la même période cette dernière devient le deuxième plus important fournisseur de pétrole des États-Unis ! Faites ce que je dis, mais pas ce que je fais !

À l'est du Rideau de fer, les Soviétiques ont très bien compris le dilemme dans lequel les Européens se trouveraient en cas de guerre, et ils ont cherché à l'exploiter. Dans les années 1980, le KGB a soutenu les mouvements pacifistes, anti-nucléaires et écologistes (qui étaient alors souvent les mêmes). Ces mouvements ont été extrêmement actifs pour empêcher le déploiement des missiles Pershing II américains en Europe, ce qui conduira à l'Accord sur les Forces Nucléaires de portée Intermédiaire (FNI) signé par Ronald Reagan et Mikhail Gorbatchev en

1987, que Donald Trump s'empressera de quitter en 2019 (sous le vague prétexte, jamais démontré, que la Russie l'avait violé[347]).

Sachant que l'Europe avait moins intérêt à un conflit que les États-Unis, les Soviétiques ont systématiquement encouragé l'émergence d'une Europe forte. Dans ce contexte, comme le déclare un rapport de l'*Union de l'europe occidentale* (UEO)[348] :

> *Bien que l'URSS ait instrumentalisé les différences politiques entre les États-Unis et l'Europe occidentale, il y a peu de preuves qu'elle souhaitait vraiment les « découpler ».*

Après la guerre froide, la menace nucléaire est devenue secondaire. L'Union européenne, qui cherche à se donner un rôle dans la sécurité du Vieux continent, entame un dialogue avec la Russie. Comme le souligne le rapport :

> *Il peut être utile de souligner qu'à aucun moment les négociations tumultueuses entre l'OTAN et la Russie, dans la période 1995-97, n'ont affecté ce dialogue UE-Russie, que ce soit au niveau officiel ou public.*

Malheureusement, avec l'inclusion de la « nouvelle Europe » dans l'Union européenne, l'empreinte des États-Unis – et donc de l'OTAN – s'imprime plus fortement, et le Traité de Lisbonne consacrera la fin de l'UEO, effective en 2011.

En somme, ce ne sont pas les Russes, mais les Américains, qui ont tout fait pour affaiblir l'Europe et la diviser. En 2003, déjà, les Américains

---

347. Dr Tytti Erästö & Dr Petr Topychkanov, "Russian and US policies on the INF Treaty endanger arms control", *Stockholm International Peace Research Institute* (SIPRI), 15 juin 2018

348. Dmitriy Danilov & Stephan De Spiegeleire, "From Decoupling To Recoupling – Russia and Western Europe: a new security relationship?", *Institut d'Etudes de Sécurité de l'Union de l'Europe Occidentale*, avril 1998

Poutine, maître du jeu?

distinguaient entre la « nouvelle Europe » (plus servile, très favorable à la politique américaine) et la « vieille Europe » (plus indépendante et avec une diplomatie plus mature).

L'idée d'une *Politique de sécurité et de défense commune* (PSDC) implique une politique extérieure commune et donc des intérêts communs. Les lignes directrices élaborées par la *Commission von der Leyen*[349] pour parvenir ne sont qu'un verbiage stérile, ce qui n'est pas très surprenant.

Par sa situation géographique, sa fonction de plaque tournante de la présence américaine sur le continent et son rôle moteur dans l'économie européenne, l'Allemagne et ses liens avec la Russie sont au centre des préoccupations américaines. Les Américains craignent que l'Allemagne n'affaiblisse leur lien avec l'OTAN. C'est pourquoi, *Nord Stream 2* est menacé par Washington : ce projet est considérablement plus crucial pour l'Allemagne et l'Europe que pour la Russie.

La plus grande menace contre la démocratie est...

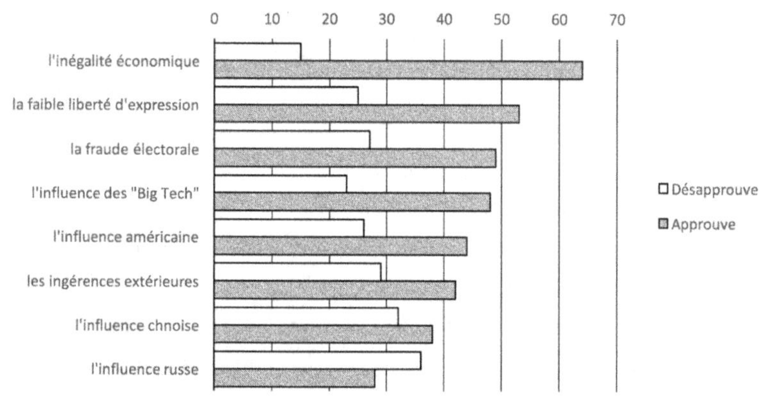

Figure 6 - Perception des menaces contre la démocratie dans 50 pays [Source : https://latana.com/democracy-perception-index-report-2021/]

---

349. Étienne Bassot, « Les six priorités de la Commission von der Leyen – État des lieux », *Service de recherche du Parlement européen*, septembre 2021 (PE 696.205)

Or, on constate que l'Union européenne ne s'est pas solidarisée avec l'Allemagne dans ce dossier, mais s'est alignée sur les États-Unis. C'est ce qui explique que, lors du dialogue avec la Russie sur la question ukrainienne, la diplomatie européenne est aux abonnés absents. Ainsi, n'en déplaise à Marion Van Renterghem, c'est bien l'Europe qui s'est humiliée dans cette affaire, sans avoir eu besoin de Vladimir Poutine !

5.4. En soutenant l'Euromaïdan, l'Occident a-t-il promu la démocratie et l'État de droit ?

Comme nous le rappelle *L'Obs*, la révolution de Maïdan de 2014 n'est rien d'autre qu'un coup d'État mené avec l'appui de l'Union Européenne et des États-Unis[350]. Une conversation téléphonique devenue célèbre entre Victoria Nuland, alors assistante-secrétaire d'État pour l'Europe et l'Eurasie, et Geoffrey Pyatt, l'ambassadeur américain à Kiev, révélée par la BBC, montre les Américains ont sélectionné les membres du futur gouvernement ukrainien, au mépris de l'Union Européenne, et au cours de laquelle Nuland lancera son fameux « *F... the EU !* »[351]...

Ce que Raphaël Glucksmann appellera une « *révolution démocra-tique* » n'est qu'un coup d'État, mené sans aucun fondement légal, qui a renversé par la force un gouvernement, dont l'élection avait été qualifiée par l'OSCE de « *transparente et honnête* » ayant « *offert une démons-tration impressionnante de démocratie* »[352]. Par la suite, le président

---

350. Pierrick Tillet, « Le coup d'État ukrainien a bien été piloté par les États-Unis : la preuve », *L'Obs*, 25 janvier 2017 (mis à jour le 11 mars 2014)
351. Une transcription de cette conversation est disponible sur le site de la BBC (« Ukraine crisis: Transcript of leaked Nuland-Pyatt call", *BBC News*, 7 février 2014)
352. « Ukraine : l'OSCE reconnaît la bonne tenue de l'élection », *lemonde.fr/AFP*, 8 février 2010

démocratiquement élu sera condamné pour « *haute trahison* », pour avoir défendu l'ordre constitutionnel[353].

Loin d'être une révolution populaire, l'Euromaïdan était le fait d'une minorité de nationalistes radicaux issus de l'ouest de l'Ukraine (Galicie), qui n'étaient pas représentatifs de l'ensemble des Ukrainiens. Le premier acte législatif du parlement issu du coup d'État, le 23 février 2014, est l'abolition de la loi Kivalov-Kolesnichenko de 2012, qui instituait la langue russe comme langue officielle au même titre que l'ukrainien. C'est cet événement qui a poussé la population russophone à se rebeller contre des autorités qu'elle n'avait pas élues. En juillet 2019, l'*International Crisis Group* (financé par plusieurs pays européens et par l'*Open Society Foundation*), constate :

> *Le conflit dans l'est de l'Ukraine a commencé comme un mouvement populaire. (...)*

> *Les manifestations ont été organisées par des citoyens locaux déclarant représenter la majorité russophone de la région. Ils étaient préoccupés à la fois par les conséquences politiques et économiques du nouveau gouvernement de Kiev et par les mesures, abandonnées plus tard, de ce gouvernement pour empêcher l'usage officiel de la langue russe dans tout le pays[354].*

L'effort des Occidentaux, qui soutiennent le coup d'extrême-droite de Kiev, est alors de lui donner une légitimation en masquant l'opposition d'une partie des Ukrainiens. On propage alors le discours d'une action militaire russe en racontant même que la Russie « *s'est emparée du Donbass* »[355], ce qui est faux.

---

353. Indra Ekmanis, "Presidents aren't immune to treason convictions. Just look to Ukraine.", *The World*, 10 octobre 2019
354. *Rebels without a Cause : Russia's Proxies in Eastern Ukraine*, International Crisis Group, Europe Report N° 254, 16 juillet 2019, p. 2
355. François Clémenceau dans l'émission « C dans l'air » du 2 février 2022 (15')

La corruption du gouvernement de Viktor Ianoukovytch était « *la cause principale des manifestations en Ukraine* » et du coup d'État qui a suivi, selon *L'Express*[356]. Pourtant, malgré les aides occidentales, ni l'Union Européenne, ni l'OTAN n'ont amélioré quoi que ce soit. Bien au contraire, ils ont aggravé la situation : les chiffres montrent que l'indice de corruption a augmenté de 32 % entre 2013 et 2020 (figure 3). C'est pourquoi le *Fonds monétaire international* (FMI) a refusé son aide à l'Ukraine en 2021[357]. En réalité, il s'agissait plus de restreindre ses liens avec la Russie que de combattre la corruption. Au lieu de voir dans la crise ukrainienne une opportunité, on y a vu un acte de guerre.

Il ne semble pas que l'influence européenne ait stimulé l'État de droit en Ukraine : l'arrestation de Viktor Medvedtchouk, chef du principal parti d'opposition parlementaire (« *Plate-forme d'opposition – Pour la vie* »)[358] la fermeture de trois chaînes de télévision russophones et l'interdiction de médias ukrainiens favorables à Moscou[359] sont autant d'événements qui expriment sans doute ce que Marion Van Renterghem appelle la « *tentation démocratique* » de l'Ukraine. Mais, là encore, nos « experts » de « *C dans l'air* » ne l'évoquent pas. Ils ne défendent ni l'État de droit, ni les droits de l'Homme, ils combattent la Russie… Ce faisant, l'Ukraine s'éloigne de plus en plus de la notion occidentale de l'État de droit.

Il ne semble pas que l'influence occidentale ait contribué à moraliser la manière dont l'Ukraine a traité le conflit du Donbass. En 2014, mal conseillée par des militaires de l'OTAN, l'Ukraine a mené une guerre qui

---

356. Clement Chenaux, « Ukraine: "La corruption est partout, c'est la cause principale de la révolte" », *L'Express.fr*, 22 février 2014 (mis à jour 24 février 2014)
357. « Ukraine : pas d'aide du FMI, davantage de réformes exigées », *AFP/Le Figaro*, 13 février 2021 (mis à jour 14 février 2021)
358. "Ukraine opposition leader and Putin ally under house arrest after being charged with treason", *euronews/Associated Press*, 13 mai 2021
359. "Ukraine: President bans opposition media Strana.ua and sanctions editor-in-chief", *European Federation of Journalists*, 26 août 2021

ne pouvait que conduire à sa défaite : elle a considéré les populations du Donbass et de la Crimée comme des forces étrangères ennemies, et n'a rien tenté pour gagner les « cœurs et les esprits » (stratégies « hearts & minds ») des autonomistes. Sa stratégie a consisté à punir encore davantage les populations, comme les Occidentaux l'ont fait en Afghanistan, en Irak ou en Libye, avec l'idée qu'elles se rebelleraient contre leurs dirigeants.

Comme le disait en 2014 le nouveau président Porochenko, mis en place par les Occidentaux[360], en parlant de ses citoyens russophones :

> *Nous aurons du travail ; eux, non ! Nous aurons des retraites ; eux, non ! Nous aurons des rentes pour les retraités et les enfants ; eux, non ! Nos enfants iront à l'école et à la garderie, les leurs resteront dans les caves des sous-sols ! Parce qu'ils ne savent rien faire ! Et c'est comme ça, précisément comme ça, que nous gagnerons cette guerre !*

C'est pourquoi les victimes civiles sont si nombreuses. Dans son reportage du 17 octobre, Caroline Roux évoque les 14 000 victimes du conflit, « *dont de nombreux civils* », suggérant qu'ils sont le fait des « *frères séparatistes ennemis épaulés par leurs voisins russes* [361]». Ce qu'elle évite soigneusement de dire est que – selon les Nations unies – plus de 80 % des victimes civiles résultent des frappes ukrainiennes. Selon les Nations unies, pour la seule période du 1er octobre 2019 au 30 mars 2020, 84,4 % des victimes civiles proviennent des bombardements d'artillerie ukrainiens[362]. Le tableau représenté en figure 8 montre les chiffres pour une période plus large. Comme on le constate, le gouvernement ukrainien

---

360. « Porochenko à propos du Donbass: "Leurs enfants resteront dans les caves!" », *YouTube*, 16 novembre 2014

361. Émission « C dans l'air » du 17 octobre 2021 ("Poutine, maître du jeu #cdanslair 17.10.2021", *France 5/YouTube*, 18 octobre 2021) (59'40")

362. UN Country Team Ukraine, "Conflict-related civilian casualties in Ukraine, March 2020", *Reliefweb*, 9 avril 2020

massacre son propre peuple avec l'aide, le financement et le conseil des militaires de l'OTAN, des pays de l'Union Européenne.

Comme dirait Jean-Yves Le Drian, ministre des affaires étrangères : *« L'absence de réaction vaut caution* [363]*»…*

Victimes civiles de la guerre du Donbass

	Sur le territoire des Républiques auto-proclamées	Sur le territoire contrôlé par le gouvernement	Dans le « no man's land »	Total	Évolution par rapport à l'année précédente
2018	128	27	7	162	-41.9 %
2019	85	18	2	105	-35.2 %
2020	61	9	0	70	-33.3 %
2021	36	8	0	44	-37.1 %
Total	310	62	9	381	
%	81.4	16.3	2.3	100.0	

Figure 7 - Comme on le constate, plus de 80 % des victimes sont le fait du gouvernement ukrainien avec le soutien de conseillers militaires de l'OTAN. [Source : "Conflict-related civilian casualties in Ukraine", United Nations Human Rights Monitoring Mission In Ukraine, Haut-commissariat aux droits de l'Homme, 31 décembre 2021 (mis à jour 27 janvier 2022)]

En 2014, l'Ukraine a fermé le canal de Crimée qui fournissait 82 % de l'approvisionnement en eau de la péninsule[364] : une mesure contraire au droit humanitaire international, qui a profondément aliéné la population russophone, mais que personne, en Occident, ne met dans l'équation.

En outre, le *Haut-commissariat des Nations unies pour les droits de l'Homme* a épinglé le gouvernement ukrainien à plusieurs reprises pour ses violations répétées et graves des droits de l'Homme sur son territoire,

---

363. « Avion dérouté par la Biélorussie : "L'absence de réaction de la Russie vaut caution", estime Jean-Yves Le Drian », *francetvinfo.fr*, 26 mai 2021
364. "Situation of human rights in the temporarily occupied Autonomous Republic of Crimea and the city of Sevastopol (Ukraine)", *UN Human Rights Council*, 25 septembre 2017 (A/HRC/36/CRP.3).

y compris dans les Républiques du Donbass, qu'il revendique comme partie de l'Ukraine[365].

Le soutien européen et américain à la révolution de Maïdan n'a jamais eu pour but d'aider l'Ukraine. Il s'agissait de la découpler de la Russie, et, ainsi, d'affaiblir cette dernière. Les Occidentaux ont simplement instrumentalisé l'Ukraine contre la Russie, comme ils instrumentalisent Taïwan contre la Chine.

La situation économique, que les liens renforcés avec l'Europe – proclamés par les révolutionnaires de Maïdan – devaient améliorer, ne cesse de se dégrader[366].

En 2013-2014, les Occidentaux n'ont pas réalisé que, pour de multiples raisons, l'Ukraine était portée à bouts de bras par la Russie, par des aides directes et des achats privilégiés. La rupture avec la Russie voulue par les nationalistes a eu pour effet de couper l'Ukraine de son principal soutien, qui n'a pas été remplacé par les Européens.

Après Maïdan, l'Ukraine comptait sur l'Union Européenne pour sa prospérité économique mais ses produits, adaptés au marché d'Europe orientale en nature et en qualité, ne l'étaient pas au marché européen. Ses produits agricoles se heurtent à la concurrence des produits européens qui ne trouvent plus de débouchés en Russie. Le même phénomène touche sa production industrielle, très liée à la Russie. Des fleurons de l'industrie ukrainienne, comme le constructeur aéronautique Antonov[367] et les chantiers navals de Nikolaïev, sur la mer Noire, ont fait faillite[368]. Depuis 2014, on assiste à une désindustrialisation progressive de l'Ukraine. Aujourd'hui, l'Ukraine est la seule ex-République de l'URSS à avoir un PIB inférieur à celui qu'elle avait à l'époque communiste. Selon un

---

365. "Civic Space and Fundamental Rights in Ukraine – 1 November 2019 to 31 October 2021", *UN HCHR*, 15 décembre 2021
366. "Ukraine-EU Agreement: How Beneficial is Ukraine-EU Agreement?", *EurAsian Times*, 1er septembre 2017.
367. Article « Antonov (aéronautique) », Wikipédia.
368. "Ukraine has lost the shipyard that built the corvette *Vladimir the Great*", *metallurgprom.org*, 29 juin 2021.

sondage d'*Interfax Ukraine*, environ 70 % des Ukrainiens pensent que le pays est sur la mauvaise voie[369].

Bref, personne ne semble accorder beaucoup d'importance à l'Ukraine elle-même. L'accord de libre-échange entre l'Union Européenne et l'Ukraine servait davantage les intérêts politiques des États-Unis que le bien-être de la population ukrainienne.

5.5. Le gouvernement ukrainien actuel est-il néo-nazi ?

Non, le gouvernement ukrainien est (très) nationaliste et soutenu par des groupes clairement néo-nazis, mais il ne l'est pas lui-même. Cependant, cette question n'est pas simplement une affaire de propagande[370]. Quoique l'on ne manque pas de rappeler que le président Volodymyr Zelensky est juif, la réalité est plus complexe qu'elle n'y paraît. L'extrême-droite et néo-nazis ukrainiens entretiennent aujourd'hui des liens ambigus avec la communauté juive, ce qui alarme la communauté juive internationale[371]. La clé de cette ambiguïté réside dans les liens complexes qu'il y a entre le judaïsme et le sionisme.

Ainsi, le 16 décembre 2020, lors du vote sur la résolution des Nations Unies pour combattre la glorification du nazisme, seuls deux pays l'ont rejetée : les États-Unis et l'Ukraine. En janvier 2021, le *Congrès Juif Européen* a condamné l'inclusion des anciens collaborateurs de l'occupant nazi dans le projet de mémoire lancé par les autorités ukrainiennes[372]

---

369. "Some 69 % of Ukrainians call economic situation bad, 32 % expect it to deteriorate – poll", *Interfax-Ukraine*, 9 février 2021

370. Lev Golinkin, "The reality of neo-Nazis in Ukraine is far from Kremlin propaganda", *The Hill*, 9 novembre 2017

371. Sam Sokol, "Row after Ukrainian Jewish leader 'defends' Nazi collaborators", *The Jewish Chronicle*, 25 mai 2018

372. "Nazi collaborators included in Ukrainian memorial project", *European Jewish Congress*, 22 janvier 2021

car l'idéologie dominante dans la partie occidentale du pays est clairement nationaliste, teintée d'un mélange complexe d'extrémisme de droite[373], de néo-nazisme, d'antisémitisme et de sionisme.

Comme ses voisins de la « nouvelle Europe », l'Ukraine a une relation très particulière avec le nazisme et ses atrocités. À la différence de la France, l'extrême-droite ukrainienne d'aujourd'hui s'enorgueillit d'avoir combattu les Soviétiques depuis les années 1930 jusqu'à la fin de la guerre froide. Sa collaboration avec les nazis s'inscrit dans le roman national et explique – voire, excuse – les crimes contre les juifs, vus comme une sorte de dommage collatéral. En effet, à tort ou à raison, les juifs sont perçus comme ayant joué un rôle déterminant dans l'organisation et la conduite des crimes commis à l'époque soviétique contre la population ukrainienne.

L'extrême-droite ukrainienne d'aujourd'hui a ses racines dans l'anti-bolchevisme d'avant-guerre en Pologne et dans l'ouest de l'Ukraine, combinant la haine du Russe, du communisme et des juifs, et certaines milices clandestines de l'époque ont survécu jusqu'à nos jours. L'ennemi est alors le « judéo-bolchévisme », que la propagande nazie représentait sur ses affiches comme un juif coiffé de la « boudienovka », coiffure caractéristique des militaires du NKVD.

On peut le déplorer, mais c'est une réalité qui a été encouragée par les Occidentaux. Pour soutenir le coup de 2014 et entretenir une pression sur la Russie, ceux-ci se sont appuyés sur le nationalisme ukrainien dont l'épicentre se trouve dans la région de Lvov (Galicie), à l'ouest du pays. Ils utilisent les militants du parti *Svoboda* d'Oleh Tyahnybok, et de son bras armé, le *Pravii Sektor* (Secteur Droit). Aujourd'hui, le parti a perdu de son importance et l'extrême-droite institutionnelle est très minoritaire, mais c'est trompeur car les milices restent un instrument de choix pour les Occidentaux.

Cela explique la remarquable montée de l'antisémitisme et de son négationnisme en Ukraine, depuis 2014. En avril 2018, 50 députés

---

373. Josh Cohen, "Ukraine's neo-Nazi problem", *Reuters*, 19 mars 2018

les cadres du NKVD[379] a laissé au sein de la population ukrainienne le sentiment qu'ils avaient orchestré l'Holodomor.

Il en reste une haine profonde à la fois contre le pouvoir de Moscou et contre les juifs, qui continue à alimenter le nationalisme ukrainien[380]. Un phénomène loin d'être anecdotique car, en 2021, le *Jerusalem Post* s'est alarmé du fait que l'extrême-droite ukrainienne demandait des excuses à Israël pour l'Holodomor et les crimes du communisme[381]. Malgré les tentatives de nos politiciens pour cacher l'importance des néo-nazis en Ukraine[382], le développement de l'antisémitisme violent y est alarmant[383].

En décembre 2013, le sénateur John McCain rencontre Oleh Tyahnybok, dirigeant du parti *Svoboda*, et lui promet une aide financière pour le bataillon Azov, alors fer-de-lance de la droite-nationaliste[384]. Ironie du sort, après le décès de McCain, en 2018, le *Washington Post* rend hommage au « *champion des droits de l'Homme* » avec une photo le montrant aux côtés de Tyahnybok[385], qui s'était vu refuser l'entrée aux États-Unis en juin 2013… pour antisémitisme[386] !

Le 12 décembre 2012, le Parlement européen a même adopté une résolution sur la situation en Ukraine tant il

---

379. Timothy Snyder, professeur à l'université de Yale, estime à 40 % la proportion de juifs dans le NKVD et à plus de 50 % dans les sphères dirigeantes du parti communiste dans les années 1920-2030 (Timothy Snyder, *Bloodlands : Europe Between Hitler and Stalin*, 2010)
380. Lev Golinkin, "Violent Anti-Semitism Is Gripping Ukraine — And The Government Is Standing Idly By", *The Forward*, 20 mai 2018 ;
381. Cnaan Liphshiz, "Far-right protesters in Ukraine demand Israel apologize for communism", *The Jerusalem Post*, 8 janvier 2021
382. *L'Antisémitisme en Ukraine*, DIDR-OFPRA, 7 janvier 2015
383. Lev Golinkin, "Violent Anti-Semitism Is Gripping Ukraine — And The Government Is Standing Idly By", *The Forward*, 20 mai 2018 ;
384. Laurent Brayard, « Nazis en Ukraine : du bataillon Nachtigall au bataillon Azov », *arretsurinfo.ch*, 10 mars 2015
385. Jennifer Rubin, "The human rights community lost a champion", *The Washington Post*, 27 août 2018
386. "Ultranationalist Ukrainian political party leaders banned from U.S.", *Jewish Telegraphic Agency*, 27 juin 2013

Poutine, maître du jeu ?

s'inquiète de la montée du sentiment nationaliste en Ukraine, qui s'est traduit par le soutien apporté au parti Svoboda, lequel se trouve ainsi être l'un des deux nouveaux partis à faire son entrée à la Verkhovna Rada ; rappelle que les opinions racistes, antisémites et xénophobes sont contraires aux valeurs et principes fondamentaux de l'Union européenne et, par conséquent, invite les partis démocratiques siégeant à la Verkhovna Rada à ne pas s'associer avec ce parti, ni à approuver ou former de coalition avec ce dernier[387] ;

Depuis l'Euromaïdan[388], comme je l'ai observé moi-même lors de mes séjours en Ukraine dans le cadre d'activités avec l'OTAN, dans chaque manifestation de rue, on voit en abondance les drapeaux de mouvements d'extrême-droite *Svoboda* et des portraits de Stepan Bandera. En 2018, le parlement ukrainien institue même une journée officielle pour rappeler sa mémoire[389].

Ainsi, relayant les propos de Luke Harding[390] (journaliste britannique connu pour ses plagiats et son caractère antirusse), *Conspiracy Watch* (une officine française liée aux activités d'influence britannique) ne voit dans les groupes *Svoboda* et *Pravy Sektor* « *qu'une très petite fraction des activistes du Maïdan* » qui « ne peuvent pas être seulement assimilés à des groupuscules "fascistes" ou "néo-nazis"[391] ». Sur *France 5*, Jean-Dominique Giuliani reprend cette argumentation et affirme que Vladimir Poutine a créé ces mouvements d'extrême-droite,

---

387. *Résolution du Parlement européen du 13 décembre 2012 sur la situation en Ukraine* (2012/2889 (RSP)
388. Max Blumenthal, "Is the U.S. Backing Neo-Nazis in Ukraine ?", *AlterNet*, 24 février 2014
389. Cnaan Liphshiz, "Ukraine celebrates Nazi collaborator, bans book critical of pogroms leader", *The Times of Israël*, 27 décembre 2018
390. Luke Harding, "Kiev's protesters: Ukraine uprising was no neo-Nazi power-grab", *The Guardian*, 13 mars 2014
391. Hélène Roudier et Philippe de Lara, « Étienne Chouard a tout faux sur l'Ukraine, voilà pourquoi », *conspiracywatch.info*, 21 novembre 2018.

et qu'ils se sont « retournés » contre lui[392] ! Il semble qu'être opposé à Vladimir Poutine autorise toutes les sottises...

En réalité, l'Occident cherche à minimiser le caractère extrémiste de ces groupes qu'il forme, arme, protège et dont il autorise les crimes par son silence. Ils constituent le fer de lance du nationalisme ukrainien, principale arme contre la Russie. Si Volodymyr Zelensky n'est pas nazi, la doctrine qui anime les autorités ukrainiennes s'en rapproche dangereusement.

En octobre 2021, le *Jerusalem Post*[393] s'inquiète d'une étude publiée en septembre par l'*Institute for European, Russian, and Eurasian Studies* (IERES) de l'université George Washington, qui montre que le Canada, les États-Unis, la France et la Grande-Bretagne forment des groupes d'extrême-droite en Ukraine, à l'*Académie militaire nationale Hetman Petro Sahaidachny*[394].

Les principales milices d'extrême-droite et ultra-nationalistes ukrainiennes sont :

- le Mouvement Azov, qui comprend le Régiment Azov (branche armée), le Corps National (Natsionalnii Korpus, branche politique) et la Milice Nationale (Natsionalna Droujina, branche policière) ;
- l'Armée des volontaires ukrainiens (UDA), qui est une milice internationale de volontaires d'extrême-droite associée au parti Secteur Droit, financée par les États-Unis et certains pays européens ;
- Patriote d'Ukraine (Patriot Ukraïni), milice paramilitaire de volontaires formée pour combattre les séparatistes pro-russes aux cotés de l'armée dans l'est du pays ;

---

392. Émission « C dans l'air » du 25 janvier 2022 ("Ukraine : la surenchère russe... ou américaine ? #cdanslair 25.01.2022", *France 5/YouTube*, 26 janvier 2022 (30'10")
393. "Western countries training far-right extremists in Ukraine – report", *Jerusalem Post*, 19 octobre 2021
394. Oleksiy Kuzmenko, "Far-Right Group Made Its Home in Ukraine's Major Western Military Training Hub", *Institute for European, Russian, and Eurasian Studies (IERES) Occasional Papers*, no. 11, september 2021

- l'assemblée Nationale Ukrainienne – Auto-défense Nationale Ukrainienne (Ukraïnska Natsyonalnaya Asambleya-Ukraïnska Naroda Samooborona) (UNA-UNSO), milice nationaliste antirusse ;
- Trident (Trizub), milice paramilitaire d'extrême-droite ;
- Secteur Droit (Praviy Sektor), organisation paramilitaire d'extrême droite (basée à Dniepropetrovsk).

La plupart de ces milices voient Anders Breivik comme un héros et soutiennent le projet polonais d'Intermarium[395]. Elles se sont distinguées par de nombreuses atrocités dans le Donbass depuis 2014.

Voilà pour l'intégrité de M. Giuliani…

En réalité, afin de ne pas délégitimer l'antagonisme entre l'Ukraine et la Russie, le flux de volontaires néo-nazis venant de France, de Grande-Bretagne et du Canada, ainsi que le caractère nationaliste et d'extrême-droite du gouvernement ukrainien sont systématiquement occultés dans les médias occidentaux, tandis que les tendances pronazies des militants sont présentées comme de la propagande russe dans les médias occidentaux[396].

Interrogée dans *Le Monde*, sur les liens de l'opposant bélarusse Roman Protassevitch avec les « *nazis ukrainiens du bataillon Azov* », Isabelle Mandraud explique[397] :

> *Le terme « nazi » désignant aux yeux des autorités russes toute personne contrevenant à leurs vues, repris ad nauseam par la propagande, je crois que cela suffit à clore cette question.*

On peut naturellement discuter le qualificatif « nazi », mais il reste que le régiment Azov est certainement ultra-nationaliste, violent,

---

395. Emil Avdaliani, "Poland and the Success of its Intermarium Project", *moderndiplomacy. eu*, 31 mars 2019

396. Joshua Keating, « En Ukraine, des fascistes contre des nazis ? », S*late.fr*, 22 février 2014 ; "La Russie est en train de remporter la guerre de la propagande. Sauf en France.", *Slate.fr*, 2 juin 2014

397. Isabelle Mandraud, « Avion détourné par la Biélorussie, sanctions de l'Union européenne : nos réponses à vos questions », *Le Monde*, 28 mai 2021

antisémite, et qu'il arbore d'anciens symboles nazis. Ils se sont rendus coupables de nombreux abus contre les populations civiles (ukrainiennes) des zones dans lesquelles ils sont déployés[398]... autant de qualités que Mme Mandraud associe apparemment à de la propagande. Chacun est libre d'avoir une opinion mais, en l'occurrence son avis n'est partagé ni par le *Centre de Lutte contre le Terrorisme* de l'académie militaire de West Point[399], ni par le *Jerusalem Post*, ni par le *Centre Simon Wiesenthal*[400], qui qualifient le groupe Azov de « nazi » et fustigent le soutien qu'il reçoit de l'Occident.

Le bataillon/régiment Azov n'est pas formé uniquement d'Ukrainiens, mais de combattants venant de tous pays, unis par leur idéologie d'extrême-droite. On y trouve des combattants de 19 nationalités différentes, parmi lesquelles la France, la Suisse et les États-Unis. Le régiment a même été utilisé par le gouvernement pour éliminer des opposants et des journalistes[401]. En 2014 déjà, le magazine américain *Newsweek* déclarait que la milice Azov commettait en Ukraine des crimes de guerre « *dans le style de l'État Islamique* »[402].

« *L'absence de réaction vaut caution* » !

Le phénomène n'est pas anodin car les extrémistes ainsi formés et entraînés pourraient devenir une source de problèmes de retour dans nos pays[403]. Ainsi, en 2017, le FBI a mis quatre membres du régiment Azov en accusation pour avoir formé des militants suprémacistes

---

398. Oren Dorell, "Volunteer Ukrainian unit includes Nazis", *USA Today*, 10 mars 2015
399. Tim Lister, "The Nexus Between Far-Right Extremists in the United States and Ukraine", *Combating Terrorism Center*, Vol. 13, n° 4, avril 2020
400. Cnaan Liphshiz, "Hundreds march with torches in tribute to Nazi collaborator in Ukraine", *The Jerusalem Post*, 4 janvier 2021
401. Oleksiy Kuzmenko et Michael Colborne, "Ukrainian Far-Right Extremists Receive State Funds to Teach "Patriotism"", *Bellingcat*, 16 juillet 2019
402. Damien Sharkov, "Ukrainian Nationalist Volunteers Committing 'ISIS-Style' War Crimes", *Newsweek*, 10 septembre 2014
403. Tim Hume, "Far-Right Extremists Have Been Using Ukraine's War as a Training Ground. They're Returning Home", *Vice News*, 31 juillet 2019

Poutine, maître du jeu ?

d'extrême-droite américains du mouvement *Rise Above*, antisémite[404]. Malgré plusieurs tentatives du Congrès pour interdire l'aide militaire aux milices d'extrême-droite, ce n'est qu'en 2018 que le Pentagone a cessé de soutenir la formation de ses combattants.

Filiation de la symbolique du régiment Azov

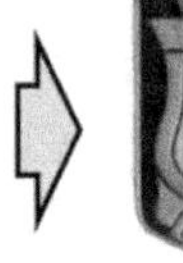

Insigne de la 2ᵉ PANZERDIVISION SS « DAS REICH »	Logo du parti SVOBODA (1ᵉʳᵉ version)	Insigne du groupe PATRIOT UKRAÏNI	Insigne du Bataillon AZOV
En 1943, la 2e SS Panzerdivision « Das Reich » a combattu en Ukraine et repris Kharkov à l'Armée Rouge. Elle est responsable du massacre d'Oradour sur Glane en France, le 10 juin 1944.	Le parti social-nationaliste SVOBODA est l'un des moteurs de la révolution de la place Maïdan en novembre 2013-février 2014. Il est qualifié de néo-nazi par le Congrès Juif Mondial, et est jugé contraire aux valeurs européennes par le Parlement européen.	La milice nationaliste PATRIOT UKRAÏNI est issue du parti SVOBODA. Ses cadres ont fourni l'ossature des cadres du bataillon AZOV.	Unité paramilitaire créée par des cadres de la milice PATRIOT UKRAÏNI. Le bataillon AZOV a été officialisé le 5 mai 2014. En septembre 2014, il est élevé au niveau de régiment et intégré aux troupes du ministère de l'Intérieur. Sa désignation officielle est : Détachement de Forces Spéciales « AZOV ».

Figure 8 – Évolution de la rune du « Wolfsangel » dans la symbolique de l'extrême-droite ukrainienne. L'emblème du régiment Azov comprend la rune du « soleil noir » (en blanc !) qui faisait partie de la symbolique mystique des SS durant la guerre.

C'est la raison pour laquelle, afin de maintenir une certaine cohérence dans le discours sur l'Ukraine, il faut occulter les aspects qui dérangent. Il en résulte une attitude totalement schizophrénique par rapport à la crise

---

404. Max Blumenthal, "US-Funded Neo-Nazis in Ukraine Mentor US White Supremacists", *consortiumnews.com*, 17 novembre 2018

ukrainienne, qui nous donne une lecture des événements moins juste, moins morale et moins éthique qu'il n'y paraît.

Symptomatiquement, le 24 février 2022, les posts favorables à Azov ont été ré-autorisés sur Facebook[405]. Jusque-là, la plate-forme plaçait le groupe dans la même catégorie que l'État islamique et d'autres mouvements terroristes. Cela montre que les Occidentaux ne se battent pas pour des valeurs mais contre la Russie.

La complexité de notre relation avec l'extrême-droite ukrainienne est illustrée par le militantisme vocal de certains politiciens occidentaux, comme Chrystia Freeland, ministre canadienne des Affaires étrangères, ou Ursula von der Leyen[406], présidente de la Commission européenne, qui – par coïncidence – ont toutes deux des antécédents familiaux actifs dans le troisième Reich en Europe centrale et orientale. D'un autre côté, Anthony Blinken, secrétaire d'État américain et Victoria Nuland, sous-secrétaire d'État américaine chargée des Affaires politiques, ancienne conseillère pour la politique extérieure de Dick Cheney, sont tous deux issus de l'émigration juive ukrainienne[407] avec un regard très nationaliste sur la situation. En janvier 2021, le média américain *Salon*, proche du parti démocrate, déplorait l'intégration de Victoria Nuland dans l'équipe Biden[408].

Tous ces politiciens ne sont pas nazis, mais ils ont évidemment un regard très partisan sur la situation en Ukraine, qui joue en faveur des ultra-nationalistes et – surtout – contre la Russie. Leur action n'a fait qu'envenimer les tensions entre l'Ukraine et la Russie depuis 2014.

---

405. Sam Biddle, "Facebook Allows Praise of Neo-Nazi Ukrainian Battalion If It Fights Russian Invasion", *The Intercept*, 24 février 2022
406. Peter Kuras, "The Aristocratic Ineptitude of Ursula von der Leyen", *Foreign Policy*, 30 avril 2021
407. "Yiddish and the Ukrainian–Jewish roots of the new U.S. Secretary of State", *Ukrainian Jeish Encounter*, 30 novembre 2020
408. Medea Benjamin, Nicolas J.S. Davies & Marcy Winograd, "Who is Victoria Nuland? A really bad idea as a key player in Biden's foreign policy team", *Salon*, 19 janvier 2021

Poutine, maître du jeu ?

Cela étant dit, le nationalisme ukrainien ne s'exerce pas seulement contre les minorités russophones. Il touche également la minorité roumaine[409] et la minorité magyare, provoquant des tensions avec Budapest[410]. Ce qui explique (aussi) pourquoi Viktor Orban s'est rapproché de la Russie et que, en février 2022, il a déclaré que son pays ne fournirait pas d'armes à l'Ukraine.

Ce phénomène est probablement plus culturel que politique. Comme dans le reste de la « nouvelle Europe », les aspirations démocratiques dominent en Ukraine, mais elles sont fortement entachées de nationalisme, voire d'ultra-nationalisme, de sentiments antirusses et d'antisémitisme, en particulier dans la partie occidentale du pays. C'est pourquoi, l'abolition de la loi sur les langues officielles a été le premier acte des autorités issues de l'Euromaïdan, provoquant le conflit du Donbass et de la volonté de sécession de la population criméenne. Plus récemment, la loi[411] qui donne des droits constitutionnels différents aux « Ukrainiens de souche » et aux « Ukrainiens d'origine étrangère » a des relents de « lois de Nuremberg ».

5.6. Le processus d'annexion de la Crimée était-il illégitime ?

La réponse de la communauté internationale à cette question – fondée sur la Résolution 68/262 des Nations unies – est que l'annexion de la

---

409. "Preşedintele Ucrainei Petro Poroşenko a promulgat controversata Lege a Educaţiei, care restricţionează predarea în limba minorităţilor naţionale", *news.ro*, 25 septembre 2017
410. "Hungary Protests Ukrainian Military Moves, 'Death List' Of Dual Citizens", *RFE/RL*, 11 octobre 2018
411. "Принят Закон "О коренных народах Украины"", *rada.gov.ua*, 1ᵉʳ juillet 2021 (https://www.rada.gov.ua/ru/news/Novosty/Soobshchenyya/211516.html)

Crimée était illégale[412] et illégitime[413]. Les justifications avancées pour ces jugements incluent :

-   l'intégrité territoriale de l'Ukraine, garantie par le Traité de Budapest (1994) ;
-   l'intervention militaire russe pour s'emparer des institutions criméennes ; et
-   le caractère illégitime du référendum organisé par les autorités criméennes en 2014.

On présente toujours la sécession de la Crimée comme un « coup de force » organisé par la Russie, expliqué – selon Pascal Boniface – par le fait que la Russie la considère comme russe parce qu'elle est peuplée de Russes[414]. C'est évidemment faux. Un examen plus honnête de l'Histoire récente impose un regard plus nuancé et moins partisan que ce que les propagandistes et révisionnistes occidentaux racontent pour condamner la Russie. Ce qui a conduit à cette situation est que, avant 2014, le droit n'a été respecté ni par les Soviétiques, ni par les Ukrainiens, et que les Criméens ont exprimé à plusieurs reprises et massivement leur volonté d'être gouvernés par Moscou[415].

5.6.1. L'intégrité territoriale de l'Ukraine et le mémorandum de Budapest (1994)

En premier lieu, il faut rappeler que la cession de la Crimée à l'Ukraine en 1954 n'était pas légale. Elle avait certes reçu l'approbation du Præsidium du Soviet suprême, le 19 février 1954[416], mais elle

---

412. « Résolution adoptée par l'Assemblée générale le 27 mars 2014 », *Assemblée générale des Nations unies*, 1er avril 2014 (A/RES/68/262)

413. John B. Bellinger III (interviewé par Jonathan Masters), "Why the Crimean Referendum Is Illegitimate", *Council on Foreign relations*, 16 mars 2014

414. Pascal Boniface dans « Expliquez-moi... La situation en Ukraine », *YouTube*, 31 octobre 2019

415. Une chronologie des relations entre la Crimée et l'Ukraine est donnée par le Haut-Commissariat aux réfugiés des Nations unies, pour le lecteur intéressé: « Chronology for Crimean Russians in Ukraine », *Minorities at Risk Project/Refworld.org*, 2004

416. https://digitalarchive.wilsoncenter.org/document/119638

n'a été approuvée ni par le Soviet suprême de l'URSS, ni par celui de la République de Russie, ni par celui de la République d'Ukraine. Officiellement présenté comme un cadeau à l'Ukraine à l'occasion du 300e anniversaire de ses liens avec la Russie, ce transfert semble avoir été motivé, en fait, par l'intérêt personnel de Khrouchtchev qui voulait l'appui de l'Ukraine au sein du Politburo, comme l'explique Mark Kramer du *Wilson Center*[417]. Quoi qu'il en soit, cette cession n'a jamais été perçue comme légitime par la population criméenne, qui n'avait jamais été sous l'autorité de Kiev auparavant. Elle illustre les dysfonctionnements du système communiste de l'époque, qui semblent étrangement trouver l'approbation des « experts » d'aujourd'hui.

Le 20 janvier 1991, soit *avant* l'indépendance de l'Ukraine, les Criméens sont invités à choisir entre deux options : rester avec Kiev ou revenir à la situation d'avant 1954 et être administrés par Moscou. La question posée sur les bulletins de votes est alors :

> *Êtes-vous favorable au rétablissement de la République socialiste soviétique autonome de Crimée en tant que sujet de l'Union soviétique et membre du traité de l'Union ?*

C'est le premier référendum d'autonomie en URSS, et les Criméens acceptent à 93,6 %[418] d'être rattachés à Moscou. La *République socialiste soviétique autonome de Crimée* (RSSA Crimée), abolie en 1945, est ainsi rétablie le 12 février 1991 par le Soviet suprême de la RSS d'Ukraine[419]. Le 17 mars, Moscou organise un référendum pour le maintien de l'Union, qui sera accepté par l'Ukraine. À ce stade, la Crimée dépend de Moscou et non plus de Kiev, tandis que l'Ukraine *n'est pas encore* indépendante.

---

417. Mark Kramer, "Why Did Russia Give Away Crimea Sixty Years Ago?", Cold War International History Project e-Dossier N°47, *Wilson Center*, 2014
418. Avec une participation de 81,3 % de la population.
419. Article « Référendum de 1991 en Crimée », *Wikipédia* (consulté le 27 novembre 2021)

Poutine, maître du jeu ?

L'Ukraine organise alors son référendum pour l'indépendance, où la participation des Criméens est faible, car ils sont *déjà* indépendants et ne se sentent plus concernés.

L'Ukraine devient indépendante six mois après la Crimée, et après que cette dernière a proclamé sa souveraineté, le 4 septembre. Le 26 février 1992, le parlement de Crimée proclame la République de Crimée avec l'accord du gouvernement ukrainien qui lui octroie le statut de République autogérée. Le 5 mai 1992, la Crimée déclare son indépendance et adopte une Constitution[420]. La ville de Sébastopol, gérée directement par Moscou dans le système communiste, a une situation analogue, ayant été intégrée par l'Ukraine en 1991 en dehors de toute légalité. Les années suivantes sont marquées par un bras de fer entre Simféropol et Kiev, qui veut garder la Crimée sous son contrôle.

En 1994, en signant le *Mémorandum de Budapest*, l'Ukraine abandonne les armes nucléaires de l'ex-URSS restées sur son territoire, en échange de « *sa sécurité, son indépendance et son intégrité territoriale* »[421]. À ce stade, la Crimée considère qu'elle ne fait – *de jure* – plus partie de l'Ukraine et, donc, qu'elle n'est pas concernée par ce traité. De son côté, le gouvernement de Kiev se sent renforcé par le mémorandum. C'est pourquoi, le 17 mars 1995, il abolit de force la Constitution de la Crimée, envoie ses forces spéciales pour destituer Youri Mechkov, président de la Crimée, et *annexe* de facto la République de Crimée[422], déclenchant des manifestations populaires pour le rattachement de la Crimée à la Russie. Un événement à peine relevé par les médias occidentaux.

La Crimée est alors gouvernée de manière autoritaire depuis Kiev par décrets présidentiels. Cette situation pousse le Parlement de Crimée à formuler une nouvelle constitution en octobre 1995, qui rétablit la

---

420. Le 6 mai, il est précisé que la Crimée fait partie du territoire ukrainien.
421. Article « Mémorandum de Budapest », *Wikipédia* (consulté 27 novembre 2021)
422. James Rupert, "Striking at Separatists, Ukraine Abolishes Crimea's Charter, Presidency", *The Washington Post*, 18 mars 1995 ; Research Directorate, Immigration and Refugee Board, Canada « Chronologie des événements mars 1994 - août 1995 », *refworld. org*, 1er mars 1996

Poutine, maître du jeu ?

République autonome de Crimée. Cette nouvelle Constitution est ratifiée par le Parlement de Crimée le 21 octobre 1998 et confirmée par le Parlement ukrainien le 23 décembre 1998. Ces événements et les inquiétudes de la minorité russophone conduisent à la signature d'un *Traité d'amitié* entre l'Ukraine et la Russie, le 31 mai 1997. Craignant alors une sécession de la Crimée, l'Ukraine y inclut le principe de l'inviolabilité des frontières, en échange – et c'est important – d'une garantie de « *la protection de l'originalité ethnique, culturelle, linguistique et religieuse des minorités nationales sur leur territoire* »[423].

Le 23 février 2014, non seulement les nouvelles autorités de Kiev sont issues d'un coup d'État qui n'a strictement rien de constitutionnel et n'ont donc pas été élues, mais, en abrogeant la loi sur les langues officielles, elles ne respectent plus cette garantie du traité de 1997. Les Criméens descendent donc dans la rue pour revendiquer le retour à la Russie qu'ils avaient obtenu trente ans plus tôt.

Le 4 mars, lors de sa conférence de presse sur la situation en Ukraine, un journaliste demande à Vladimir Poutine : « Comment voyez-vous l'avenir de la Crimée ? Envisagez-vous la possibilité qu'elle rejoigne la Russie ? » Il répond :

> *Non, nous ne l'envisageons pas. D'une manière générale, je crois que seuls les résidents d'un pays donné qui sont libres de décider et en toute sécurité peuvent et doivent déterminer leur avenir. Si ce droit a été accordé aux Albanais du Kosovo, si cela a été rendu possible dans de nombreuses parties du monde, alors personne n'exclut le droit des nations à l'auto-détermination qui, pour autant que je sache, est fixée par plusieurs documents de l'ONU. Cependant, nous ne provoquerons en aucun cas une telle décision et n'alimenterons pas de tels sentiments[424].*

---

423. https://apps.dtic.mil/dtic/tr/fulltext/u2/a341002.pdf
424. "Vladimir Putin answered journalists' questions on the situation in Ukraine", *kremlin. ru*, 4 mars 2014 (http ://en.kremlin.ru/events/president/news/20366)

Le 6 mars, le Parlement de Crimée décide d'organiser un référendum populaire afin de choisir entre rester dans l'Ukraine ou demander le rattachement à Moscou. C'est à l'issue de ce scrutin que les autorités de Crimée font la demande à Moscou d'un rattachement à la Russie.

Avec ce référendum, la Crimée s'est contentée de récupérer le statut qu'elle avait acquis légalement juste *avant* l'indépendance de l'Ukraine (mais que cette dernière n'a jamais respectée), en renouvelant sa demande d'être rattachée à Moscou, comme en janvier 1991.

Au reste, l'accord entre l'Ukraine et la Russie pour le stationnement de troupes en Crimée et à Sébastopol renouvelé en 2010, courait jusqu'en 2042. La Russie n'avait donc *a priori* aucune raison de revendiquer ce territoire. C'est la population de Crimée qui s'est légitimement sentie trahie par le gouvernement de Kiev et a saisi l'opportunité de faire valoir ses droits.

Ainsi, la soi-disant « opération spéciale » dénoncée par les Occidentaux, est le résultat d'une succession de violations du droit et des intérêts du peuple de Crimée, depuis l'époque soviétique et avec la complicité d'Occidentaux qui rejettent le droit international à seule fin de combattre la Russie.

Après 2014, les Occidentaux invoquent une violation du *mémorandum de Budapest*. Ce à quoi les partisans de la Russie et des Criméens rétorquent que : a) la Crimée, comme entité *de jure* indépendante, n'était pas concernée par le *mémorandum de Budapest* ; b) l'Ukraine – en abolissant le russe comme langue officielle – n'a pas respecté le *Traité d'amitié* qui lui imposait la protection des minorités ; c) cette décision a été prise par un gouvernement qui n'a pas été élu et qui n'a pas suivi le processus législatif normal.

Le 19 février 2022, Anka Feldhusen, ambassadrice d'Allemagne à Kiev, lance un pavé dans la mare en déclarant sur la chaîne de télévision *Ukraine 24*, que le mémorandum de Budapest n'était pas juridiquement contraignant[425]. C'est également la position américaine, comme en témoigne la déclaration sur le site web de l'ambassade américaine à Minsk[426].

---

425. "German Ambassador on the Budapest Memorandum: no legal obligations", *perild. com*, 19 février 2022 (https://youtu.be/xoWczhVimYE)
426. http://minsk.usembassy.gov/budapest_memorandum.html

Nous laisserons les lecteurs juristes débattre de la question. Mais cela montre que les arguments concernant l'illégalité de l'affaire de Crimée sont beaucoup moins nets que ce que nos commentateurs le prétendent. On a monté cette affaire en épingle afin d'entretenir une tension avec la Russie, qui conduira à la guerre de 2022.

Tout le narratif sur « l'annexion » de la Crimée en Occident repose sur une réécriture de l'Histoire et l'occultation du référendum de 1991, qui a bel et bien existé et qui était parfaitement valide. Seuls les historiens et journalistes honnêtes évoquent cet épisode de l'histoire récente de la Crimée[427]. Ils sont bien peu nombreux !

5.6.2. Le mythe de l'agression russe

Ce mythe est indissociable de celui des « *petits hommes verts arrivés en nombre dans la péninsule* [428]» suggérant une invasion par la Russie. Désignés tantôt comme des forces spéciales[429], tantôt comme les mercenaires de la compagnie Wagner[430], ces soldats appuient un narratif.

Notre conviction que la Russie « *a envahi militairement par la force une partie d'un État souverain* », comme le dit Pierre Servent, expert militaire, sur *France 5*[431], résulte de la nécessité de donner une légitimité à un coup d'État que les Occidentaux venaient d'appuyer à Kiev.

C'est une fable qui a son origine à l'OTAN – où je travaillais à l'époque – et qui joue avec les mots, pour transformer un engagement parfaitement conforme aux accords entre la Russie et l'Ukraine en une opération spéciale. Or, l'engagement des troupes russes en Crimée, ne

---

427. Guy Mettan, *Russie-Occident – Une guerre de mille ans*, Edition des Syrtes, Genève, 2015, p.98

428. Émission « C dans l'air » du 17 octobre 2021 ("Poutine, maître du jeu #cdanslair 17.10.2021", *France 5/YouTube*, 18 octobre 2021) (56'25")

429. Alan Malcher, "Russian Spetsnaz – Ukraine's Deniable 'Little Green Men'", *moderndiplomacy.eu*, 10 mai 2015

430. « Ukraine, Mali : que font les milices Wagner ? Leçon de géopolitique – Le Dessous des cartes », *ARTE/YouTube*, 26 janvier 2022

431. Émission « C dans l'air » du 11 janvier 2022 ("Poutine rêve d'URSS, l'Ukraine sous tension #cdanslair 11.01.2022", France 5/YouTube, 12 janvier 2022) (26'50")

correspond ni dans la forme, ni dans les tactiques, ni dans les structures à celui de leurs forces spéciales. Ces dernières sont un domaine que je connais et sur lequel j'ai écrit un ouvrage[432] (qui a été traduit en Ukraine[433]).

On a argumenté que Vladimir Poutine lui-même avait confessé avoir engagé ses forces spéciales pour s'emparer de la Crimée. C'est faux : on mélange délibérément plusieurs choses.

Tout d'abord, il faut rappeler que l'abolition par les nouvelles autorités (non-élues) de Kiev de la loi Kivalov-Kolesnichenko (qui faisait du russe une langue officielle), a secoué la communauté très majoritairement russophone de Crimée. Déjà échaudés par son bras de fer avec Kiev depuis 1991, le renversement du gouvernement qu'ils avaient élu et le non-respect des obligations envers les minorités, les Criméens déclenchent un mouvement populaire sans précédent.

La population descend dans la rue et demande le rattachement à Moscou, qu'elle avait obtenu en janvier 1991. Dans ses rangs, on compte environ 4 000 chasseurs ou membres de sociétés de tir et 15 000 membres de la réserve territoriale, qui prennent leurs armes et occupent le parlement régional de Simferopol. Ensemble, ils forment les unités d'« auto-défense », qui sont évoquées en mars 2014 par Sergueï Lavrov, ministre des Affaires étrangères, et par Vladimir Poutine[434].

À ces civils s'ajoutent des militaires des forces ukrainiennes. Au début 2014, l'armée ukrainienne est alors encore composée d'une majorité de conscrits, recrutés et organisés de manière territoriale : en Crimée, la majorité des militaires est russophone. Ainsi, lorsque le gouvernement leur ordonne de réprimer les manifestations, 20 000 des 22 000 militaires ukrainiens stationnés en Crimée refusent d'intervenir contre

---

432. Jacques Baud, *Les Forces Spéciales de l'Organisation du Traité de Varsovie*, L'Harmattan, 2002
433. https://constitutions.ru/wp-content/uploads/specnaz.pdf
434. "The Changing Story Of Russia's 'Little Green Men' Invasion", *RFE/RL*, 25 février 2019

Poutine, maître du jeu ?

leurs compatriotes et se rallient aux manifestants, comme le confirmera plus tard Ivan Vinnik, député de la Rada de Kiev[435]. Ils arrachent leurs insignes ukrainiens pour éviter les confusions et deviendront ce que les Occidentaux surnommeront « *petits hommes verts* » et identifieront comme des forces spéciales russes. À ces militaires s'ajoutent environ 15 000 russophones venant de la police, du *Service de Sécurité* (SBU) et des gardes-frontières[436], qui – eux aussi – refusent d'affronter leurs frères. Soit un total d'environ 35 000 transfuges.

Quant aux militaires russes en Crimée, le *Status of Forces Agreement* (SOFA) signé en 2010 avec l'Ukraine (et valable jusqu'en 2042) plafonnait leur présence à 25 000 hommes, et seulement 20 000 à 22 000 sont alors effectivement stationnés dans la péninsule. Cet accord les autorisait à se déployer en divers points stratégiques de la péninsule (comme l'aéroport) en cas de crise, afin de permettre un cordon ombilical avec la Russie. Ces militaires ne portent pas d'insigne d'unités sur leur tenue de combat, comme c'est l'usage dans les forces armées russes (par exemple en Afghanistan).

---

435. Евгений Мураев и Иван Винник, народные депутаты, в "Вечернем прайме" телеканала "112 Украина", 4 août 2016 (https://112.ua/video/evgeniy-muraev-i-ivan-vinnik-narodnye-deputaty-v-vechernem-prayme-telekanala-112-ukraina-04082016-206216.html)
436. "Ukrainian defectors in occupied Crimea sidelined, relocated", *www.unian.info*, 5 octobre 2017

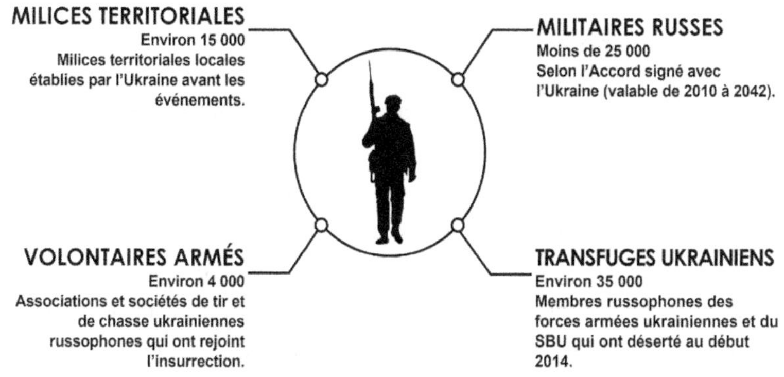

Figure 9 – Composition des « petits hommes verts » lors des événements de Crimée. Contrairement aux affirmations occidentales, il n'y a pas eu d'invasion russe. L'accord passé entre la Russie et l'Ukraine autorisait les militaires en poste en Crimée à se déployer hors de leurs casernements pour assurer des tâches de sécurité en cas d'incidents graves. Lorsque des paramilitaires nationalistes ukrainiens ont commencé à affronter violemment les milices d'auto-défense criméennes, les militaires russes se sont interposés, invoquant le principe de « responsibility to protect » (R2P).

Ainsi, ni pour le Donbass, ni pour la Crimée, il n'y a eu d'invasion russe en 2014. On joue alternativement les expressions « intervention » et « invasion » pour laisser planer le doute sur la présence réelle des Russes dans l'est de l'Ukraine[437]. En dépit de leurs allégations répétées, les Occidentaux n'ont jamais apporté d'éléments concrets confirmant une « invasion » russe, voire d'un « débarquement » de forces spéciales.

Certains commentateurs, comme Arnaud Dubien, dans *Le Monde*[438], y ont vu une « prise de gage », c'est-à-dire un territoire que l'on puisse monnayer dans une négociation, ce qui n'a manifestement pas été le cas.

---

437. Wikipédia, article « Russian military intervention in Ukraine (2014–present)" (consulté le 15 mai 2019)
438. Arnaud Dubien, « Le coup de force de Poutine en Crimée s'inscrit dans une volonté de marchandage », *Le Monde*, 3 mars 2014 (mis à jour 4 mars 2014)

Poutine, maître du jeu ?

5.6.3. Le caractère illégitime du référendum de mars 2014

Sur *France 5*, Michel Eltchaninoff, affirme que le vote de 2014 a été « *totalement manipulé* »[439]. C'est de la pure spéculation, qui se fonde uniquement sur le très haut niveau d'acceptation. En réalité, il n'en sait rien, mais il affirme. On ne peut évidemment pas exclure qu'il y ait eu des fraudes : l'organisation, le comptage, le bon fonctionnement dans chaque local de vote, etc. n'ont pas fait l'objet d'une vérification internationale. Tout est donc possible, même si certains pays organisent des référendums régulièrement – comme la Suisse – et n'ont pas besoin d'une vérification internationale, tandis que d'autres – comme la France – ignorent simplement les résultats qui leur déplaisent.

Néanmoins, les 96,77 %[440] d'acceptation sont cohérents avec les 93,6 % obtenus en janvier 1991 et semblent confirmés par un sondage *Gallup* d'avril 2014[441]. De tels résultats n'ont rien d'exceptionnel, comme on l'a vu au Kosovo en 1991 (99,98 %[442]) ou aux Îles Falkland en 2013 (99,8 %[443]). Donc les accusations ne sont qu'une construction artificielle, fondée sur des hypothèses qui écartent l'existence d'un précédent référendum, pour imaginer une machination ourdie par la Russie… répondant ainsi à la définition du conspirationnisme…

D'autant que l'on évite soigneusement de dire que le 10 mars 2014, les autorités criméennes ont demandé à l'OSCE d'envoyer des observateurs pour le référendum[444], mais l'organisation a refusé sous prétexte de son caractère anticonstitutionnel[445]. Il semble que les autorités de

---

439. Émission « C dans l'air » du 17 octobre 2021 ("Poutine, maître du jeu #cdanslair 17.10.2021", *France 5/YouTube*, 18 octobre 2021) (1h33'30")
440. Article « Référendum de 2014 en Crimée », *Wikipédia* (consulté le 27 novembre 2021)
441. http://www.bbg.gov/wp-content/media/2014/06/Ukraine-slide-deck.pdf
442. Article "1991 Kosovan independence referendum", *Wikipédia* (consulté le 27 novembre 2021)
443. Article « Référendum sur le statut des îles Malouines », *Wikipédia* (consulté le 27 novembre 2021)
444. "Crimea invites OSCE observers for referendum on joining Russia", *Reuters*, 10 mars 2014
445. "OSCE Chair says Crimean referendum in its current form is illegal and calls for alternative ways to address the Crimean issue", *osce.org*, 11 mars 2014

l'OSCE aient – elles aussi – évacué l'existence d'un référendum précédent parfaitement légal et légitime. À ce stade, l'ordre constitutionnel a été totalement bouleversé par un coup d'État illégal, soutenu par la communauté internationale, contrairement à la Charte des Nations unies et à l'Acte Final d'Helsinki. Les Criméens ne font donc que profiter de cette situation où Kiev ne remplit plus ses obligations et a une gouvernance illégale et illégitime pour revenir à la situation dont l'Ukraine l'avait privée pendant plus de 20 ans, appliquant ainsi les dispositions de l'article VIII de l'Acte Final d'Helsinki.

Mes contacts à l'intérieur de l'OSCE m'indiquent qu'il y a alors des pressions importantes de la part des Américains pour qu'elle soutienne le coup d'État. Incidemment, cela deviendra une tactique régulière, en particulier pour l'Union européenne : refuser d'aller observer des élections pour ensuite les déclarer illégitimes…

Rappelons que les pays occidentaux ont activement soutenu la sécession de la Lituanie, de la Lettonie et de l'Estonie en 1990, et ont immédiatement reconnu les référendums d'indépendance de l'Ukraine et de la Géorgie. Pourtant, ces pays étaient techniquement dans la même situation que la Crimée…

Lorsque Barack Obama dit à la tribune des Nations unies que « *cela pourrait arriver à n'importe lequel de vos pays* »[446], il sait de quoi il parle : à la fin du XIXe siècle, les États-Unis ont annexé Hawaï de manière totalement illégale. C'est encore aujourd'hui un contentieux entre les populations autochtones et Washington. Certains contestent même la notion d'annexion et préfèrent dire qu'Hawaï est un royaume sous occupation militaire américaine[447]. Avec la conséquence ironique que, si le droit international était respecté, Barack Obama (natif d'Hawaï) n'aurait

---

446. Émission « C dans l'air » du 17 octobre 2021, ("Poutine, maître du jeu #cdanslair 17.10.2021", *France 5/YouTube*, 18 octobre 2021) (57'58")
447. Keanu Sai, "The Illegal Overthrow of the Hawaiian Kingdom Government", NEA Today, 2 avril 2018 ; Keanu Sai (Ph.D.), "The U.S. Occupation of the Hawaiian Kingdom", *NEA Today*, 1er octobre 2018 ; https://en.wikipedia.org/wiki/Legal_status_of_Hawaii

pas eu le droit de se présenter à l'élection présidentielle[448], donnant raison (mais pour de mauvais motifs) à Donald Trump[449]. Toutefois, alors que, en Crimée, c'est à la demande de la population criméenne que la Russie a accepté d'annexer la péninsule, à Hawaï, les Américains se sont emparés des îles par la force avant de décider unilatéralement de les annexer au territoire américain.

5.7. La crise du Donbass a-t-elle son origine dans la politique russe ?

Le discours officiel français – aveuglément servi par les « experts » de tout poil – est que la situation de la Crimée et le conflit du Donbass sont des conséquences de la politique russe.

Lors de l'émission « C dans l'air » du 16 février 2022, Alain Bauer, professeur de criminologie, explique le soi-disant appétit de Vladimir Poutine pour le Donbass par l'importance historique de la « *Rus' de Kiev* », dans le roman national russe et y voit une dimension religieuse[450]. C'est faux. Le bassin du Don (Donbass) est entré beaucoup plus tard dans l'Histoire russe grâce au charbon, et il suffit de se pencher sur une carte pour constater que le Donbass n'a strictement rien à voir avec la Rus' de Kiev historique[451]. On pourrait presque définir la Rus' de Kiev comme l'Ukraine actuelle *sans* le Donbass !

Le 23 février 2014, après leur coup d'État, les ultra-nationalistes ukrainiens abolissent la loi Kivalov-Kolesnichenko sur les langues

---

448. Avant son élection, Obama a subi une campagne de dénigrement évoquant son lieu de naissance. De mauvais esprits ont a alors prétendu qu'il était né au Kenya, mais personne n'a argumenté sur la question de Hawaï. Trump avait continué à prétendre qu'il n'était pas Américain…
449. Donald Trump prétendait qu'Obama était natif du Kenya.
450. Émission « C dans l'air » du 16 février 2022 ("Ukraine : mais à quoi joue Poutine ? #cdanslair 16.02.2022", *France 5/YouTube*, 18 février 2022) (28'50")
451. Article « Rus' de Kiev », Wikipédia

officielles. C'est cet événement qui déclenche des manifestations, dont la répression conduit à la rébellion des deux Républiques de Lougansk et de Donetsk.

La répression musclée de ces manifestations semble difficilement compatible avec le discours occidental et le romantisme démocratique qu'il convoque. Les nouvelles autorités de Kiev, pour se donner une légitimité, inventent une invasion russe, expliquée par les ambitions de Vladimir Poutine. L'OTAN et les gouvernements occidentaux se font les relais des accusations du président Petro Porochenko[452], bien qu'elles aient été largement démenties.

Alors à l'OTAN, je constate que les dépêches qui nous parviennent, arrivent de Pologne et ne collent pas avec les informations de l'OSCE. Il est évident que l'on cherche à exagérer les événements et à leur donner une dimension internationale. Cependant, au sein de l'OTAN, je ne suis que suisse, donc, techniquement, un partenaire et non un allié : mes mises en garde sont poliment écartées au profit d'un discours plus musclé. Le Grand Quartier général de l'OTAN publie la photo satellitaire de 4 pièces d'artillerie en Ukraine, affirmant qu'il s'agit d'une unité russe[453]. Outre le fait que la doctrine militaire russe ne prévoit pas l'emploi de batteries isolées en territoire ennemi, les recoupements montrent qu'il s'agit du bataillon rebelle KALMIUS, formé à partir d'une unité ukrainienne russophone passée du côté autonomiste.

Évidemment, le passage d'unités complètes de l'armée ukrainienne du côté des rebelles contredit l'idée que la révolution de Maïdan est populaire… Depuis août 2014, il semble que l'OTAN n'a pas trouvé d'autres photos à publier.

En mai 2014, la répression armée des manifestations poussent la population de certaines zones des régions ukrainiennes de Donetsk

---

452. Émission « C dans l'air » du 02-10-2015: Syrie : Poutine Attaque, *France 5*/*YouTube*, 10 novembre 2015 (46'10")
453. "NATO releases satellite imagery showing Russian combat troops inside Ukraine", 28 août 2014 (http://www.nato.int/cps/en/natohq/photos_112202.htm)

et Lougansk à organiser des référendums pour adopter l'*Acte d'auto-détermination de la République populaire de Donetsk* (approuvé à 89 %) et de l'*Acte de l'auto-détermination de la République populaire de Lougansk* (approuvé à 96 %). Les médias d'État *France 24*[454] et *Radio-Télévision Suisse*[455] parlent de référendums d'« *indépendance* », mais c'est faux : il s'agit de référendums d'« *auto-détermination* » ou d'« *autonomie* » (*самостоятельность*). Par la suite, ceux qui cherchent à mettre de l'huile sur le feu continueront à parler de « *séparatistes* » et de « *républiques séparatistes* ». C'est de la désinformation destinée à tromper l'opinion publique.

À la suite de ces référendums, les deux Républiques demandent par lettre à Vladimir Poutine d'« *être intégrées* » à la Russie[456]. Il n'accède pas à leurs demandes.

Dans une résolution adoptée en septembre 2014, le Parlement européen parle d'une « *intervention militaire directe* », de violations de cessez-le-feu « *principalement par les troupes russes régulières* » et affirme que la Russie a « *renforcé sa présence militaire sur le territoire ukrainien* »[457]. Faux : les allégations viennent des services de renseignement polonais, mais n'ont jamais été confirmées par les observateurs de l'OSCE. Comme souvent, le Parlement européen accuse, voire sanctionne, sans qu'aucun fait ne confirme ses accusations. Voilà pour l'État de droit.

Le 29 janvier 2015, le général Viktor Moujenko, chef de l'état-major général ukrainien, reconnaît qu'il n'y a pas de troupes russes sur le sol ukrainien et que seuls des combattants individuels russes ont été

<hr />

454. « L'est de l'Ukraine se prépare à voter sur son "indépendance" », *France 24*, 10 mai 2014

455. https://pages.rts.ch/la-1ere/programmes/le-journal-du-matin/5822909-le-journal-du-matin-du-12-05-2014.html

456. https://iz.ru/news/570657

457. *Résolution du Parlement européen du 18 septembre 2014 sur la situation en Ukraine et l'état des relations UE-Russie (2014/2841(RSP)*, Strasbourg, 18 septembre 2014

observés[458]. Son affirmation est confirmée en octobre 2015 par le général Vasyl Hrytsak, chef du *Service de Sécurité* (SBU), qui précise alors que depuis le début des combats à l'est de l'Ukraine, seuls 56 militaires russes ont été observés[459]. En effet, les troupes ukrainiennes ont capturé de jeunes Russes (portant des uniformes datant de la guerre en Afghanistan), venus rejoindre les insurgés du Donbass par solidarité, durant leurs congés. Un phénomène semblable a été observé lors de la guerre dans les Balkans, lorsque de jeunes Suisses allaient faire le coup de feu en Bosnie durant les *week-ends* avec leur arme d'ordonnance !

C'est exactement le même phénomène observé avec les militaires ukrainiens de la Légion étrangère qui tentent de rejoindre l'Ukraine pour aller y combattre en mars 2022[460].

Alors chef de l'unité de l'OTAN responsable de la lutte contre la prolifération des armes légères, je surveille l'apparition de nouvelles armes auprès des rebelles afin de déterminer si la Russie les alimente. De fait, les rebelles ont certaines armes qui n'ont jamais été en dotation dans *l'armée* ukrainienne. Il n'en faut pas moins pour alimenter l'accusation de l'intervention russe. Sauf, que les armes en question ont bel et bien été en dotation dans le *Service de Sécurité* ukrainien (SBU), dont les agents sont passés du côté des rebelles !... Quant à l'armement lourd, je constate que les pièces d'armement observées peuvent systématiquement être associées à la disparition d'une unité de l'armée ukrainienne. Rien ne permet donc de confirmer un appui logistique de la Russie à ce stade.

En juin 2015, dans un entretien au *Corriere della Sera*, Petro Porochenko affirme que la Russie a déployé 200 000 hommes en

---

458. "No Russian Troops in Ukraine says Kiev General", *YouTube*, 1er février 2015

459. "Only 56 Russians Fought in Ukraine says Ukraine's State Security (SBU)", *YouTube*, 7 février 2016

460. « Certains militaires de la Légion étrangère autorisés à partir dans les pays limitrophes de l'Ukraine », *Le Figaro*, 2 mars 2022

Poutine, maître du jeu ?

Ukraine[461]. Puis, en septembre, devant l'Assemblée générale des Nations unies à New York, il affirme que

> *nous sommes forcés de combattre les troupes entraînées et armées de la Fédération de Russie. Des armes lourdes et des équipements militaires sont concentrés dans les territoires occupés en quantités telles que les armées de la majorité des États membres des Nations unies pourraient en rêver.[462]*

En réalité, on n'a rien observé du tout. En outre, s'il y avait 75 formations militaires russes en Ukraine, comme cela a été déclaré à l'Assemblée parlementaire de l'OTAN, à Istanbul, le 19 novembre 2016[463], on aurait dû observer des colonnes logistiques pour le soutien opérationnel de ces unités et des bases pour les troupes. Or, les satellites d'observation américains n'ont rien détecté. En 2018, Alexander Hug, chef-adjoint de la mission d'observation de l'OSCE, avouera au magazine *Foreign Policy* que l'OSCE n'a fait aucune observation confirmant la présence de troupes russes en Ukraine[464].

Encore aujourd'hui, la rhétorique officielle française et européenne affirme que la Russie est un acteur du conflit. C'est l'obsession d'y voir une implication directe de Vladimir Poutine qui a poussé la France et l'Allemagne à vouloir négocier les accords de Minsk avec lui. Dans le reportage de Caroline Roux du 17 octobre 2021, on constate que François Hollande a négocié en étant persuadé que les troupes russes étaient dans le Donbass, ce que l'on savait faux à l'époque[465].

---

461. Giuseppe Sarcina, "Ukraine's Poroshenko : "Putin the Pact-Breaker"", *Corriere della Sera*, 30 juin 2015
462. Émission « C dans l'air » du 02-10-2015: Syrie : Poutine Attaque, *YouTube/France 5*, 10 novembre 2015 (46'10")
463. "The 75 Russian military units at war in Ukraine", *Euromaidan Press*, 23 novembre 2019
464. Amy MacKinnon, "Counting the Dead in Europe's Forgotten War", *Foreign Policy*, 25 octobre 2018
465. Émission « C dans l'air » du 17 octobre 2021 ("Poutine, maître du jeu #cdanslair 17.10.2021", *France 5/YouTube*, 18 octobre 2021) (1h02'43")

De plus, il n'a manifestement rien compris aux Accords eux-mêmes, car ni Minsk I (5 et 19 septembre 2014) ni Minsk II (12 février 2015) n'impliquent la Russie. Minsk I est un accord de principe – accepté par « *les représentants de certaines zones des régions de Donetsk et de Louhansk* » – et Minsk II (Voir Annexe 3) concerne les modalités d'application, qui sont fixées dans une résolution des Nations unies (17 février 2015).

La désinformation se cache aussi derrière le vocabulaire utilisé. Les rebelles du Donbass sont qualifiés tantôt d'« *indépendantistes*[466] », tantôt de « *séparatistes* » par les « experts » des plateaux des chaînes d'État *RTS* ou *France 24*, ce qui est faux. Plus grave, sur *France 5*, François Hollande utilise lui-même le terme de « *séparatistes* », ce qui témoigne de son niveau d'intégrité, puisqu'il était l'un des négociateurs des Accords de Minsk[467].

À ce stade, les russophones du Donbass ne cherchent qu'une forme d'*autonomie* qui leur permette d'utiliser leur langue et leurs particularismes. Comme on peut le lire dans les Accords de Minsk, il n'est pas question de « *séparer* » les Républiques de Donetsk et de Louhansk de l'Ukraine, définies comme des « *parties du territoire de l'Ukraine* ». C'est pourquoi, la mise en œuvre de ces accords repose exclusivement sur des négociations entre le gouvernement de Kiev et « *les représentants de certaines zones des régions de Donetsk et de Louhansk* » (articles 9, 11 et 12). On notera en outre que, dans le texte des accords le nom « Louhansk » est en ukrainien et non en russe (Lougansk), ce qui signifie bien qu'on se situe sur le territoire ukrainien et non russe, et qu'il n'est pas question de les séparer de l'Ukraine.

Les pourparlers qui aboutiront aux Accords de Minsk se tiennent à Genève en avril 2014 entre John Kerry, Catherine Ashton, Serguei

---

466. Pascal Boniface dans « Expliquez-moi... La situation en Ukraine », *YouTube*, 31 octobre 2019
467. Émission « C dans l'air » du 17 octobre 2021("Poutine, maître du jeu #cdanslair 17.10.2021", *France 5/YouTube*, 18 octobre 2021)

Poutine, maître du jeu ?

Lavrov et Andriy Deshchytsia, ministres des Affaires étrangères des États-Unis, de l'Union européenne, de la Russie et de l'Ukraine. On évoque alors clairement une résolution du conflit interne à l'Ukraine[468], notamment par des changements constitutionnels inspirés du fédéralisme[469].

Mais, juste après Genève, l'Ukraine a rejeté ces accords pour se lancer directement dans une offensive de grande envergure nommée « *Opération anti-terroriste* » (ATO) contre les forces rebelles. L'ATO fera totalement capoter les accords de Minsk I signés en septembre 2014. Appuyée et conseillée par des officiers de l'OTAN, l'armée ukrainienne subira une cuisante défaite à Debaltsevo en février 2015. C'est ce qui poussera l'Ukraine à s'engager dans les Accords de Minsk II, qui s'inscrivent dans la continuité de la déclaration de Genève d'avril et entérinent la nature *intérieure* du conflit du Donbass : c'est la position russe et celle des autonomistes du Donbass – inchangée depuis 2014 – qui réclament la mise en œuvre de ces accords.

---

468. "Foreign Minister Sergey Lavrov's statement following his talks with German Foreign Minister Frank-Walter Steinmeier", *Permanent Mission of the Russian Federation to the European Union*, 18 avril 2014
469. "Transcript: Kerry and Ashton on April 17 Geneva deal on Ukraine", *The Washington Post*, 17 avril 2014

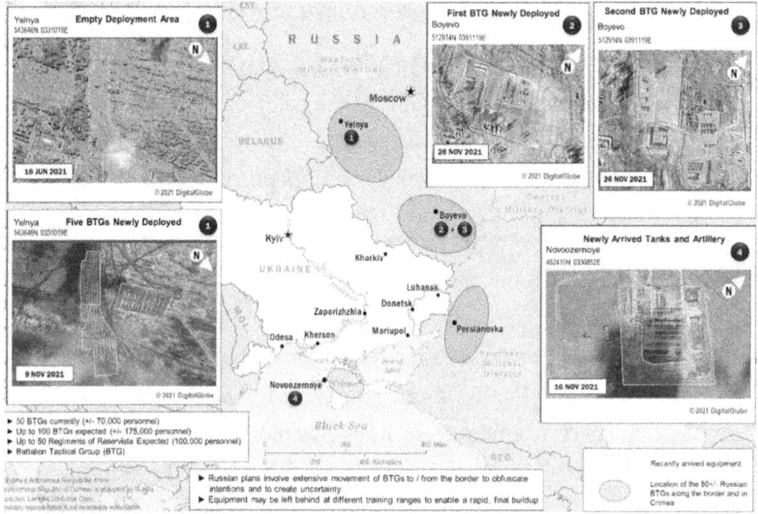

Figure 10 – Carte (établie par les services de renseignement américains) des forces russes déployées autour de l'Ukraine en décembre 2021. On constate qu'il n'y a pas de troupes russes dans le Donbass. Les politiques occidentaux – notamment des États-Unis, de la France et de la Grande-Bretagne – ont systématiquement menti à ce propos afin de justifier l'absence de progrès dans la mise en œuvre des Accords de Minsk. La France n'a pas joué son rôle de garante des Accords et a fermé les yeux sur les frappes ukrainiennes contre les populations civiles du Donbass. C'est ce qui poussera les Russes à l'offensive du 24 février 2022. [Source : Washington Post]

5.8. La Russie ne remplit-elle pas ses obligations dans le cadre des accords de Minsk ?

Sur sa chaîne YouTube, Pascal Boniface affirme que les Accords de Minsk n'ont « *pas été mis en œuvre, bien sûr, du fait de la Russie, mais également du fait de l'Ukraine* »[470]. « *Du fait de la Russie* » est faux.

---

470. Dans « Russie/États-Unis : l'Europe n'est pas à la table des négociations, elle est au menu », *YouTube*, 10 janvier 2022 (https://youtu.be/IJyjEcuR0v4?t=203)

On sait depuis longtemps que ce sont les Ukrainiens qui refusent d'appliquer les Accords, ainsi que le relève le *Washington Post*[471] :

> *Selon des diplomates proches du dossier, un obstacle majeur, était l'opposition de Kiev à négocier avec les séparatistes pro-russes avec lesquels ils ont été dans un conflit meurtrier mais de faible intensité au cours des huit dernières années.*

Le lecteur peut se référer au texte des accords reproduit en annexe 3 et constater que la Russie n'a rien à voir dans leur mise en œuvre, qui est interne à l'Ukraine.

Le reportage de Caroline Roux sur *France 5* tente de nous faire croire que les accords de Minsk étaient passés entre la Russie et l'Ukraine. C'est faux. L'accord concerne le gouvernement ukrainien et les forces rebelles du Donbass. La Russie n'a joué qu'un rôle de facilitateur, car le gouvernement ukrainien refuse de parler aux représentants des entités autonomistes lors de la négociation des Accords de Minsk II.

On avait ainsi, d'un côté, la France et l'Allemagne qui étaient les garantes de l'accord du côté ukrainien, tandis que la Russie était le garant des autonomistes russophones. Le problème est que les accords prévoient que leur mise en œuvre est l'affaire de Kiev – ce qui est logique puisqu'il s'agit d'une affaire liée à sa souveraineté ; mais les deux garants occidentaux n'ont pas respecté leurs obligations. Au lieu de faire pression sur Kiev pour la mise en œuvre des accords, ils ont préféré se ranger aux côtés de l'Ukraine pour tenter de remplacer les accords de Minsk par une négociation bilatérale entre Moscou et Kiev.

Ainsi, les consultations entre le gouvernement ukrainien et les autorités des Républiques autonomes pour la mise en place d'un cadre légal à leur situation et son adoption par la Rada n'a jamais commencé car Kiev

---

471. John Hudson & David L. Stern, "Facing maximum pressure from Russia, Zelensky refuses to blink at the negotiating table", *The Washington Post*, 11 février 2022

refuse de parler directement aux représentants des rebelles, contrairement à ce que prévoient les accords.

La duplicité des gouvernements français et allemand a conduit à des confusions, comme dans l'allocution d'Ursula von der Leyen, lors du sommet UE-Ukraine, le 12 octobre 2021[472] :

> *Nous soutenons pleinement la position du gouvernement du président Zelensky, et nous demandons à la Russie d'assumer ses responsabilités en tant que partie au conflit.*

Comme d'habitude, Ursula von der Leyen connaît mal le dossier, ce qui fait l'affaire du gouvernement français qui, depuis François Hollande et Laurent Fabius, n'a rien compris à la situation.

Le 17 octobre 2021, devant les déclarations mensongères de la diplomatie française, Sergueï Lavrov, ministre russe des Affaires étrangères, décide de publier la correspondance diplomatique sur les discussions en cours. Cette procédure – peu courante dans les usages diplomatiques – a le mérite de mettre en pleine lumière le manque d'honnêteté et d'intégrité de la diplomatie occidentale. On y constate que, en contradiction complète avec les accords de Minsk, la France et l'Allemagne refusent d'évoquer un « *conflit interne ukrainien* » et rejettent l'idée de l'« *établissement d'un dialogue direct entre Kiev, Donetsk et Lougansk* ». Rappelons ici, que les accords de Minsk ont fait l'objet de la Résolution 2202(2015) du Conseil de sécurité des Nations unies (voir Annexe 3).

Dès 2014, le gouvernement ukrainien a cessé toute aide économique, tout financement (pour la reconstruction des villes et des infrastructures, le rétablissement des services, etc.), tout paiement des prestations sociales (retraites, allocations, etc.), interdisant toute activité bancaire dans les zones autonomistes.

---

472. *Déclaration de la Présidente von der Leyen lors de la conférence de presse conjointe avec le Président Michel et le Président Zelensky suite au Sommet UE-Ukraine*, Commission européenne, 12 octobre 2021

Poutine, maître du jeu ?

Les accords de Minsk prévoient que Kiev rétablisse ces services (article 8) avec l'aide de Paris et de Berlin. Comme Kiev refuse de parler aux représentants du Donbass et que ni la France, ni l'Allemagne n'ont joué leur rôle en encourageant l'Ukraine à remplir ses obligations, rien n'a été fait. La nature ayant horreur du vide, le gouvernement russe a alors pris des mesures pour venir en aide aux populations du Donbass. Le 15 décembre 2014, il a créé la « *Commission interministérielle pour la fourniture d'une aide humanitaire aux zones touchées dans le sud-est des régions de Donetsk et Louhansk* ». Ainsi, progressivement, ce sont des entreprises et banques russes qui assurent maintenant les services que Kiev n'assure plus.

Sans sources de revenus, les retraités et les personnes nécessiteuses ne reçoivent plus ni aides, ni rentes du gouvernement ukrainien. Par conséquent, le 24 avril 2019, Vladimir Poutine a signé un décret autorisant la délivrance de passeports russes aux résidents du Donbass, ce qui leur donne droit à des prestations sociales de la Russie.

Alors que, en 2015-2016 l'Ukraine achetait encore du charbon de chauffage aux républiques du Donbass, le gouvernement ukrainien a fermé les frontières et les échanges commerciaux en 2017[473], poussant la population du Donbass à échanger des biens avec la Russie. C'est ce qui a conduit Vladimir Poutine, le 15 novembre 2021, à promulguer un décret qui abolit temporairement (jusqu'à la résolution du conflit entre Kiev et les « *zones des régions de Donetsk et de Louhansk en Ukraine sur la base des accords de Minsk* ») les droits de douanes sur certains produits avec les zones autonomistes[474]. Quant à l'ex-président Porochenko, qui avait autorisé ce commerce avec les Républiques autonomistes afin de

---

473. "Donbas coal blockade: 5 things you need to know", *Ukraine Crisis Media Center*, 21 février 2017 ; Oleg Varfolomeyev, "Coal Smuggled From Ukraine's Occupied Donbas Ends up in Poland", *The Jamestown Foundation, Eurasia Daily Monitor*, volume 14, n° 128, 12 octobre 2017

474. Décret du président de la Fédération de Russie du 15.11.2021 n° 657 « sur la fourniture d'un soutien humanitaire à la population de certaines zones des régions de Donetsk et de Lugansk en Ukraine » (http://ips.pravo.gov.ru:8080/default.aspx?pn=0001202111150030)

permettre à la population de se chauffer, a été mis en accusation pour « *trahison* » à la demande du président Zelensky au début 2022[475]. Voilà pour la démocratie qui effraierait Vladimir Poutine.

Le gouvernement ukrainien a fait avec sa propre population exactement comme l'Union européenne avec le Bélarus ou la Russie : il l'a poussée dans les bras de son ennemi. Un enfant constaterait que cette stratégie est stérile, mais elle est très largement entretenue par la France (et l'Allemagne) qui refusent d'inciter l'Ukraine à appliquer les accords de Minsk, comme le montre l'interview de François Hollande. Comme le dit très justement Caroline Roux, il s'agit de « *contrer Vladimir Poutine* »[476], et non de trouver une solution au conflit.

Pour le gouvernement ukrainien, l'enjeu n'est ni l'amélioration de la situation dans le Donbass, ni le bien-être de sa population, mais l'entrée du pays dans l'OTAN. C'est pourquoi il invoque une situation terroriste, refuse de s'adresser aux représentants des Républiques autonomes de Donetsk et de Louhansk et maintient la fiction d'une agression extérieure venant de Russie.

Pour toutes ces raisons, les États-Unis commencent à voir l'Ukraine comme un partenaire de plus en plus encombrant, qui pourrait créer une crise majeure en Europe et sceller définitivement l'alliance entre la Russie et la Chine, qui est sa principale rivale. Ce n'est peut-être pas un hasard si l'Ukraine est le principal pays visé par les *Pandora Papers*, dont on soupçonne que les informations viennent des services de renseignement américains. Là encore la propagande occidentale préfère mettre l'accent sur la Russie.

Les Occidentaux s'accommodent mal d'une révolution de Maïdan qui serait rejetée par une partie importante de la population, et rechignent à reconnaître la défaite des forces ukrainiennes, alors conseillées par des

---

475. Andrew E. Kramer, "Court in Ukraine Declines Request to Arrest Former President", *The New York Times*, 19 janvier 2022
476. Émission « C dans l'air » du 17 octobre 2021 ("Poutine, maître du jeu #cdanslair 17.10.2021", *France 5/YouTube*, 18 octobre 2021) (1h00'33")

militaires de l'OTAN. Rejeter la responsabilité de cette situation sur une intervention militaire de la Russie est commode. Pour l'Ukraine, cette menace extérieure est une manière de justifier son adhésion à l'OTAN. D'où la stratégie occidentale qui consiste à considérer la Russie comme une des parties au conflit du Donbass. On est donc dans un dialogue de sourds.

L'élément central qui empêche la mise en œuvre des Accords de Minsk est la conviction – répandue en France – qu'ils « *ont mis fin à une guerre qui avait commencé entre la Russie et l'Ukraine* », comme le dit Pascal Boniface sur sa chaîne *YouTube*[477] et sur *France 5*[478]. C'est de la désinformation qui repose sur l'allégation – jamais vérifiée et jamais expliquée – que la Russie avait attaqué l'Ukraine. Durant toute la crise ukrainienne de 2021-2022, on a vu des stationnements de matériels militaires sur le territoire russe, mais aucune image de troupes russes dans le Donbass, et ce, depuis des années. Il suffit de lire le texte des accords pour constater que la Russie n'y est pas mentionnée.

Comme le stipule Pascal Boniface, la France et l'Allemagne ont joué un rôle moteur dans la genèse des Accords de Minsk ; mais elles sont aujourd'hui marginalisées[479] car elles ont manifesté trop de mauvaise foi pour aider l'Ukraine à les mettre en œuvre. Il n'est donc pas surprenant que Vladimir Poutine ait le sentiment de perdre son temps avec des partenaires qui ne jouent pas leur rôle et qu'il préfère s'adresser à Dieu et non plus à ses saints. Ainsi, si Poutine s'adresse directement au président américain, ce n'est pas parce qu'il déteste l'Europe (comme le prétend Marion Van Renterghem[480]), mais parce que les Européens n'assument pas le rôle auquel ils prétendent.

---

477. « Russie/États-Unis : l'Europe n'est pas à la table des négociations, elle est au menu », *Pascal Boniface/YouTube*, 10 janvier 2022
478. Émission « C dans l'air » du 25 janvier ("Ukraine : la surenchère russe… ou américaine ? #cdanslair 25.01.2022", *France 5/YouTube*, 26 janvier 2022 (1h02'08")
479. *Ibid.* (38'45")
480. Émission « C dans l'air » du 19 janvier 2022 ("Ukraine : peut-on éviter la guerre ? #cdanslair 19.01.2022", *France 5/YouTube*, 20 janvier 2022 (9'35")

C'est à se demander si les diplomates français ont lu les accords de Minsk. Apparemment, c'est à l'issue de sa conversation téléphonique avec Vladimir Poutine, le 27 janvier 2022, qu'Emmanuel Macron a compris son erreur et a commencé à travailler sur une position commune avec l'Allemagne, ce qui aurait dû être le cas depuis 7 ans ! Entre la fin 2021 et le début 2022, aucun effort n'est fait au plan diplomatique au-delà de visites qui tiennent plus de la posture que de négociations.

Comme trop souvent, notre jugement sur la Russie ne passe pas par les faits mais par nos préjugés. Or, les faits sont têtus, et la force des Russes est de travailler avec eux. Notre incapacité à l'admettre renforce nos adversaires en Irak, en Afghanistan, en Syrie, au Mali, etc.

C'est pour masquer leur faiblesse que l'Ukraine et la France cherchent à substituer les accords de Minsk par le format Normandie. Rien à voir : les Accords de Minsk sont une voie pour la résolution du conflit, tandis que le « format Normandie » n'est qu'un moyen. Ce dernier consiste en la réunion des chefs d'État allemand, français, russe et ukrainien. Apparu fortuitement en 2014, lors des cérémonies du débarquement en Normandie, il a été envisagé comme instrument de suivi des accords, et non pour refaire les règles que l'Ukraine n'a pas respectées.

5.9. La Russie voulait-elle envahir l'Ukraine ?

En 2014, un coup d'État, soutenu par les États-Unis et l'Union Européenne, renverse un gouvernement démocratiquement élu. Que les Ukrainiens aient été hostiles à la Russie à ce stade n'est pas certain. En revanche, les Occidentaux les ont instrumentalisés pour resserrer l'étau sur la Russie.

En 2014, à l'OTAN, j'observe la crise ukrainienne pour ainsi dire « de l'intérieur ». Il est clair dès le départ que la situation est attisée par les Occidentaux. Des vidéos montrent que les putschistes seraient appuyés par des hommes armés s'exprimant en anglais avec un accent américain.

Le magazine allemand *Der Spiegel* évoque la présence de mercenaires de la firme *Academi* (anciennement *Blackwater*, de sinistre mémoire en Irak et en Afghanistan)[481]. Le *Bundesnachrichtendienst* (BND) en informe apparemment le gouvernement allemand, et j'en informe les autorités de l'OSCE. Cela sera vite oublié.

La « main » de l'Occident dans cette révolution, que l'on a présentée comme populaire, a été habilement masquée par celle – imaginaire – de la Russie. En affirmant que les rébellions du Donbass et de la Crimée résultaient d'une intervention russe, on cachait que le coup d'État de Kiev n'était pas approuvé par une grande partie de la population et était ainsi illégitime. C'est pour cette même raison que l'on a systématiquement minimisé le caractère extrémiste des putschistes et la légitimité des populations russophones. Pourtant, la violente répression de ces populations après l'abolition de la loi sur les langues nationales a conduit au conflit bien réel, lui.

Pour justifier une intervention russe, on a ressorti le discours de la guerre froide, en remplaçant « URSS » par « Russie ». Ainsi, sur *France 5*, Benoît Vitkine, correspondant du *Monde* à Moscou, attribue à la Russie la volonté d'exporter son modèle. Nous l'avons vu, ce qui était vrai il y a 40 ans, ne l'est plus. Depuis 1991, la Russie a adopté le modèle occidental. L'idée qu'elle cherche à nous convaincre que « *son modèle est meilleur que le nôtre* », n'a rigoureusement aucun sens.

Le 12 juillet 2021, le président russe se fend d'un article intitulé « *Sur l'unité historique des Russes et des Ukrainiens* »[482]. Comme il fallait s'y attendre, la presse occidentale y voit une menace et déclare qu'« *il y justifie son désir d'annexion* »[483]. Sur le plateau de « *C dans l'air* », Isabelle Mandraud, affirme que Vladimir Poutine considère que l'Ukraine « *est un pays qui n'existe pas, et il ne reconnaît pas l'existence*

---

481. "Ukrainische Armee bekommt offenbar Unterstützung von US-Söldnern", *Der Spiegel*, 11 mai 2014
482. « Article de Vladimir Poutine "Sur l'unité historique des Russes et des Ukrainiens" », *belgium.mid.ru*, 12 juillet 2021
483. Axel Gyldén, « "Russes et Ukrainiens sont un seul peuple" : ce que les écrits de Poutine disent de ses visées », *L'Express*, 3 février 2022

de l'Ukraine en tant que pays [484]». On y voit la détermination de Poutine à réunir les deux pays par la force[485]. C'est faux : à aucun moment il ne parle d'annexer ou de réunifier l'Ukraine et la Russie.

Ce que ne nous dit pas notre « experte » auto-proclamée est que, ainsi que l'explique Vladimir Poutine lui-même, cet article est une réponse à la *Loi sur les peuples autochtones d'Ukraine* qui vient alors d'être adoptée le 1er juillet 2021[486]. Cette loi rappelle les lois raciales de Nuremberg des années 1930. Elle accorde des droits constitutionnels différents aux citoyens ukrainiens, en fonction de leur origine, comme le précise le député Oleg Seminsky, du parti présidentiel[487]. Dans son article, non seulement Vladimir Poutine reconnaît sans ambiguïté l'existence de l'Ukraine en la définissant comme un « *État libre* », mais il évoque clairement la « *souveraineté de l'Ukraine* ». Son propos n'est pas de suggérer une réunification de la Russie et de l'Ukraine, mais de faire comprendre à l'Ukraine – sans s'adresser directement à elle – qu'elle n'a aucune raison de discriminer les ressortissants d'origine russe ou ukrainienne.

À l'appui de sa théorie, Isabelle Mandraud explique que, après les élections de 2020 en Biélorussie, « *l'ambassadeur russe était venu voir Loukachenko, le dirigeant biélorusse, pour lui présenter des atlas, en lui disant : "Vous voyez, vous faisiez partie de l'Empire russe"* »[488]. Mais là aussi, elle omet une partie de l'histoire. La réalité est très différente. Après les élections d'août 2020, la communauté internationale s'est élevée contre le président bélarusse. Or, juste avant le scrutin, ce dernier avait accusé Moscou de vouloir déstabiliser son pays : l'attitude

---

484. Émission « C dans l'air » du 11 janvier 2022 ("Poutine rêve d'URSS, l'Ukraine sous tension #cdanslair 11.01.2022", *France 5/YouTube*, 12 janvier 2022) (08'55")
485. Paul Gogo, « L'inquiétant article de Vladimir Poutine sur l'Ukraine », *La Libre*, 16 juillet 2021 (mis à jour le 18 juillet 2021)
486. "Принят Закон "О коренных народах Украины"", *rada.gov.ua*, 1er juillet 2021 (https://www.rada.gov.ua/ru/news/Novosty/Soobshchenyya/211516.html)
487. "Слуга народу" Семінський проголосив позбавлення конституційних прав росіян, які проживають в Україні, *zikua.news*, 2 juillet 2021
488. Émission « C dans l'air » du 11 janvier 2022 ("Poutine rêve d'URSS, l'Ukraine sous tension #cdanslair 11.01.2022", *France 5/YouTube*, 12 janvier 2022) (08'55")

des Occidentaux l'a poussé à faire un virage à 180° et à se rapprocher de la Russie. Donc, le 10 septembre 2020, l'ambassadeur russe lui a offert un atlas du XIXe siècle dans lequel le Bélarus fait partie de l'Empire tsariste russe, en signe d'amitié[489]. Non seulement on est très loin des interprétations fantaisistes et sans fondement d'Isabelle Mandraud, mais cet exemple montre combien la politique occidentale est incohérente.

Ni en 2014, ni en 2021, Vladimir Poutine n'a eu l'intention d'attaquer ou d'envahir l'Ukraine. Ceux qui le prétendent ont de la difficulté à articuler un objectif pour une éventuelle attaque. La situation sera très différente au début 2022 mais, jusque-là aucune des accusations formulées par les Occidentaux n'a été confirmée par les services de renseignement occidentaux. Ce narratif vient des politiques occidentaux et relayé par des « experts ». Il en est ainsi de Pascal Boniface, qui pense que Vladimir Poutine cherche à *récupérer* l'Ukraine et que, n'y parvenant pas, il cherche à empêcher son développement[490]. Même en 2022, Vladimir Poutine n'a jamais cherché à « récupérer » l'Ukraine. Son souci a systématiquement été qu'elle soit libre de toute influence.

Dans l'émission « C dans l'air » du 25 janvier 2022, à la question « *quel serait l'objectif d'une guerre en Ukraine pour Vladimir Poutine ?* », Pascal Boniface botte en touche en parlant de la résistance des Ukrainiens, et aucun des intervenants n'est capable d'articuler une réponse[491]... Ils illustrent le problème qu'ont les conspirationnistes : trouver un objectif crédible à la machination qu'ils ont imaginée.

Néanmoins, la réponse de Pascal Boniface est intéressante, car il affirme que la Russie ferait face à une forte résistance et perdrait une

---

489. « Loukachenko en Russie lundi pour rencontrer Poutine », *La Tribune de Genève*, 11 septembre 2020
490. Émission « C dans l'air » du 25 janvier 2022 ("Ukraine : la surenchère russe... ou américaine ? #cdanslair 25.01.2022", *France 5/YouTube*, 26 janvier 2022 (15'50")
491. Émission « C dans l'air » du 25 janvier 2022 ("Ukraine : la surenchère russe... ou américaine ? #cdanslair 25.01.2022", *France 5/YouTube*, 26 janvier 2022 (56'46")

telle guerre. C'est évidemment ce que propage Washington[492] mais, à ce stade, la réalité semble différente. Du 3 au 11 décembre 2021, le *Kyiv International Institute of Sociology* (KIIS) a mené une enquête sur la volonté de résistance des Ukrainiens face à une invasion russe[493]. Il en ressort que seuls 50,2 % des Ukrainiens résisteraient d'une manière ou d'une autre, parmi lesquels seuls 33,3 % (soit 16,6 % de la population) seraient prêts à prendre les armes, qui se trouvent majoritairement dans la tranche d'âge 50-59 ans. Les moins intéressés à prendre les armes sont les 18-29 ans, la force vive des armées.

Les événements de février 2022 montreront que la résistance reste la chose des milices d'extrême-droite, notamment les régiments Azov et le Corps national.

Ce résultat met en évidence combien nos « chercheurs » et « penseurs » jugent la situation à partir de leurs intuitions et non à partir des faits, d'où la faiblesse de la France sur la scène internationale. Cette même démarche intellectuelle prévaut lors de débats sur l'action de la France au Sahel… Résultat : il faut surdramatiser le rôle des Russes, de Wagner, des terroristes, etc.

5.10. Vladimir Poutine voulait-il attaquer l'Ukraine au début de 2022 ?

Nous ne sommes pas dans sa tête, mais les indicateurs que l'on observe généralement avant des conflits n'étaient pas présents et il est très vraisemblable qu'une telle intention n'était pas présente jusqu'à la mi-février 2022. En revanche, on peut estimer que la Russie s'était

---

492. Amy MacKinnon & Jack Detsch, "Ukraine Ready to Fight to 'Last Drop'", *Foreign Policy*, 8 décembre 2021
493. "Will Ukrainians resist Russian intervention: results of a telephone survey conducted on December 3-11, 2021", *kiis.com.ua*, décembre 2021

préparée à intervenir (« plan de circonstance ») au cas où l'Ukraine aurait lancé une offensive décisive pour s'emparer du Donbass par la force.

Dès le printemps 2021, les Américains agitent le spectre d'une offensive russe en Ukraine. Cette menace est évoquée lors de l'*interview* de Dimitri Peskov, porte-parole du Kremlin, par Caroline Roux, sur *France 5*. Et pour cause : en avril 2021, on observe une activité d'exercice dans le District militaire sud de la Russie.

Comme d'habitude, l'animatrice « omet » de mentionner deux choses : a) le 24 mars, le président Volodymyr Zelensky a promulgué un décret visant à reprendre la Crimée par la force[494] et a commencé à déployer des troupes au Sud du pays ; et b) simultanément, l'OTAN lance la série d'exercices DEFENDER EUROPE 21, qui se dérouleront entre mars et juin 2021 à proximité de la frontière russe entre la mer Baltique et la mer Noire[495]. Naturellement, aucun média occidental ne montre les mouvements de troupes ukrainiennes à la mi-mars[496] et au début avril[497]. Twitter ferme certains comptes qui montrent les transports de chars ukrainiens…

C'est cette situation, qui explique les exercices de l'armée russe au printemps 2021. Ils ont manifestement une vocation dissuasive, ce que les Américains appellent le *show of force*, mais rien n'indique que la Russie avait l'intention d'intervenir en Ukraine.

Six mois plus tard, le 30 octobre 2021, le *Washington Post* évoque un déploiement inhabituel de troupes russes à la frontière de l'Ukraine[498]. Le lendemain, le média américain *Politico* publie des photos satellites de troupes stationnées « *à proximité de la frontière ukrainienne* »[499].

---

494. https://www.president.gov.ua/documents/1172021-37533
495. https://www.europeafrica.army.mil/DefenderEurope/
496. https://twitter.com/theragex/status/1371009926395494402
497. https://twitter.com/worldonalert/status/1377691126149349382;   https://twitter.com/AmbranderB/status/1378773857142706181
498. Paul Sonne, Robyn Dixon et David L. Stern, "Russian troop movements near Ukraine border prompt concern in U.S., Europe", *The Washington Post*, 30 octobre 2021
499. Betsy Woodruff Swan et Paul McLeary, "Satellite images show new Russian military buildup near Ukraine", *Politico*, 1er novembre 2021

Les images font le tour du monde. Elles sont trompeuses. Elles montrent des véhicules parqués à Yelnia, dans l'oblast de Smolensk, qui se trouve à la frontière… bélarusse, et à 250 km de la frontière ukrainienne et suggèrent qu'il s'agit de stationnements temporaires en attente d'un engagement. Or, certains de ces matériels ont été entreposés à l'issue de l'exercice ZAPAD 2021, qui vient de se terminer. Ils seront réutilisés lors d'exercices conjoints au Bélarus au début 2022. De surcroît, on peut constater sur Google Maps que ces stationnements sont associés à des installations permanentes et à des troupes dont le déploiement est connu depuis longtemps.

Carte de l'Ukraine et des zones adjacentes

Figure 11 – Situation de Yelnia par rapport à l'Ukraine. On est très loin de la Crimée ou des Républiques autonomistes de Lougansk (LPR) et de Donetsk (DPR). Les images satellitaires produites par Politico – puis par les médias occidentaux – montrent de vastes parcs de véhicules logistiques et non des déploiements de troupes. Il ne s'agit donc pas de préparatifs pour une offensive mais soit d'un retrait d'équipements après l'exercice ZAPAD-2021 – comme le pensent les services de renseignement ukrainiens –, soit de déplacements dans le cadre de la restructuration en cours de l'armée russe. L'exercice conjoint en Bélarus se déroule au nord-ouest du pays, séparé de l'Ukraine par la vaste zone marécageuse du Pripiat.

Le 12 février 2022, Thomas Süssli, chef de l'armée suisse, interrogé sur la chaîne du grand quotidien *Neue Zürcher Zeitung*, déclare sans grande conviction que les Russes attendent que le sol soit gelé pour lancer leur offensive[500]. Il n'est pas le premier à essayer d'expliquer pourquoi les Russes ne font pas ce que nos stratèges imaginent qu'ils pourraient faire. Or, un simple coup d'œil aux prévisions météo pour l'Ukraine à cette période, révèle que les températures prévues sont à la hausse, ce qui montre – une fois de plus – que ce « calcul » stratégique est fantaisiste.

Le 1er novembre, le ministère de la Défense ukrainien dément un déploiement de forces russes à ses frontières[501]. Le lendemain, Oleksiy Danilov, secrétaire du *Conseil de sécurité nationale et de défense* (NSDC) ukrainien, confirme le démenti[502]. Son avis est confirmé par des experts militaires américains (des vrais, pas ceux de « C dans l'air ») de l'*Institute for Study of War* (ISW), qui concluent que « *les mouvements militaires russes ne se préparent probablement pas à une offensive imminente contre l'Ukraine* »[503]. Le lendemain, ces mêmes experts publient leurs conclusions dans le média ukrainien *Kyiv Post* sous le titre : « *Il est peu probable que l'armée russe se prépare à une offensive imminente* »[504].

Toujours le 2 novembre, William Burns, directeur de la CIA, se rend à Moscou pour rencontrer son homologue russe Nikolaï Patrouchev, directeur-général du FSB (service de sécurité)[505] et Serguei Naryshkin, directeur-général du SVR (renseignements extérieurs). Il a également

---

500. Andreas Breitenstein, "Stell dir vor, es ist Krieg – und die Schweiz mit drin", *nzz.ch*, 12 février 2022
501. "Ukraine Denies Report of Russian Troop Buildup Near Its Borders", *US News/ Reuters*, 1er novembre 2021
502. "Danilov denied Western media statements about the concentration of Russian troops near the borders of Ukraine", *uatv.ua*, 2 novembre 2021
503. Mason Clark et George Barros, "Russian Military Movements Unlikely Preparing for Imminent Offensive against Ukraine but Still Concerning", *Institute for the Study of War (ISW)*, 2 novembre 2021
504. Mason Clark et George Barros, "Russian military unlikely preparing for imminent offensive", *Kyiv Post*, 3 novembre 2021
505. Vladimir Isachenkov, "Russian security chief meets with CIA director in Moscow", *AP News*, 2 novembre 2021

une conversation téléphonique avec Vladimir Poutine, dont le contenu exact n'a pas été révélé. On ne sait donc pas s'ils ont traité de la question ukrainienne, mais ce serait vraisemblable. En tout état de cause, il semble que le gouvernement américain ne soit guère alarmé par la situation.

Tout porte à croire que l'affaire va se « dégonfler » rapidement. C'est compter sans les médias conspirationnistes, qui veulent voir une offensive russe. Il en est ainsi du *Monde* qui, trois semaines plus tard, relance la thèse d'une offensive imminente et n'hésite pas à écrire que « *la réaction des autorités ukrainiennes, en revanche, sème la confusion* »[506]. On paraît regretter que le principal intéressé – le gouvernement ukrainien – apporte un peu de rationalité.

Le 3 novembre, le gouvernement ukrainien confirme l'absence de concentration de troupes russes à sa frontière[507].

Alors que le discours occidental se durcit, le gouvernement ukrainien semble être sous pression. Au début novembre, Andrei Taran, ministre ukrainien de la Défense, Oleksiy Lyubchenko, ministre de l'Économie, Oleg Urusky, vice-Premier ministre et ministre des Industries stratégiques et Oleksiy Reznikov, ministre de la Réintégration des territoires temporairement occupés, démissionnent[508].

Au sein des forces armées, Dmytro Yarosh, ex-chef des milices néo-nazies *Pravy Sektor*, est nommé conseiller du commandant en chef. Il démissionnera un mois plus tard pour prendre le commandement de l'Armée des Volontaires Ukrainiens (UDA), qui regroupe des « mercenaires » ukrainiens et étrangers.

Le 3 décembre 2021, sous le titre inquiétant de « *la Russie prévoit une offensive militaire massive contre l'Ukraine impliquant 175 000 soldats, préviennent les services de renseignement américains* », le *Washington*

---

506. Faustine Vincent, « Aux frontières de l'Ukraine, "c'est juste un nouveau jour de guerre" », *Le Monde*, 22 novembre 2021 (mis à jour le 24 novembre 2021)
507. Ukraine Denies Russian Military Buildup on Border as Defense Minister Quits, *The Moscow Times/AFP*, 3 novembre 2021
508. https://thepage.ua/ua/politics/uruskij-podav-zayavu-pro-zvilnennya; https://thepage.ua/ua/politics/taran-jde-z-minoboroni

Post publie une carte établie par les services de renseignement américains, montrant le déploiement des forces russes dans la région de l'Ukraine[509].

Les commentateurs retiennent le chiffre de 175 000, mais la carte des services américains est moins catégorique. Elle indique que seulement 70 000 hommes sont alors présents dans la région proche de l'Ukraine et en Crimée. Le reste des troupes est qualifié d'« *expected* » (« *attendus* »). Autrement dit, ils ne sont pas là. Parmi les absents, 100 000 réservistes qui font partie d'un projet initié dans la seconde moitié de 2021 et encore expérimental, visant à remplacer le système de conscription.

Quant aux 100 *groupements tactiques bataillonnaires* (GTB), ils ne sont qu'une supposition, car la Russie n'en a que 168 sur l'ensemble de son territoire. Le scénario suggéré par les services de renseignement américains représenterait 60 % de la capacité totale de la Russie. On est donc dans une construction totalement théorique et peu réaliste.

À ce stade, les autorités de Kiev estiment que les équipements détectés par les Américains n'étaient que des « *déplacements de troupes après des exercices* » [510]. Ce qui est cohérent avec le retrait par la Russie de l'équivalent d'une division (10 000 hommes) de la région à la fin décembre 2021[511]. Une réduction de troupes que manifestement aucun « expert » n'a retenue…

Clairement, les Américains tentent d'accroître la tension avec la Russie et créent des tensions au sein de l'Alliance atlantique. Il semble que l'Allemagne et ses services de renseignement aient une autre appréciation de la situation. Outre le fait que le Chancelier Olaf Scholz refuse de rencontrer son homologue américain, l'Allemagne met son veto

---

509. Shane Harris et Paul Sonne, "Russia planning massive military offensive against Ukraine involving 175,000 troops, U.S. intelligence warns", *The Washington Post*, 3 décembre 2021
510. Faustine Vincent, « Aux frontières de l'Ukraine, "c'est juste un nouveau jour de guerre" », *Le Monde*, 22 novembre 2021 (mis à jour le 24 novembre 2021)
511. "Russia announces withdrawal of 10,000 troops after drills near Ukraine", *France 24*, 26 décembre 2021

à la fourniture d'armes à l'Ukraine[512]. C'est ce qui explique pourquoi, lorsque la Grande-Bretagne envoie des armes à l'Ukraine, elle contourne soigneusement l'espace aérien allemand, de peur que l'Allemagne le lui ferme. Cela en dit long sur la confiance qui règne entre alliés de l'OTAN. Joe Biden a envoyé William Burns, le directeur de la CIA, pour parlementer avec Scholz et Bruno Kahl, directeur du *Bundesnachrichtendienst* (BND), le service de renseignement stratégique, car, comme le rapporte le *Spiegel*, les services allemands restent sceptiques sur les informations apportées par les Américains[513].

Le 23 janvier, l'annonce du retrait d'une partie du personnel diplomatique américain et britannique de Kiev irrite le gouvernement ukrainien. Les Ukrainiens constatent que le risque de guerre brandi par l'Occident, qu'ils ont toujours nié, est en train de prendre des proportions qui risquent d'affecter le pays dans le long terme.

En effet, BBC News Ukraine rapporte que « *la hryvnia ukrainienne a chuté et les investisseurs ont commencé à paniquer* », boudant l'Ukraine dont l'économie est déjà chancelante. Ainsi, Oleksiy Danilov[514], qui dirige le *Conseil de sécurité nationale*, fustige les Occidentaux :

> *Lorsque cette affaire a commencé, le 30 octobre de l'année dernière, avec une publication dans le Washington Post, j'ai eu une conversation avec un journaliste de cette publication. Il n'a pas tenu compte de ce que je lui ai dit.*

Danilov explique clairement que l'Ukraine considère toujours la Russie comme une menace mais que, en l'occurrence, cette menace

---

512. Michael R. Gordon et Bojan Pancevski, "Germany Blocks NATO Ally From Transferring Weapons to Ukraine", *The Wall Street Journal*, 21 janvier 2022

513. Markus Becker *et al.*, "Germany Has Little Maneuvering Room in Ukraine Conflict", *Der Spiegel*, 21 janvier 2021

514. Oksana Torop, « Certains de nos partenaires contribuent à la panique. C'est bénéfique pour la Russie – Danilov » ("Деякі наші партнери сприяють паніці. Це вигідно Росії – Данілов"), *BBC News Ukraine*, 24 janvier 2022 (https://www.bbc.com/ukrainian/features-60112868)

n'a pas augmenté tandis que les déclaration américaines et britanniques enveniment la situation. Lorsque le journaliste lui demande : « Pourquoi ces grandes déclarations arrivent-elles maintenant ? », Danilov les lie clairement aux difficultés des États-Unis avec la Chine, aux changements politiques en Allemagne et à l'élection présidentielle française… En clair, les Occidentaux attisent les tensions pour des raisons de politique intérieure.

Américains et Britanniques, qui agitent le spectre d'une guerre que Boris Johnson promet « sanglante », ne s'empressent pas de prendre des mesures concrètes. On clame que « *Biden veut frapper fort ; (...) le Pentagone mobilise 8 500 soldats prêts à rejoindre les 40 000 hommes de l'Alliance militaire déjà sur place* »[515]. La réalité est plus nuancée : ils n'ont pas été « mobilisés », mais leur degré de préparation a été abaissé de 10 à 5 jours ; quant à leur déploiement, aucune décision n'a été prise[516].

5.10.1. La Russie voulait-elle réellement envahir l'Ukraine ?

À voir ce qui s'est passé en février 2022, on serait tenté de répondre par l'affirmative. C'est un peu simpliste. Le 25 janvier 2022, dans l'émission « *C dans l'air* », un spectateur demande si les États-Unis ne font pas monter la tension sans preuves. Pour Annick Cizel, enseignante-chercheuse à l'Université Sorbonne Nouvelle, la question ne se pose pas. Elle énumère ses preuves : l'annexion de la Crimée (qui n'a pas été le résultat d'une attaque militaire), la présence de 100 000 hommes massés à la frontière et des manœuvres de déstabilisation du régime ukrainien[517]. Un tel manque de rigueur scientifique pour une chercheuse est affligeant car notre « experte » oublie un aspect important : une guerre ne se déclenche

---

515. Émission « C dans l'air » du 25 janvier 2022 ("Ukraine : la surenchère russe… ou américaine ? #cdanslair 25.01.2022", France 5/YouTube, 26 janvier 2022 (11'05")
516. Barbara Starr & Jeremy Herb, "US places up to 8,500 troops on alert for possible deployment to Eastern Europe amid Russia tensions", *CNN*, 25 janvier 2022
517. Émission « C dans l'air » du 25 janvier 2022 ("Ukraine : la surenchère russe… ou américaine ? #cdanslair 25.01.2022", France 5/YouTube, 26 janvier 2022 (58'10")

pas comme dans un film. Elle se prépare, et pas seulement en déployant des troupes.

Pour un service de renseignement qui se respecte, le risque de guerre ne se détermine pas sur des rumeurs, des scénarios douteux et quelques photos aériennes en plan serré, mais sur des indices (présence de troupes, disponibilité de moyens, etc.) et des indicateurs concrets et observables. Les indicateurs permettent de mesurer les risques liés à des facteurs inhabituels qui doivent éveiller notre attention.

Le premier indicateur est que l'attaquant doit préparer le terrain politique : expression de revendications, déclarations belliqueuses, menaces et ultimatums. Un autre indicateur est la préparation de l'économie et du pays pour qu'il soit en mesure d'absorber le choc, et de la population pour qu'elle accepte les sacrifices humains et matériels. C'est pourquoi, avant une guerre, il faut créer une atmosphère, « *chauffer la salle* », comme le dit Yves Rossier, ex-ambassadeur de Suisse en Russie, qui constate que rien de tel ne s'est produit en Russie[518].

Les activités militaires offrent également des indicateurs : des exercices inhabituels de grande ampleur, et leur nature offensive ou défensive, ainsi que les activités de commandement. Or, à la fin 2021-2022, rien de tout cela. L'exercice conjoint russo-bélarusse était prévu de longue date pour la période 10-20 février 2022. Ses effectifs (moins de 9 000 hommes) n'exigeaient pas une notification, selon le Document de Vienne. Les équipements montrés sur les photos satellitaires circulant en boucle sur nos écrans étaient associés à des installations et casernes permanentes connues depuis longtemps (et non des stationnements temporaires en prévision d'une offensive), ainsi qu'à la restructuration des forces armées russes. L'exercice UNION COURAGE 2022 était un exercice visant à améliorer l'interopérabilité dans le cadre d'une éventuelle défense de la Crimée. Les équipements déployés étaient de nature défensive, comme

---

518. « Ukraine : la guerre en Europe ? », *rts.ch*, 7 février 2022

les systèmes anti-aériens S-400 sur la place d'exercice de Brest au Sud-Ouest du Bélarus[519].

Successeur de ZAPAD-2017, l'exercice ZAPAD-21 (septembre 2021) s'inscrivait dans un cycle quadriennal d'exercices réguliers qui comprenait VOSTOK-2018, TSENTR-2019 et KAVKAZ-2020. Donc, rien d'inhabituel dans ce schéma que les experts connaissent depuis longtemps.

En outre, la Russie n'a jamais menacé d'envahir l'Ukraine et n'a aucune revendication qui aurait servi de prétexte à une invasion ; et

D'ailleurs, le 25 janvier, le *New York Times* constate que les Ukrainiens ont un discours beaucoup moins alarmiste qu'Annick Cizel :

> *Le ministre ukrainien de la Défense a affirmé qu'il n'y avait eu aucun changement dans les forces russes par rapport à un renforcement au printemps ; le chef du Conseil de sécurité nationale a accusé certains pays occidentaux et certains médias d'information d'exagérer le danger à des fins géopolitiques ; et un porte-parole du ministère des Affaires étrangères a critiqué les États-Unis et la Grande-Bretagne pour avoir retiré les familles de diplomates de leurs ambassades à Kiev, affirmant qu'ils avaient agi prématurément [520].*

Selon Oleksii Reznikov, ministre de la Défense ukrainien, il n'y aurait pas eu de renforcement notable des forces russes à la frontière ukrainienne depuis le printemps 2021. Les mouvements de troupes observés concernent les exercices communs de la Russie et du Bélarus[521]. Les soi-disant « renforcements » de la fin octobre 2021 n'étaient que des matériels déposés après l'exercice russo-bélarusse ZAPAD-21, en

---

519. Mark Episkopos, "The Russian air defense systems will be near Ukraine's northern border with Belarus", *The National Interest*, 25 janvier 2022

520. Michael Schwirtz, "As West Warns of Russian Attack, Ukraine Sends Different Message", *The New York Times*, 25 janvier 2022 (mis à jours le 27 janvier 2022)

521. Asami Terajima, "Defense minister downplays Russian threat, says it's similar to that of spring 2021", *The Kyiv Independent*, 28 janvier 2022

prévision de l'exercice UNION COURAGE-2022, prévu pour se dérouler du 10 au 20 février 2022.

Les mêmes photos satellitaires tournent en boucle, sans qu'aucune nouvelle image ne vienne confirmer une augmentation de troupes à la frontière ukrainienne. Le *Washington Post* rapporte que même le président ukrainien Zelensky déclare que les photos aériennes ne signifient rien du tout[522].

Annick Cizel évoque également le remplacement possible du chef du gouvernement ukrainien par la Russie. Cette information – publiée le 22 janvier par *Le Figaro*[523], *Le Monde*[524], par *CNews*[525] et la *Radio-Télévision Suisse*[526] – provient des services de renseignement britanniques qui affirment que les Russes cherchent à remplacer Volodymyr Zelensky par Yevhen Mouraïev, qui serait *en relation avec les "services" russes* »[527]. Pourtant, dans l'*Observer*, l'édition dominicale du journal britannique *The Guardian*, Mouraïev ne cache pas sa surprise, car la Russie l'a sanctionné[528] ! Le 23 janvier, deux jours avant l'émission de Caroline Roux, le *Washington Post* rapporte sa réaction[529] :

> *En tant que personne sous sanctions russes depuis quatre ans,*
> *exclue de la Russie en tant que menace à la sécurité nationale*

522. Shane Harris, John Hudson & Ellen Nakashima, "U.S. and allies debate the intelligence on how quickly Putin will order an invasion of Ukraine — or whether he will at all", *The Washington Post*, 29 janvier 2022

523. Alain Barluet, « Ukraine : Londres accuse Moscou de "chercher à installer un dirigeant prorusse" », *Le Figaro*, 22 janvier 2022 (mis à jour le 24 janvier 2022)

524. « Ukraine : Londres accuse Moscou de "chercher à installer un dirigeant prorusse à Kiev" », *Le Monde/AFP*, 23 janvier 2022

525. « Ukraine : selon le Royaume-Uni, la Russie cherche à installer un dirigeant favorable à ses intérêts à la tête du pays », *CNews/AFP*, 23 janvier 2021

526. « Londres accuse Moscou de vouloir installer un dirigeant pro-russe à Kiev », *rts.ch*, 23 janvier 2022

527. "Kremlin plan to install pro-Russian leadership in Ukraine exposed", *Foreign, Commonwealth & Development Office (gov.uk)*, 22 janvier 2022

528. Emma Graham-Harrison, Luke Harding & Andrew Roth, "Confusion over UK claim that Putin plans coup in Ukraine", *The Observer*, 22 janvier 2022

529. Paul Sonne, John Hudson et Shane Harris, "U.K. accuses Russia of scheming to install a pro-Kremlin government in Ukraine", *The Washington Post*, 23 janvier 2022

Poutine, maître du jeu ?

et dont le père a vu ses avoirs gelés en Russie, j'ai du mal à commenter la déclaration du ministère des Affaires étrangères.

Le même jour, sur *Reuters* l'ex-député ukrainien qualifie de « stupide » l'allégation britannique et envisage des poursuites judiciaires[530]. Le parti de Mouraïev (Bloc d'Opposition) est si impopulaire en Ukraine, qu'il n'a pas atteint le quorum de 5 % pour siéger au Parlement. Ainsi, trois jours avant l'émission de Caroline Roux, on savait que l'homme « désigné » par Vladimir Poutine pour prendre le pouvoir en Ukraine était en délicatesse avec le gouvernement russe et n'avait aucun soutien populaire !

Pour couronner le tout, lors de sa réunion du 24 janvier, le *Conseil de sécurité nationale et de défense* (NSDC) ukrainien présidée par le président Volodymyr Zelensky, n'a fait aucune mention de Yevhen Mouraïev et cette menace de coup d'État[531]. Finalement, le 29 janvier, le *Washington Post* révèle que l'information sur ce complot a été glissée par les services américains aux services britanniques, afin qu'ils le dévoilent[532]. Manifestement, l'affaire a été montée de toutes pièces afin qu'elle soit relayée par les idiots utiles.

5.10.2. Une offensive « imminente » de la Russie ?

Le 29 janvier 2022, la RTBF brandit le spectre d'une offensive russe imminente. Pourtant, le même jour, Jens Stoltenberg, secrétaire général de l'OTAN, déclare qu' « *Il n'y a aucune certitude sur les plans russes, et probablement qu'ils n'ont pas pris de décision* [533]». Mais il s'exprime sur

---

530. Elena Ostrovskaya et Natalia Zinets, "Ukrainian politician mocks 'stupid' UK claims", *Reuters*, 23 janvier 2022
531. "Pro-Kremlin Politician Accused of Coup Plot Not Mentioned after Ukraine National Security Meeting", *Kyiv Post*, 25 janvier 2022
532. Shane Harris, John Hudson et Ellen Nakashima, "U.S. and allies debate the intelligence on how quickly Putin will order an invasion of Ukraine — or whether he will at all", *The Washington Post*, 29 janvier 2022
533. "U-turn Time! NATO's Stoltenberg Now Says 'No Certainty' to Alleged Russian Invasion Plans of Ukraine", *RT/YouTube*, 29 janvier 2022

la chaîne d'État russe RT : il faut donc s'attendre à ce que le journaliste Antoine Hasday de *Conspiracy Watch* l'accuse de « *cocher toutes les cases du conspirationnisme* » !

Le plus cocasse est que le reportage de la RTBF montre les forces ukrainiennes à l'entraînement avec des systèmes d'assaut pour la neutralisation de champ de mines[534], ce qui tend à confirmer les témoignages venant du Donbass évoquant des préparatifs de l'armée ukrainienne pour attaquer les Républiques autonomistes, dont les positions sont protégées par des mines antichars. Naturellement, aucun média occidental ne mentionne ces renforcements et les risques qu'ils comportent, car il est alors probable que les Ukrainiens cherchent à répéter un scénario à la géorgienne.

En 2008, les déclarations occidentales avaient encouragé le gouvernement géorgien à attaquer l'Ossétie du Sud. Une attaque qu'un rapport commandité par l'Union Européenne[535] a jugée illégale et disproportionnée[536] :

> *Se pose la question de savoir si l'usage de la force par la Géorgie en Ossétie du Sud, à commencer par le bombardement de Tskhinvali dans la nuit du 7 au 8 août 2008, était justifiable au regard du droit international. Ce ne l'était pas.*

C'est cette action qui a entraîné l'intervention russe, afin de protéger la population russophone.

La responsabilité de protéger (R2P) est définie comme suit par les Nations unies :

> *La responsabilité de protéger (souvent appelée « R2P ») repose sur trois piliers égaux : la responsabilité de chaque État de protéger ses populations (pilier I) ; la responsabilité de la*

---

534. « 19 heures 30 », RTBF, 29 janvier 2022
535. "Quotes from EU-sponsored Georgia war report", *Reuters*, 30 septembre 2009
536. Andrew Rettman, "EU-sponsored report says Georgia started 2008 war", *euobserver.com*, 30 septembre 2009

Poutine, maître du jeu ?

communauté internationale d'aider les États à protéger leur population (pilier II) ; et la responsabilité de la communauté internationale de protéger lorsque, manifestement, un État n'assure pas la protection de sa population (pilier III).

Autrement dit, la responsabilité de protéger incombe en premier lieu aux États vis-à-vis de leurs populations (pilier I) mais, lorsqu'ils ne le font pas, des acteurs extérieurs sont habilités à le faire (pilier III). Cette disposition a été prise pour éviter que des génocides comme celui du Rwanda ne se reproduisent. C'est ce principe que la France a invoqué pour intervenir en Libye, prétextant un massacre à Benghazi (un mensonge conçu par les djihadistes et colporté par un homme de paille de Sarkozy[537]). C'est également cette R2P qui a été invoquée par la Russie en août 2008, pour que cesse le bombardement de la population civile russophone de Tskhinvali, en Ossétie du Sud.

Les Accords de Minsk (voir Annexe 3) ont pour objectif d'éviter une telle situation en enjoignant au gouvernement ukrainien de trouver une solution politique avec les Républiques autonomistes. Ce dialogue, les garants occidentaux (Allemagne et France) devaient aider Kiev à le réaliser. Mais ni Hollande, ni Macron n'ont rempli leurs obligations, préférant blâmer la Russie (qui n'est pas même mentionnée dans les accords). Ils sont largement cause des tensions actuellement. Voilà pourquoi Vladimir Poutine préfère traiter directement avec les Américains, plutôt qu'avec les « Tabaki »[538].

Le 29 janvier, le *Washington Post* montre que les Occidentaux sont très partagés sur la question d'une attaque russe. Il évoque l'Allemagne,

---

537. Voir l'*interview* de Moustafa Abdul Jalil sur *YouTube*, mise en ligne le 31 mai 2014 (https://www.youtube.com/watch?v=Jjf5MTKHbqw)
538. Tabaki est le nom du petit chacal qui tourne autour du tigre Shere Khan afin de le flatter, dans le *Livre de la Jungle* de Walt Disney. C'est le nom que donne Vladimir Poutine a donné aux vassaux des États-Unis, lors de son allocution à l'Assemblée fédérale en avril 2021 ("Presidential Address to the Federal Assembly", *kremlin.ru*, 21 avril 2021).

Poutine, maître du jeu ?

qui – contrairement à la France, par exemple – tend à impliquer ses services de renseignement dans le processus de décision[539] :

> *L'Allemagne reste sceptique quant à une invasion russe imminente. À ce stade, Berlin ne voit aucun indice que la Russie entrera immédiatement en Ukraine, a déclaré un haut responsable allemand. Des preuves que Moscou veut agir rapidement existent peut-être mais, si les États-Unis les possèdent, ils ne les ont pas partagées avec les Allemands, a ajouté le responsable.*

Le même article mentionne que la France partage l'analyse des Américains, mais est « *moins certaine qu'une attaque se produise bientôt* », confirmant ici que l'analyse des services français sur la situation est beaucoup moins performante qu'elle ne l'était alors que je travaillais avec eux.

Les États-Unis soufflent le chaud et le froid sur la situation. Ils affirment durant deux mois qu'une attaque de la Russie contre l'Ukraine est « imminente » et, tout à coup, le 1er février 2022, l'ambassadrice américaine aux Nations unies, déclare que ce n'est plus le cas[540] (ce qui n'empêche pas la *Radio-Télévision Suisse*, le lendemain, de maintenir l'idée d'une attaque « imminente[541] »)…

Puis, le 3 février, le Département d'État déclare que la Russie serait en train de fomenter une action sous fausse bannière comme prétexte à une attaque. Naturellement, l'accusation est portée sans le moindre élément de preuve, ce qui donne lieu à des échanges saugrenus avec les

---

539. Shane Harris, John Hudson et Ellen Nakashima, "U.S. and allies debate the intelligence on how quickly Putin will order an invasion of Ukraine — or whether he will at all", *The Washington Post*, 29 janvier 2022
540. https://twitter.com/MuradGazdiev/status/1488946727059083264
541. « Les États-Unis et l'OTAN craignent aussi des cyberattaques russes en Ukraine », *RTS.ch*, 2 février 2022

journalistes à qui Ned Price, porte-parole du département d'État, déclare que ses déclarations valent preuve[542] !

Pourtant, Philippe Gélie, directeur adjoint du *Figaro*, après être allé visiter la ligne de front du Donbass, déclare avoir constaté un écart significatif entre la réalité du terrain et les déclarations des politiques occidentaux[543]. Enfin, les journalistes semblent commencer à faire leur travail !

Pour accréditer l'image d'une menace, les États-Unis tentent de faire pression sur le gouvernement ukrainien au détriment de l'Ukraine. Les conversations téléphoniques entre Joe Biden et Volodymyr Zelensky se sont mal déroulées : le président ukrainien s'insurge contre les déclarations intempestives de ses alliés occidentaux, qui nuisent au pays[544]. Le 13 février 2022, alors que les Américains affirment savoir que la Russie lancera une offensive le 16 février, les autorités ukrainiennes ne sont apparemment pas convaincues. Les parlementaires ukrainiens du parti présidentiel s'inquiètent des narratifs véhiculés par leurs « alliés » occidentaux[545].

Dans une allocution télévisée, le président Zelensky s'adresse à la communauté internationale[546]:

Si vous, ou quelqu'un d'autre, avez des informations supplémentaires concernant une invasion 100 % russe à partir du 16, veuillez nous transmettre ces informations.

Dès la mi-février 2022, la situation semble schizophrénique : d'un côté, les autorités ukrainiennes affirment ne pas avoir d'indications

---

542. "State Department Pressed on Russian False Flag Video Claim as Pretext for Invading Ukraine", *C-SPAN*, 3 février 2022 (https://www.c-span.org/video/?c5000235/state-department-pressed-russian-false-flag-video-claim-pretext-invading-ukraine)
543. Mayeul Aldebert / AFP, « Crise entre la Russie et l'Ukraine : que se passe-t-il ? », *lefigaro.fr*, 3 décembre 2021 (mis à jour le 9 février 2022)
544. Callie Patteson, "Zelensky rebukes Western 'panic' over Russia invasion fear after Biden call", *New York Post*, 28 janvier 2022
545. https://mtracey.substack.com/p/crazy-us-media-coverage-is-a-bigger?
546. Ellen Knickmeyer, Jim Heintz & Aamer Madhani, "Ukraine's President: 'If You Have Information About a Russian Invasion, Please Forward That to Us'", *Time*, 14 février 2022

selon lesquelles la Russie prépare une offensive, et la Russie affirme ne pas vouloir attaquer l'Ukraine ; d'un autre côté, les Américains et les Britanniques retirent tous leurs personnels militaires et déplacent le personnel diplomatique à Lvov.

Pourquoi les Anglo-saxons retirent-ils leurs personnels alors qu'il n'y a pas d'indice d'offensive ? Et pourquoi insistent-ils sur l'imminence d'une offensive russe ? Probablement parce qu'ils savent que la Russie sera poussée à l'action par une action militaire violente contre les populations russophones du Donbass. En effet, le 16 février, commence le pilonnage des populations du Donbass. On ne peut exclure que la récente intégration de Dmytro Yarosh, ex-chef des milices néo-nazies *Pravy Sektor*, comme conseiller du commandant en chef des forces armées ukrainiennes, ait joué un rôle dans cette provocation. Zelensky aurait-il été « doublé » par ses subordonnés ? Mystère, mais la coïncidence de l'attaque russe pourrait constituer un scénario plausible.

Cela n'empêche pas Jean-Yves Le Drian (qui a un contentieux avec la Russie depuis qu'elle a pris la place de la France au Mali) d'affirmer, le 14 février 2022, sur *France 5*, que tous les éléments sont réunis pour qu'il y ait une offensive russe.

Ces annonces déclenchent la panique : les oligarques et hommes d'affaires quittent le pays en *charters*[547]. La réunion de la Rada prévue pour le 15 février est repoussée car la majorité des parlementaires sont absents ou hors du pays.

Les États-Unis alertent leurs alliés : l'offensive russe pourrait être déclenchée le 16 février[548]. Le tabloïd britannique *Sun* évoque même une attaque avec 200 000 hommes (le double des effectifs évoqués jusque-là),

---

547. Julia Goncharenko, "Олигархи и бизнесмены улетают из Украины чартерами: что происходит", *dengi.ua*, 14 février 2022 (https://dengi.ua/finance/6238446-oligarkhi-i-biznesmeny-uletayut-iz-ukrainy-charterami-chto-proiskhodit)
548. Alexander Ward et Quint Forgey, "Putin could attack Ukraine on Feb. 16, Biden told allies", *Politico.com*, 11 février 2022 ; "Biden tells allies Russia may attack Ukraine on February 16: Reports", *WION*, 12 février 2022

et précise qu'elle aura lieu à 1 heure du matin[549], tandis que d'autres annoncent 3 heures du matin[550] ! Les Américains eux-mêmes ferment leur ambassade de Kiev. Le département d'État ordonne la destruction des ordinateurs et des moyens de transmission[551] puis déplace son personnel à Lvov, près de la frontière polonaise[552]. Simultanément, des parachutistes et des forces spéciales américains sont déployés du côté polonais de la frontière.

Le scénario de l'offensive russe semble déjà connu, et Anthony Blinken le présente au Conseil de sécurité des Nations unies, le 17 janvier :

> *Nous ne savons pas précisément comment les choses vont se dérouler, mais voici ce que le monde peut s'attendre à voir. En fait, cela advient en ce moment même, aujourd'hui, alors que la Russie s'engage sur le sentier de la guerre et relance la menace d'une action militaire.*
>
> *Premièrement, la Russie envisage de créer un prétexte pour son attaque. Cela pourrait être un événement violent que la Russie imputera à l'Ukraine, ou une accusation scandaleuse que la Russie portera contre le gouvernement ukrainien. Nous ne savons pas exactement la forme que cela prendra. Il pourrait s'agir d'un soi-disant attentat à la bombe terroriste à l'intérieur de la Russie, de la découverte inventée d'un charnier, d'une frappe de drones mise en scène contre des civils ou d'une fausse – voire d'une véritable – attaque à l'aide d'armes chimiques. La Russie*

---

549. Nick Parker et Jerome Starkey, "HIGH ALERT Russia set to invade Ukraine at any time with massive missile blitz and 200,000 troops, US intelligence claims", *The Sun*, 15 février 2022 (mis à jour 16 février 2022)

550. Chris Hughes, "Russian invasion of Ukraine set for '3am today' with missiles and tank attack", *mirror.co.uk*, 15 février 2022 (mis à jour 16 février 2022)

551. John Hewitt Jones, "State Department orders destruction of IT equipment at Kyiv embassy", *FedScoop*, 14 février 2022

552. Laura Kelly, "US Embassy in Kyiv destroying documents as drawdown underway", *The Hill*, 14 février 2022

pourrait décrire cet événement comme un nettoyage ethnique ou un génocide, se moquant d'un concept que nous, dans cette enceinte, ne prenons pas à la légère, et que je ne prends pas à la légère en raison de mon histoire familiale. (...)

Deuxièmement, en réponse à cette provocation fabriquée, les plus hauts niveaux du gouvernement russe pourraient convoquer de manière théâtrale des réunions d'urgence pour faire face à la soi-disant crise. Le gouvernement publiera des proclamations déclarant que la Russie doit réagir pour défendre les citoyens russes ou les Russes de souche en Ukraine.

Ensuite, il est prévu que l'attaque commence. Des missiles et des bombes russes tomberont sur l'Ukraine. Les communications seront brouillées. Les cyber-attaques neutraliseront les principales institutions ukrainiennes.

Après cela, les chars et les soldats russes avanceront vers des cibles clés qui ont été identifiées et cartographiées dans des plans détaillés. Nous pensons que ces cibles incluent la capitale de la Russie, la capitale de l'Ukraine, Kiev, une ville de 2,8 millions d'habitants. (...)

Nous avons des informations qui indiquent que la Russie ciblera des groupes spécifiques d'Ukrainiens[553].

Contrairement à ce laisse supposer Blinken, ce scénario n'est pas le produit d'une analyse des indications recueillies par les services de renseignement américains, mais celui d'une réflexion sur le déroulement possible d'une invasion par un *tiger team*. En octobre 2021, alors que les Russes

---

553. "Secretary Antony J. Blinken on Russia's Threat to Peace and Security at the UN Security Council", *state.gov*, 17 février 2022

retirent leurs troupes après ZAPAD-2021 et laissent derrière eux des éléments logistiques dans le secteur de Yelnia, les Américains imaginent qu'il pourrait s'agir de préparatifs d'attaque sur l'Ukraine. Au début novembre, la Maison Blanche met alors sur pied un *tiger team*, composé d'« experts », afin d'élaborer des scénarios pour une éventuelle offensive russe. C'est le produit de ces réflexions qui alimentent le discours de la Maison Blanche au début 2022 *via* les menaces d'attaques « imminentes », alors qu'elle reconnaît que cela peut ne pas refléter la réalité[554].

Il est important de souligner ici que ce travail du *tiger team* n'est pas, à proprement parler, un travail de renseignement, mais un scénario qui n'est qu'une sorte de guide-âne ayant vocation à aider à la planification, sans être un modèle. Ainsi, la Maison Blanche nous rejoue l'épisode de février 2003 au Conseil de sécurité, avant la guerre en Irak : la présentation d'un scénario fantaisiste créé par des officines parallèles[555] aux structures normales, sans analyse de renseignement factuel, afin de donner l'illusion d'une menace.

En réalité, les âmes bien-pensantes du quai d'Orsay, de *France 5*, de la *RTS* et d'autres, ne cherchent ni la paix, ni à aider les Ukrainiens, mais à contrer Vladimir Poutine. Ainsi, le président Zelensky déclare[556] :

> *Je pense qu'on raconte trop de choses sur une guerre à grande échelle par la Russie, et certains donnent même des dates. Le meilleur ami de nos ennemis est la panique dans notre pays, et toutes ces informations ne font que créer la panique, cela ne nous aide pas.*

---

554. Ellen Nakashima et Ashley Parker, "Inside the White House preparations for a Russian invasion", *The Washington Post*, 14 février 2022
555. Il s'agissait alors de de l'*Office des Plans Spéciaux* (OSP) du Pentagone, créé par Donald Rumsfeld peu après le 11 septembre 2001, à l'intérieur duquel se trouvait un petit groupe confidentiel sur nommé « *Cabale de Wolfowitz* », qui informait directement et exclusivement le ministre de la Défense ainsi que son vice-ministre Paul Wolfowitz. Ce sont les architectes de la désinformation qui a conduit à la guerre en Irak.
556. Deepa Shivaram, "Biden warns Putin of a decisive response if Russia invades Ukraine", *npr.org*, 12 février 2022

Le 16 février, aucune attaque russe. Au lieu de s'en réjouir, les chancelleries occidentales semblent le regretter. Les médias occidentaux rapportent que le gouvernement russe a annoncé un « retrait » de ses forces à la frontière ukrainienne. Celle-ci se fait attendre et que la Russie conserve la capacité de mener une attaque « *imminente* ». La chaîne d'État *RFI*[557], parle même d'une « *partie de poker menteur* ». Sur France 5, Caroline Roux déclare que « *Moscou met en scène le retrait des troupes russes à la frontière de l'Ukraine* [558]» : elle tente de laisser croire que les Russes mentent. C'est elle qui ment.

En réalité, la Russie n'a annoncé aucun retrait de troupes de la région. On brode autour de la réunion de travail régulière entre Vladimir Poutine et son ministre de la Défense sur l'état des grands exercices et manœuvre militaires[559]. Il suffit d'en lire le contenu pour constater qu'ils ne parlent que des exercices en cours. Comme prévu, UNION COURAGE 2022 se terminera le 20 février, et certaines unités ont amorcé leur retour vers leurs casernes dans le district militaire ouest. De même, certaines unités en manœuvre en Crimée ont rejoint leur stationnement dans le district militaire sud. Il apparaît clairement que les unités normalement stationnées dans la région sont restées à leurs emplacements. Donc, lorsque Jens Stoltenberg secrétaire-général de l'OTAN affirme qu'on n'observe pas de retrait sur le terrain, c'est vrai ; mais il triche, car il joue sur les attentes créées par des promesses faussement attribuées à la Russie. Il peut ainsi relancer ses spéculations sur l'imminence d'une offensive.

Pour un service de renseignement, les indicateurs d'un conflit sont plus complexes que quelques photos aériennes. Personne ne mentionne que le 16 février, Serguei Choïgou, ministre russe de la Défense, visite

557. « Crise ukrainienne : "Un mouvement de troupes ne veut pas dire un retrait" », *rfi*, 17 février 2022
558. Émission « C dans l'air » du 16 février 2022 ("Ukraine : mais à quoi joue France ? #cdanslair 16.02.2022", *France 5/YouTube*, 18 février 2022)
559. "Meeting with Defence Minister Sergei Shoigu", *kremnli.ru*, 14 février 2022

ses troupes en Syrie[560], ce qui semble peu compatible avec la préparation d'une offensive majeure. Une fois de plus, on crée un narratif en omettant une partie de l'histoire.

Le 15 février, les médias rapportent une cyber-attaque de déni de service qui aurait visé les grandes banques et des institutions ukrainiennes[561]. Le lendemain, dans son émission « *C dans l'air* », Caroline Roux les évoque longuement. Alain Bauer, criminologue mais manifestement pas stratège, explique une stratégie complexe par « *petites touches* » par laquelle Vladimir Poutine chercherait à faire la guerre sans faire la guerre, et que l'attaque est un message pour indiquer que la guerre se déroulerait à la fois sur le terrain et dans le cyberespace[562]. Pourtant, le jour de l'attaque, *Reuters*[563] constate :

> *Cloudflare, une importante firme de sécurité contre le déni de service, basée à San Francisco, a déclaré n'avoir vu aucune preuve d'une « grande activité de déni de service » en Ukraine contre ses centres de données ou ses clients là-bas.*

Donc, rien ! Nos soi-disant « experts » ont construit une réalité fictive. À l'appui de ces allégations, Tatiana Kastouéva-Jean, chercheuse et directrice du Centre Russie à l'IFRI, donne l'exemple du *Pipeline Colonial*, qui avait fait l'objet d'une cyber-attaque au Texas, avec demande de rançon en mai 2021. Pourtant, le 10 mai 2021, Joe Biden lui-même avait déclaré « *qu'il n'y avait aucune preuve que le gouvernement russe était impliqué dans l'attaque du rançongiciel Colonial Pipeline* » [564] ; tandis que le FBI a attribué cette attaque à « *DarkSide, un groupe de hackers*

---

560. "Russian Defense Minister Meets Assad in Syria", *The Moscow Times*, 16 février 2022
561. Maggie Miller, "Ukrainian Ministry of Defense websites hit by cyberattack", *politico.com*, 15 février 2022
562. Émission « C dans l'air » du 16 février 2022 ("Ukraine : mais à quoi joue Poutine ? #cdanslair 16.02.2022", *France 5/YouTube*, 18 février 2022) (16'45")
563. "Ukraine defence ministry website, banks, knocked offline", *Reuters*, 15 février 2022
564. Lauren Egan, "Biden says no evidence Russian government was involved in pipeline hack", *NBC News*, 10 mai 2021

criminels basé en Europe de l'Est »[565]. De quoi s'interroger sur la qualité de la recherche en France…

Le 15 février 2022, probablement pour reprendre le contrôle de la situation, le président Zelensky, avait annoncé que le 16 février serait le « *jour de l'unité* », défini par le *Times* de Londres comme « *une nouvelle fête introduite comme une marque de défi contre les troupes russes* [566]». Il demande à la population de descendre en masse dans les rues. Les médias occidentaux se préparent à filmer l'événement, *Reuters* lance un *streaming live* de la place Maïdan à Kiev[567].

Mais le 16 février… rien. Le *streaming* de Reuters montre une place désespérément vide. Les internautes s'empressent d'ironiser. Dans leur rapport journalier, les observateurs de l'OSCE, mentionnent le rassemblement de 200 personnes à Kiev « au total »[568]. Manifestement, les Ukrainiens ne sont pas enthousiastes pour manifester leur unité contre la Russie ! Bien entendu, l'émission de Caroline Roux, le soir même sur *France 5*, évitera soigneusement d'évoquer ce fiasco.

Dès le 16 février, les médias occidentaux, relaient les propos de Boris Johnson (que l'on traite volontiers de menteur à d'autres occasions) sur la probabilité d'une guerre[569], mais on reste très discret sur les propos plus apaisés du président ukrainien et de la diplomatie allemande. Clairement, on crée un narratif partial, qui vise à envenimer la situation et désigner la Russie comme coupable.

5.10.3. Les attaques « sous fausse bannière »

La crainte des Américains est que l'Ukraine lance une offensive dans le Donbass, qui donnerait à la Russie le beau rôle et justifierait une intervention au nom de la « responsabilité de protéger » (R2P). Le

---

565. Sara Morrison, "How a major oil pipeline got held for ransom", *Vox*, 8 juin 2021
566. Catherine Philp, "Ukraine puts on a defiant Unity Day", *The Times*, 17 février 202
567. https://nitter.net/UkrWarReport/status/1493681084084760578#m
568. https://reliefweb.int/sites/reliefweb.int/files/resources/2022-02-17%20Daily%20Report_ENG.pdf
569. https://www.rts.ch/play/tv/redirect/detail/12881145

17 janvier, devant le Conseil de sécurité, Anthony Blinken affirme donc
« savoir » que la Russie commencera son offensive par une attaque sous
« fausse bannière », évoquant même une attaque chimique[570]. Il fait ainsi
écho à des rumeurs circulant dans les milieux nationalistes ukrainiens
en janvier[571], annonçant une attaque chimique dans la ville de Gorlivka.
Aucun élément de preuve n'appuie ces accusations.

Il faut définir ce dont on parle.

– Une « provocation » est une attaque intempestive contre un adversaire à seule fin de provoquer une réaction de sa part.

– Une attaque sous « fausse bannière » est une attaque dont l'auteur
se fait passer pour son adversaire. Elle est donc généralement menée
contre son propre camp, afin que le blâme tombe sur l'adversaire et
justifie une action contre lui.

Le 17 février, les médias rapportent une intensification des tirs dans
le Donbass de part et d'autre de la ligne de contact. Les Occidentaux
accusent immédiatement les pro-russes. Un projectile qui a touché une
école maternelle à Stanitsa Louganskaya est qualifié d'attaque « *sous
fausse bannière* » par Boris Johnson et Jens Stoltenberg, secrétaire
général de l'OTAN[572]. En France, *La Dépêche* rapporte l'événement et
cite Boris Johnson en évitant de mentionner le terme « *fausse bannière* »,
mais en retournant l'argument et parlant de provocation[573]. Les rebelles
voudraient-ils donc que l'armée ukrainienne les attaque ?

---

570. "Secretary Antony J. Blinken on Russia's Threat to Peace and Security at the UN
Security Council", *state.gov*, 17 février 2022

571. "Кремль готовит повод для вторжения в Украину: "химическое оружие" в
оккупированной Горловке", *Information Resistance*, 16 janvier 2022 (https://sprotyv.info/
analitica/kreml-gotovit-povod-dlya-vtorzheniya-v-ukrainu-himicheskoe-oruzhie-v-okkupiro-
vannoj-gorlovke)

572. Heather Stewart, Dan Sabbagh et Patrick Wintour, "Boris Johnson: Ukraine
kindergarten shelling is false-flag operation", *The Guardian*, 17 février 2022 ; "UK PM
Johnson says Ukraine kindergarten attack a 'false flag operation' Access to the comments
Comments", *Euronews/Reuters*, 18 février 2022

573. « Bombardement d'une école en Ukraine : ce que l'on sait de cette attaque qui a fait
trois blessés », *ladepeche.fr*, 17 février 2022

Un rapide examen de la scène après l'incident montre que la situation de l'école en territoire gouvernemental tend à infirmer l'idée d'une attaque sous fausse bannière, tandis que l'orientation de l'impact tend à indiquer que le tir viendrait des lignes ukrainiennes. L'attribution du tir aux forces autonomistes est d'autant plus difficile à valider que les troupes ukrainienne empêchent les observateurs de l'OSCE (SMM) d'accéder au bâtiment, comme ils l'indiquent dans leur rapport journalier[574] :

> *La SMM n'a pu mener son expertise qu'à une distance d'environ 50 m de la façade nord-est et d'environ 30 m de la façade sud-ouest du bâtiment endommagé, un agent des forces de l'ordre n'ayant pas permis à la Mission d'accéder au site disant qu'une enquête était en cours.*

Naturellement, aucun média occidental ne rapporte cet aspect des choses, car cela pourrait confirmer les craintes de certains que les provocations viennent du côté ukrainien, mais pas nécessairement des Ukrainiens eux-mêmes. Au fond, on n'en sait rien.

Cela n'empêche pas, la *Radio-Télévision Suisse* de revenir sur l'incident de l'école maternelle le 18 février, pour l'attribuer sans hésitation aux rebelles. Elle évoque un « *regain d'activités militaires du côté des séparatistes* »[575]. Pourtant, ce jour-là, les observateurs de l'OSCE notent que l'intensification des violations du cessez-le-feu sur la ligne de contact du Donbass touche principalement les zones rebelles. La carte des incidents de l'OSCE montre que ce sont bien les autonomistes qui sont victimes de ce « regain d'activité » [576].

À ce stade, il semble que ni l'Ukraine, ni la Russie n'aient l'intention de s'engager dans un conflit plus actif dans le Donbass. On ne voit pas pourquoi les autonomistes chercheraient à provoquer une offensive

---

574. https://www.osce.org/files/2022-02-18 Daily Report_ENG.pdf
575. https://www.rts.ch/audio-podcast/2022/audio/en-ukraine-les-echanges-d-artillerie-ont-repris-dans-le-donbass-avec-les-forces-separatistes-25802203.html
576. https://www.osce.org/files/2022-02-19 Daily Report.pdf

ukrainienne, et les Ukrainiens n'ont rien à gagner dans un conflit plus large. Le 18 février, la chaîne d'État russe *RT* affirme que l'Ukraine n'a pas donné l'ordre d'attaquer le Donbass[577], montrant ainsi que ni du côté russe, ni du côté ukrainien, il y a volonté d'accroître les tensions. Le 19 février, le président Zelensky se rend à la conférence annuelle de Munich sur la sécurité[578], bien que les Américains le lui aient déconseillé, en raison des risques d'une attaque russe[579].

Seuls les Occidentaux – Américains en tête – ont un intérêt à envenimer la situation, afin de pousser l'Allemagne à s'associer à des sanctions contre *Nord Stream 2* et contre la Russie. Les Ukrainiens sont favorables à de telles sanctions, mais ils ne veulent pas s'engager dans un conflit.

Aussi ne peut-on exclure que les Américains tentent de forcer la main aux Ukrainiens en attisant les hostilités sur la ligne de front du Donbass. C'est ce qui pourrait expliquer le déploiement de paramilitaires avec les services spéciaux du *Ground Department* de la CIA dès janvier 2022, afin de mener une guerre clandestine et des attentats terroristes[580].

Le 18 février, le site nationaliste ukrainien *Information Resistance* avertit d'une action sous fausse bannière contre les dépôts d'ammoniac de la firme Stirol à Gorlivka[581]. Le même jour, l'agence Tass annonce que la milice populaire de la République populaire de Donetsk (RPD) a intercepté deux commandos « *parlant polonais* » et équipés « *d'armements étrangers* », s'apprêtant à mener des attentats contre le dépôt de chlore

---

577. "Ukraine says it hasn't ordered Donbass attack", *rt.com*, 18 février 2022
578. "President's Office announces Zelensky's schedule for Munich Security Conference", *ukrinform.ua*, 19 février 2022
579. Kylie Atwood, Phil Mattingly et Matthew Chance, "Biden administration urged Zelensky not to leave Ukraine and visit Munich", *CNN*, 19 février 2022
580. Zach Dorfman, "CIA-trained Ukrainian paramilitaries may take central role if Russia invades", *Yahoo News*, 13 janvier 2022
581. "Оккупанты минируют места хранения аммиака на заводе "Стирол": данные группы ИС", Information Resistance, 18 février 2022 (https://sprotyv.info/news/okkupanty-minirujut-mesta-hraneniya-ammiaka-na-zavode-stirol-dannye-gruppy-is)

d'une station d'épuration et le dépôt d'ammoniac de Stirol à Gorlivka[582]. Les russophones ont immédiatement attribué l'opération à l'Ukraine, mais cela pourrait être le fait d'un acteur tiers.

Face aux déclarations occidentales d'attaque imminente, Oleksii Reznikov, ministre ukrainien de la Défense, affirme devant la Rada[583] :

> *L'Ukraine estime que la probabilité d'une escalade majeure du conflit avec la Russie est faible.*

5.10.4. L'échec du renseignement

La crise ukrainienne de 2021-2022 illustre la profonde faiblesse de nos services de renseignement. Exactement comme en 2003, les services européens – à l'exception probable des services allemands – n'ont pas été en mesure de contrer les allégations américaines. Au long de la crise ukrainienne, l'information a été distillée par les organes politiques, tandis que les organes de renseignement semblent absents.

Certains services de renseignement occidentaux – notamment en Allemagne – commencent à comprendre que la Russie n'a jamais eu l'intention d'attaquer l'Ukraine. Les mouvements de troupes après l'exercice ZAPAD-2021, pour préparer l'exercice UNION COURAGE 2022, et les restructurations en cours dans l'armée russe ont été exploités dès la fin octobre 2021 afin de créer un narratif destiné à mettre la Russie sous pression. Les démentis de la Russie et de l'Ukraine n'ont eu strictement aucun écho dans nos médias, ce qui alimente une tension propice à une extension des sanctions contre la Russie.

C'est le même phénomène avec la menace d'offensive russe en Ukraine en 2021-2022. Alors que *Russes et Ukrainiens* réfutent depuis octobre 2021 l'intention de la Russie d'envahir l'Ukraine, les médias occidentaux n'ont fait que propager l'idée d'un conflit « imminent ».

---

582. https://tass.ru/mezhdunarodnaya-panorama/13755607/amp
583. "Ukraine Estimates Probability of Major Escalation With Russia as Low -Defence Minister", *Reuters/USNews*, 18 février 2022

Poutine, maître du jeu ?

Résultat : les parlementaires ukrainiens voient les médias occidentaux comme une menace plus importante que la Russie elle-même[584].

Le 18 février 2022, le président Biden déclare, que Vladimir Poutine a pris la décision d'envahir l'Ukraine[585] :

> *En ce moment, je suis convaincu qu'il a pris la décision. Nous avons des raisons de le penser.*

Il évoque les services de renseignement mais n'apporte aucun élément qui puisse confirmer son affirmation. Il ment. Comme le précise le *Washington Post* :

> *Certains alliés européens remettent en question la conviction des États-Unis selon laquelle le Kremlin va lancer les hostilités, affirmant qu'ils n'ont pas vu de preuves directes suggérant que Poutine s'est engagé dans une telle voie.*
>
> *Un responsable européen a déclaré au Washington Post à Munich que « nous n'avons pas de preuve claire que Poutine a pris sa décision, et nous n'avons rien vu qui puisse suggérer le contraire ». Un autre a déclaré que, bien que la situation soit grave, « à ce stade, nous n'avons pas de renseignements clairs » indiquant que Poutine a décidé d'envahir le pays.*
>
> *Les fonctionnaires ont déclaré qu'ils n'avaient reçu que peu d'informations sur les sources et les méthodes utilisées par les États-Unis pour parvenir à leurs conclusions, ce qui limite leur capacité à prendre des décisions indépendantes sur le poids à*

584. https://mtracey.substack.com/p/crazy-us-media-coverage-is-a-bigger?
585. "President Biden: "As of this moment I'm convinced he's made the decision."", *C-SPAN/YouTube*, 18 février 2022

accorder aux déclarations de Biden selon lesquelles Poutine a pris la décision d'attaquer[586].

Ni la décision de Vladimir Poutine d'accéder à la demande de la Douma pour reconnaître l'indépendance des Républiques autonomistes du Donbass (21 février), ni la décision de passer à l'offensive (24 février) n'ont été anticipées par les pays occidentaux et leurs services de renseignement. Poutine a été poussé par l'évolution de la situation. Bruno Kahl, président du BND, le puissant service de renseignement allemand, a donc été surpris par la décision de Vladimir Poutine d'attaquer l'Ukraine et a dû être évacué d'urgence de Kiev par ses services spéciaux[587].

Cela montre que notre appréciation de la situation au niveau des gouvernements reste fondée sur des constructions intellectuelles plus que sur les faits. Dans la crise ukrainienne, la montée en tension est clairement le résultat d'une forme d'« auto-allumage » de nos dirigeants, qui ont construit un narratif rendant impossible un recours à la diplomatie répondant à la définition du conspirationnisme (voir chapitre 1).

En 2002-2003, la menace irakienne avait été construite artificiellement par l'*Office des Plans Spéciaux* (OSP) de Donald Rumsfeld et de la « *Cabale de Wolfowitz* ». Ils ont pris le relais de la CIA, dont les analyses *ne soutenaient pas* l'idée d'une menace en Irak. En 2021-2022, Anthony Blinken a fait exactement la même chose avec son *tiger team*, créant un mirage qui a guidé les diplomaties occidentales. Résultat, personne n'a réagi au pilonnage des populations du Donbass par l'armée ukrainienne, et les Accords de Minsk n'ont absolument pas été défendus par ceux qui s'y étaient engagés, la France en premier lieu (comme signataire et comme membre du Conseil de sécurité).

---

586. Souad Mekhennet, Karoun Demirjian, Ellen Nakashima, John Hudson et Shane Harris, "Zelensky rips the West for inaction as shelling makes Russia-Ukraine war seem increasingly imminent", *The Washington Post*, 19 février 2022
587. "Special forces evacuated German spy chief from Ukraine", *Focus magazine/Reuters*, 25 février 2022

Rien d'étonnant si les documents produits par les services occidentaux en appui des accusations contre la Russie sont pratiquement inexistants. Tout repose sur des affirmations gratuites, des tweets et des images commerciales interprétées par des amateurs. Ainsi, William Burns, directeur de la CIA « *ne croit pas en ce que Biden raconte à propos de l'Ukraine* ». Certes, cette affirmation ne concerne pas les déclarations de la fin février 2022, mais le narratif porté par Biden et son administration sur la situation générale en Ukraine. En clair, Burns se rapproche du contenu du présent ouvrage.

Une fois de plus, c'est l'indication de l'affaiblissement de nos États de droit, qui devraient prendre des décisions sur la base d'éléments concrets, réels et vérifiés. Nos gouvernements sont dotés de services de renseignements qui doivent éclairer leurs décisions. Le problème est que, un peu partout en Occident, les services de renseignement ont perdu leur savoir-faire analytique et glissé vers l'action.

5.10.5. L'échec de la diplomatie

Le 20 février 2022, la situation s'aggrave sur la ligne de contact du Donbass et le président russe évoque la possibilité d'accéder à la demande de la Douma de reconnaître l'indépendance des Républiques du Donbass, ce qu'il avait refusé jusqu'alors, Emmanuel Macron s'agite. Il cherche à réussir en quelques heures ce qu'il a négligé d'accomplir en cinq ans.

Hélas, le ballet diplomatique du début février 2022 avec les Européens montre que l'on n'a rien pris au sérieux et que les Occidentaux ont profité de la crise pour signer de juteux contrats avec l'Ukraine.

– Le 1er février 2022, le premier-ministre Boris Johnson vient à Kiev. Le 27 janvier, la Rada vient d'approuver un prêt de 1,7 milliards de livres accordé par la Grande-Bretagne pour l'achat de matériel naval. Johnson vient pour entériner l'accord.

– Le 3 février 2022, le président turc Erdogan se rend à Kiev pour assurer Zelensky de son soutien. Il signe un contrat pour la production en Ukraine de ses drones Bayraktar.

– Le 8 février, à l'occasion de la visite d'Emmanuel Macron, sont finalisés des contrats pour l'acquisition de 130 locomotives et des véhicules de pompier pour un total de 1,2 milliard d'euros.

Bien que les médias n'en n'aient pratiquement pas parlé, cela montre que les Européens ont privilégié leurs enjeux de politique intérieure au lieu d'utiliser leur crédibilité pour faire avancer la diplomatie.

Quant à la visite à Moscou le 10 février, de Liz Truss, ministre britannique des Affaires étrangères, elle tient plus de l'exercice de posture que de l'initiative diplomatique. Sorte de Nathalie Loiseau parlant anglais, la ministre britannique s'est ridiculisée en n'apportant aucun élément de discussion et en contestant – par ignorance – la souveraineté de la Russie sur les villes de Voronej et de Rostov[588].

Le 7 février, lors de sa visite à Moscou Emmanuel Macron, a réaffirmé à Vladimir Poutine son attachement aux Accords de Minsk[589], ce qu'il répétera à l'issue de son entrevue avec Volodymyr Zelensky, le lendemain[590].

Pourtant, le 11 février, à Berlin, la rencontre des conseillers politiques des dirigeants du « *format Normandie* » s'achève au bout de 9 heures, sans résultat concret. Les Ukrainiens refusent encore et toujours d'appliquer les Accords de Minsk[591], apparemment sous la pression des États-Unis. Ceux-ci, ne font pas partie du « format Normandie ». Ils ne sont pas non plus signataires des accords de Minsk mais, en tant que membres du Conseil de sécurité des Nations unies, ils les ont approuvés.

Vladimir Poutine constate que, même sous la pression des événements, Macron n'a ni l'envie, ni la capacité de remplir ses engagements.

---

588. "Britain's Top Diplomat 'Mocked' Over Russia Trip Gaffes", *The Moscow Times*, 11 février 2022

589. « Conférence de presse du Président Emmanuel Macron et du Président Vladimir Poutine », *Élysée/YouTube*, 7 février 2022

590. « Conférence de presse du Président Emmanuel Macron et du Président Volodymyr Zelensky », *Elysée/YouTube*, 8 février 2022

591. Ahmet Gençtürk, "Normandy format talks in Berlin end without tangible results", *www. aa.com.tr*, 11 février 2022

Poutine, maître du jeu ?

Les Occidentaux n'ont aucune intention de mettre en œuvre la solution diplomatique qu'ils ont signée et/ou approuvée au Conseil de sécurité : les Accords de Minsk.

Au-delà de l'anecdote, ces épisodes ont constitué la goutte d'eau qui a fait déborder le vase. Ils étaient l'aboutissement de l'inaction de la diplomatie occidentale depuis sept ans. Se protégeant derrière l'allégation que la Russie ne respectait pas ces Accords, les Occidentaux ne se sont pas du tout impliqués dans leur mise en œuvre, probablement sans même en avoir lu le texte (voir Annexe 3)[592]. En parlant systématiquement de « *séparatistes* », les Occidentaux ont montré qu'ils n'accordaient aucune valeur à ces Accords, qui précisaient que les Républiques du Donbass cherchaient une solution interne à l'Ukraine, et que donc une solution diplomatique existait.

Pendant ce temps, les populations du Donbass continuent à subir des frappes régulières que rigoureusement personne ne dénonce ou ne tente d'empêcher.

Il est très vraisemblable que l'objectif des États-Unis était de pousser l'Allemagne à appliquer des sanctions contre le gazoduc *Nord Stream 2*. Le gouvernement ukrainien a ainsi été pris entre deux feux. D'un côté, il souhaitait interrompre le projet *Nord Stream 2* afin d'avoir plus de gaz transitant sur son territoire ; de l'autre côté, le risque d'aggraver la situation sécuritaire pouvait entraîner des répercussions économiques sur le pays. Le premier ouvrait des perspectives économiques, le second les fermait. Il est logique que la conduite ukrainienne soit apparue hésitante et parfois contradictoire.

Au lendemain de la reconnaissance de l'indépendance des Républiques du Donbass, les commentateurs français concluront que Macron a été

---

592. *Déclaration de la Présidente von der Leyen lors de la conférence de presse conjointe avec le Président Michel et le Président Zelensky suite au Sommet UE-Ukraine, Commission européenne*, 12 octobre 2021

« *roulé dans la farine* »[593]. Or, le compte-rendu de sa conversation téléphonique avec Vladimir Poutine est dépourvu de la moindre référence à la mise en œuvre des Accords de Minsk : à part un feu d'artifice d'idées disparates, Macron ne propose aucune solution concrète car il n'a manifestement toujours rien compris au problème[594].

Les Accords de Minsk ont été totalement absents des débats lors de la crise de 2021-2022. En fait, ils étaient morts bien avant l'offensive russe du 24 février 2022. L'indifférence dans laquelle les populations civiles du Donbass étaient frappées quotidiennement a fait le reste. Les experts s'en fichaient.

5.11. Pourquoi Vladimir Poutine a-t-il reconnu l'indépendance des Républiques du Donbass ?

En mai 2014, les deux Républiques rebelles de Donetsk et de Lougansk sont devenues autonomes à la suite de référendums d'auto-détermination (et non d'indépendance !). Malgré leurs demandes, Vladimir Poutine s'est toujours refusé à les intégrer à la Russie.

En février 2022, la situation change. L'armée ukrainienne masse ses troupes le long de la ligne de contact, et les violations du cessez-le-feu augmentent. Les Occidentaux répètent la menace d'attaques imminentes de la Russie aux frontières de l'Ukraine, mais ignorent les renforcements de troupes et de blindés ukrainiens le long de la ligne de contact. Les Ukrainiens, eux, savent que la Russie n'a pas l'intention d'attaquer l'Ukraine, c'est pourquoi ils ne renforcent pas leur frontière. En revanche, ils veulent que des sanctions soient prises contre Nord Stream 2. Ils accentuent donc leur pression contre les autonomistes, dans l'espoir que

---

593. « L'instant PoL du 22 février : Emmanuel Macron "roulé dans la farine" par Vladimir Poutine ? », *tf1info.fr*, 22 février 2022
594. « Entretien téléphonique avec Vladimir Poutine, président de la Fédération de Russie », *elysee.fr*, 20 février 2022

la Russie intervienne pour les aider. Qu'ils aient eu l'intention d'envahir ces territoires n'est pas certain, mais ils cherchaient clairement à provoquer la Russie.

La situation s'aggrave alors dangereusement, au point que, le 15 février 2022, le parlement russe vote une résolution qui demande au président russe[595]

> *d'examiner la question de la reconnaissance de la Fédération de Russie de la République populaire de Donetsk et de la République populaire de Lougansk en tant qu'États autonomes, souverains et indépendants.*

Nos « experts » nous expliquent de manière alambiquée qu'il s'agit d'une manœuvre de Vladimir Poutine pour avoir des options supplémentaires. Or, il n'a pas besoin d'une telle résolution. Lors de sa conférence de presse avec Olaf Scholz, Poutine avait clairement indiqué que la question de l'indépendance des deux Républiques n'était pas à l'ordre du jour. La priorité de la politique russe est la mise en œuvre des accords de Minsk, comme le relevait le site d'opposition *Meduza*[596].

La position de Vladimir Poutine est restée constante et fixée sur la mise en œuvre des accords de Minsk, qui ne visaient qu'une *autonomie* dans le cadre de l'Ukraine et *non* une indépendance.

Mais, le 16 février 2022 que les Américains avaient annoncé comme premier jour d'une invasion russe, l'armée ukrainienne intensifie ses tirs à l'arme lourde sur la population des Républiques autonomistes, qui commence à être évacuée vers la Russie, dans l'indifférence de l'Occident. Aucun gouvernement occidental, ni aucun média n'évoque ces développements ni ne supplie l'Ukraine d'épargner les civils. Cela vient s'ajouter à une absence totale de progrès dans l'application des accords de Minsk, depuis huit ans, qui a créé une fatigue en Russie.

---

595. https://sozd.duma.gov.ru/bill/58243-8

596. ""Мы должны все сделать для решения проблем Донбасса". Путин — о предложении Госдумы признать независимость ДНР и ЛНР", *meduza.io*, 15 février 2022

« C dans l'air » du 22 février 2022 sur *France 5*, Pascal Boniface déclare que Vladimir Poutine a « *annexé* » les deux Républiques[597]. Ce qui est évidemment faux, car il n'en n'a jamais été question.

Explosions relevées par la mission d'observation de l'OSCE (14 février – 22 février 2022)

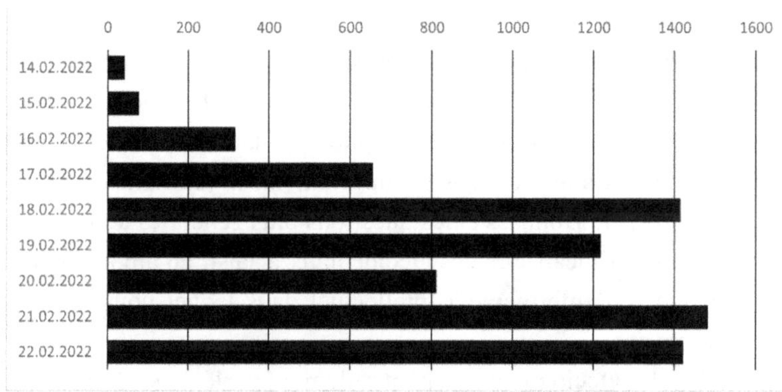

Figure 12 – *Explosions répertoriées par la SMM de l'OSCE. Le nombre total d'explosions donne une idée de l'intensification des combats dès la mi-février 2022. Le silence de la communauté internationale sur cette situation est certainement ce qui a contribué à la décision russe de reconnaître l'indépendance des deux Républiques rebelles. [Sources : rapports journaliers de la SMM https://www.osce.org/special-monitoring-mission-to-ukraine]*

Malgré l'inévitable risque de sanctions contre la Russie et de leurs répercussions économiques, c'est un échec des Occidentaux, et des Européens en particulier.

–   S'ils avaient poussé l'Ukraine à appliquer les Accords de Minsk, l'Ukraine aurait maintenu son intégrité territoriale.

–   L'instabilité de la frontière du Donbass demeure et rend l'intégration de l'Ukraine dans l'OTAN encore plus incertaine.

---

597. Émission « C dans l'air » du 22 février 2022 (07'00")

– Après avoir clamé *urbi et orbi* le droit à l'auto-détermination de l'Ukraine face à la Russie, les Occidentaux sont maintenant placés devant le droit à l'auto-détermination des Républiques russophones face à l'Ukraine.
– Les Occidentaux sont face à une situation semblable à celle qu'ils avaient créée lors de la reconnaissance du Kosovo.
– La Russie a montré à ses alliés qu'elle ne les abandonne pas lorsqu'ils sont menacés.

Il est symptomatique, de voir que sur *France 5*, le 27 février 2022, dans l'émission « *C Politique* », les éléments de décision attribués à Vladimir Poutine sont l'assaut du Capitole en janvier 2021 et le retrait d'Afghanistan en août 2021. À aucun moment, la journaliste n'évoque la situation dans le Donbass et les questions plus générales de sécurité.

Cela illustre l'incapacité des Occidentaux à saisir en amont la nature du problème et l'enfermement intellectuel dans lequel nous avons été depuis trente ans.

De plus, les Occidentaux avaient tellement parlé de « *séparatistes* » au lieu d'« *autonomistes* » et de présence militaire russe dans les deux Républiques que la situation du 23 février ne peut pas être reflétée dans le vocabulaire occidental. Au-delà de l'ironie, cela montre que, en ayant eu un jugement excessif de la situation, les Occidentaux se sont retirés toute liberté de manœuvre politique et intellectuelle en vue d'un éventuel dialogue.

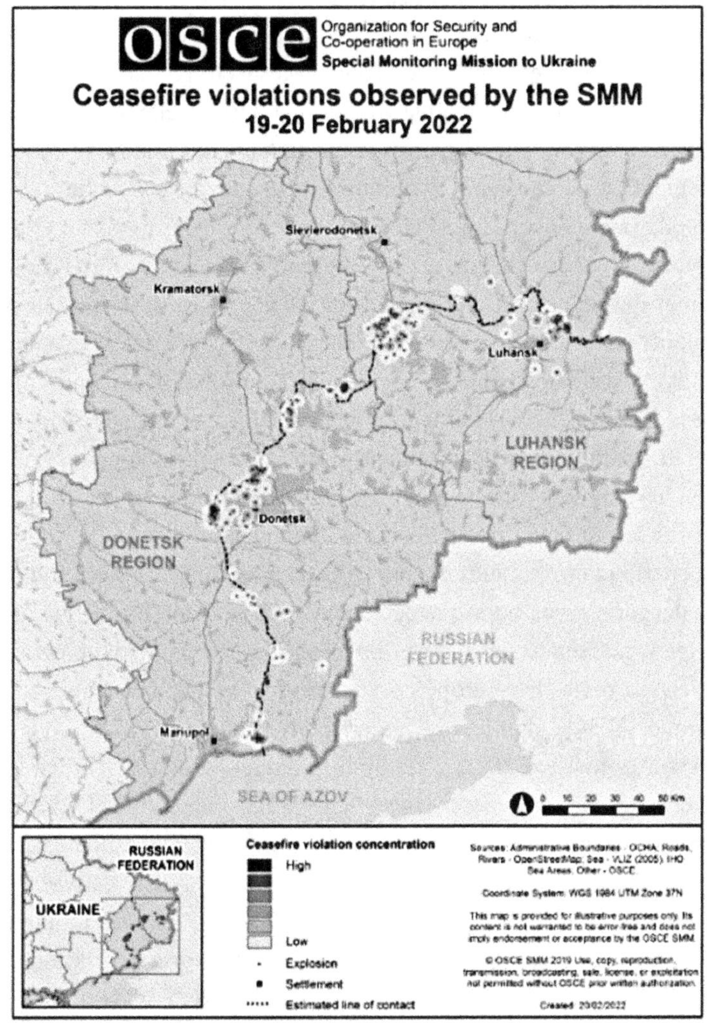

Figure 13 – Contrairement à ce que suggèrent les médias occidentaux, les observations de l'OSCE des 19 et 20 février 2022 montrent que la majeure partie des tirs touchent les zones peuplées des Républiques autonomistes.

L'Histoire nous dira si l'offensive russe que les Américains avaient annoncée pour le 16 février 2022 était coordonnée par eux, *via* l'accroissement des tirs d'artillerie contre les populations du Donbass, visant à provoquer l'intervention russe. Tout porte à croire que les États-Unis voulaient que la Russie attaque afin de pouvoir déclencher des sanctions exemplaires contre elle. Il est très vraisemblable que Vladimir Poutine ait également perçu ce risque. Partout où il ne pouvait pas se limiter à une action de faible envergure dans le Donbass.

Mais, là encore, au lieu de tenter de rattraper les Accords de Minsk et tenter de relancer la diplomatie, les Occidentaux se lancent dans une surenchère de sanctions. Les Américains annoncent vouloir découpler la Russie du système financier occidental. Le problème est que, plus on isole la Russie, plus on la sanctionne, moins ses enjeux sont liés à nous. En clair, en la punissant fortement, quelle que soit la situation, on lui a donné le sentiment qu'elle n'avait plus rien à perdre.

Cette issue n'était pas celle que souhaitait Vladimir Poutine, même si ce scénario était pressenti depuis la fin janvier 2022. Il a été contraint à cette décision par la politique occidentale. Cependant, il n'est pas certain que les Occidentaux en retirent un bénéfice, car, immédiatement après la décision russe, les Européens se réveillent et réclament une solution politique. Or, elle était là : les Accords de Minsk.

Au 21 février 2022, Vladimir Poutine n'a vraisemblablement pas encore l'intention de lancer une offensive contre l'Ukraine. Il a, en revanche, un plan de contingence prêt en vue d'une éventuelle intervention.

Alors que les chaînes d'État *France 5* et *La Première* montrent les images de quelques opposants russes à l'intervention en Ukraine, elles occultent les défilés de manifestants en voiture devant l'ambassade américaine de Moscou, brandissant des drapeaux russes[598].

---

598. https://twitter.com/colonelhomsi/status/1496900865365622792

	Novembre 2021	Février 2022
États-Unis, pays de l'OTAN	50 %	60 %
L'Ukraine	16 %	14 %
Les Républiques non-reconnues RPD et RPL	3 %	2 %
La Russie	4 %	3 %
Personne concrètement	11 %	9 %
Autre	2 %	1 %
Difficile de répondre	15 %	10 %

Figure 14 – Sondage effectué en Russie et publié le 24 février 2022 [Source : https ://www.levada.ru/2022/02/24/ukraina-i-donbass-2/]

Quant aux sanctions, elles étaient attendues par la Russie. La décision de l'Allemagne de suspendre la certification du gazoduc *Nord Stream 2* était politiquement inévitable. Tel était l'objectif recherché par les États-Unis depuis le début de la crise. La création d'une menace russe a été strictement identique à ce que les Américains avaient manigancé en 2003 pour l'Irak, et la réaction des Européens a été identique, rébellion de Jacques Chirac exceptée. Ici, l'Europe ne s'est absolument pas montrée solidaire de l'Allemagne, qui était la vraie cible de toute cette affaire, et c'est elle qui en paiera le prix le plus élevé. Car *Nord Stream 2* a été construit à son initiative contre le scepticisme de la Russie.

Placé dans la situation où, quelle que soit son action, il sera sanctionné, Vladimir Poutine a choisi de venir en aide aux populations du Donbass, dont le pilonnage par l'Ukraine n'a jamais suscité la compassion des Européens.

Pour la Russie, cela montre que l'Europe n'est pas un partenaire fiable. Elle se tournera vers la Chine : deux gigantesques *pipelines* sont en cours de construction, dont l'un est en phase d'achèvement. Quant aux gazoducs qui transitent par l'Ukraine, vétustes et ne répondant plus aux normes environnementales, ils seront vraisemblablement mis hors service prochainement.

5.12. Pourquoi et comment Vladimir Poutine a-t-il décidé d'attaquer l'Ukraine ?

Vladimir Poutine n'avait vraisemblablement aucune intention d'attaquer l'Ukraine à la fin 2021-début 2022, comme l'avaient dit les Ukrainiens eux-mêmes. En février 2022, si les Occidentaux avaient réagi au pilonnage des populations civiles du Donbass, ils auraient au minimum retiré à Vladimir Poutine un élément de décision pour intervenir.

Mais les Occidentaux ne l'ont pas fait. À dessein, car les renforcements ukrainiens dans le Donbass étaient connus, et on savait que Zelensky voulait déclencher une opération, probablement pour forcer la Russie à intervenir à l'aide des Républiques auto-proclamées.

Le 23 février, les Républiques du Donbass demandent l'aide militaire de la Russie, car elles anticipent une offensive ukrainienne d'envergure[599].

Dès lors, pour Vladimir Poutine, la situation est la suivante. Ne pouvant renoncer à intervenir contre les tirs d'artillerie et la menace d'une offensive terrestres contre les populations civiles, il pouvait : a) limiter son intervention aux Républiques du Donbass ou b) saisir l'opportunité d'une offensive plus large et ainsi imposer lui-même les changements qu'il proposait aux Américains et à l'OTAN en décembre 2021.

Il savait que les options a) et b) déclencheraient les mêmes réactions internationales et les mêmes sanctions. Par conséquent, sa décision est simple : déclencher une offensive qui dépasse le Donbass soit suffisamment importante pour imposer une négociation sur la neutralisation de l'Ukraine. Habitué à être sanctionné pour tout et pour rien, Vladimir Poutine a durci son économie et l'a rendue largement résiliente.

Grâce à la reconnaissance de l'indépendance des deux Républiques du Donbass le 21 février, et les traités d'amitié et d'assistance signés le même jour, Vladimir Poutine peut invoquer l'article 51 de la Charte

---

599. "Russia says Donbas separatists ask Putin for military support", *dw.com*, 23 février 2022

des Nations Unies pour répondre à l'offensive contre les populations du Donbass.

À partir de là, Vladimir Poutine est maître du jeu.

5.13. Vladimir Poutine cherche-t-il à s'emparer de l'Ukraine ou à la détruire ?

Non. Comme l'a dit Vladimir Poutine dans son discours du 24 février 2022, la Russie a deux objectifs : la « démilitarisation » de l'Ukraine et sa « dénazification ».

La démilitarisation vise à prévenir l'installation de systèmes d'armes occidentaux et américains sur le territoire ukrainien. En clair, Vladimir Poutine cherche à faire de l'Ukraine un territoire neutralisé. Un peu comme l'avaient fait les Grandes Puissance à Vienne avec la Suisse : une neutralité imposée, avec l'obligation de la défendre (c'est pourquoi la Suisse maintient une armée forte).

La dénazification ne vise pas Volodymyr Zelensky ou son gouvernement, comme le prétend Patrick Cohen sur *France 5*, mais les milices d'extrême-droite et ultra-nationalistes qui étaient à l'œuvre contre les populations russophones, notamment dans le Donbass et dans le secteur de Marioupol[600]. Formées, financées et armées depuis 2014[601] par les États-Unis, la Grande-Bretagne, la France et le Canada, ces milices fanatisées supportent l'essentiel des combats dans les villes de Kharkov et de Marioupol au début mars 2022.

Ce sont les crimes de ces milices que Vladimir Poutine a qualifiés de « génocide ». Le terme nous semble excessif, car on l'associe généralement

---

600. "Report on the human rights situation in Ukraine – 16 November 2015 to 15 February 2016", *Office of the United Nations High Commissioner for Human Rights*, 3 mars 2016
601. Tim Hume, "Far-Right Extremists Have Been Using Ukraine's War as a Training Ground. They're Returning Home.", *VICE News*, 31 juillet 2019

à des cas majeurs, comme l'Holocauste juif. Toutefois, la définition donnée par la *Convention sur le génocide*[602] est moins restrictive :

> *Article 2 : Dans la présente Convention, le génocide s'entend de l'un quelconque des actes ci-après, commis dans l'intention de détruire, ou tout ou en partie, un groupe national, ethnique, racial ou religieux, comme tel :*
>
> *a) meurtre de membres du groupe ;*
>
> *b) atteinte grave à l'intégrité physique ou mentale de membres du groupe ;*
>
> *c) soumission intentionnelle du groupe à des conditions d'existence devant entraîner sa destruction physique totale ou partielle ;*
>
> *d) mesures visant à entraver les naissances au sein du groupe ;*
>
> *e) transfert forcé d'enfants du groupe à un autre groupe.*

L'avance russe en Ukraine s'est effectuée selon le principe de l'eau qui coule : on avance rapidement là où la résistance est faible, et on garde les points de résistance pour plus tard. En conséquence, des villes n'ont pas été attaquées, ce qui a été interprété en Occident comme le résultat d'une résistance populaire. Ce type d'opération a ses racines dans les grandes opérations soviétiques de la fin de la Seconde Guerre mondiale et est mal connu des « experts » militaires.

Alors que tous nos experts pensent que la Russie cherche à occuper l'ensemble de l'Ukraine, le fait qu'elle ne semble pas s'y contraindre est interprété comme un signe que la Russie ne parvient pas à atteindre ses objectifs, et qu'elle compense en tirant dans les villes. Il semble que la

---

602. https://www.ohchr.org/FR/ProfessionalInterest/Pages/CrimeOfGenocide.aspx

Russie ne cherche pas à prendre toute l'Ukraine, mais à anéantir les forces qui s'étaient massées en vue d'une attaque, et les milices d'extrême-droite dans les villes de Kharkov et de Marioupol. L'examen de la progression des forces russes monter une cadence très rapide, avec des déploiements de forces et des dommages collatéraux considérablement plus faibles que lors de l'offensive américaine en Irak, par exemple.

La mise en alerte des forces de dissuasion nucléaires russes, le 27 février 2022, a été présentée par nos médias comme un trait de folie de Vladimir Poutine. La réalité est plus nuancée. Il s'agit d'une réaction à Jean-Yves Le Drian, ministre français des affaires étrangères, qui brandit la menace de répondre à la Russie par l'arme nucléaire[603]. Une fois de plus, nos médias ont évité soigneusement d'établir ce lien pour promouvoir l'idée que Poutine est irrationnel.

On sait que la désinformation en cas de guerre est pratiquée par tous les belligérants. Cela n'empêche pas nos médias d'informer exclusivement à partir de sources ukrainiennes. Il en est ainsi du « massacre » de treize gardes-frontières de l'île des Serpents, le 25 février, rapporté par la *RTS*[604]. Il n'y a jamais eu de massacre. Les gardes-frontières qui étaient plus de 50 ont été ramenés, sains et saufs, par la marine russe[605]. Ce qui obligera l'Ukraine à publier un rectificatif sur Facebook, que la *RTS* ne relaicra évidemment pas[606].

De même, la carte des opérations présentée le 28 février par la même *RTS*, montre des frappes sur l'ensemble de l'Ukraine sans préciser les lieux ni montrer aucune frappe contre les Républiques du Donbass[607]. Pourtant, le lendemain, Reuters rapporte que les Nations Unies ont

---

603. Anthony Audureau, « Ukraine: Le Drian rappelle à Poutine que "l'Alliance atlantique est aussi une alliance nucléaire" », *AFP/BFMTV*, 24 février 2022
604. https://www.rts.ch/info/monde/12895433-larmee-russe-poursuit-son-offensive-en-direction-de-kiev.html
605. https://t.me/intelslava/20649
606. Matthew Holroyd, "Ukraine war: Snake Island border guards are alive and well, says Ukrainian navy", *euronews*, 28 février 2022
607. https://www.rts.ch/info/monde/12895433-larmee-russe-poursuit-son-offensive-en-direction-de-kiev.html

Poutine, maître du jeu ?

dénombré 136 morts du fait de la Russie et 253 morts du fait de l'Ukraine dans les Républiques de Lougansk et de Donetsk[608].

À l'évidence, les médias n'informent pas selon les principes de la Charte de Munich.

5.14. Vladimir Poutine a-t-il renforcé l'OTAN ?

En 2019, Emmanuel Macron avait choqué les opinions occidentales en affirmant que l'OTAN était en état de mort cérébrale. Il constatait ce que de très nombreux militaires que j'ai côtoyés à l'OTAN disaient : l'Alliance n'a plus vraiment sa raison d'être, du moins sous sa forme actuelle.

La crise ukrainienne de 2021-2022, en raffermissant le discours musclé d'une cohésion atlantique et la condamnation unanime de l'agressivité russe, semble illustrer une forme de renouveau de l'Alliance. S'est-elle renforcée pour autant ?

En janvier 2022, sur *France 5*, Pascal Boniface affirme que Poutine sent que son coup de force est un échec et qu'il « *pense que le temps ne joue pas pour lui* », car « *sa politique du coup a pour effet de cimenter l'OTAN qui était divisé* »[609]. Trop simple.

Alors Vladimir Poutine n'avait manifestement pas l'intention d'attaquer ou d'envahir l'Ukraine, comme le disaient les Ukrainiens (que l'on n'a naturellement pas voulu écouter). Au début 2022, trois camps se dessinent au sein de l'Alliance (et de l'Union européenne) : celui des « idéologues » (essentiellement les États-Unis, les pays baltes et la Pologne) qui s'inscrivent dans une « russophobie » détachée des faits ; celui des « réalistes » (comme l'Allemagne, la Hongrie ou l'Italie) qui jugent à partir des faits ; et celui des « opportunistes » (comme la

---

608. "U.N. reports at least 536 civilian casualties in Ukraine", *Reuters*, 1er mars 2022
609. Émission « C dans l'air » du 25 janvier ("Ukraine : la surenchère russe... ou américaine ? #cdanslair 25.01.2022", *France 5/YouTube*, 26 janvier 2022 (25'15")

Grande-Bretagne et la France), qui voient la crise ukrainienne comme un levier pour leur politique intérieure.

Ainsi, en pleine crise ukrainienne, le président hongrois, en visite à Moscou, discute une extension de la coopération en matière énergétique[610]. L'Allemagne s'oppose à ce que ses alliés de l'OTAN livrent des armes à l'Ukraine, notamment les États-Unis, la Lituanie[611] et l'Estonie[612] ce qui contraint la Grande-Bretagne à contourner son espace aérien (qu'elle n'a pas fermé) pour livrer les siennes[613].

Naturellement, l'offensive russe en Ukraine semble remettre tout le monde ensemble. C'est vrai, mais en surface seulement. Car malgré les apparences, l'OTAN s'est découvert une double faiblesse : en comprenant que si l'Ukraine avait fait partie de l'Alliance, on serait dans un conflit nucléaire, et si un pays balte commençait à commettre des exactions contre sa minorité russe, on pourrait se trouver dans la même situation.

En d'autres termes, les pays de la « nouvelle Europe », violemment antirusses, sont son talon d'Achille. Porteurs d'un discours sans nuance, ils paraissent raffermir l'esprit qui avait été à l'origine de l'OTAN en 1949. S'ils sont en contact direct avec le territoire de la Russie, n'importe quel incident peut se transformer en catastrophe nucléaire.

C'est ce que Vladimir Poutine a évoqué dans ses différentes allocutions en janvier et février 2022.

Malgré un discours officiel très catégorique, les stratèges américains commencent à comprendre que l'extension de l'OTAN a créé une vulnérabilité majeure. Certes, pour obtenir des contributions à leurs

---

610. Priyanka Shankar, "Hungary's Viktor Orban eyes favors from Vladimir Putin amid Ukraine crisis", *dw.com*, 31 janvier 2022

611. "Структура НАТО заблокировала передачу Киеву оплаченного противодронового оружия. Украина будет убеждать, что это для сдерживания РФ", *zn.ua*, 11 décembre 2021

612. Julian Röpcke et Luisa Volkhausen, "Deutschland blockiert Waffenlieferung an die Ukraine", *bild.de*, 21 janvier 2022

613. George Allison, "British aircraft avoid Germany on Ukraine weapon supply run", *ukdefencejournal.org.uk*, 17 janvier 2022

Poutine, maître du jeu ?

guerres du Moyen-Orient, les Américains ont pu faire jouer la solidarité atlantique. Mais, en 2022, ils se rendent compte que le lien atlantique peut aussi s'exercer dans l'autre sens, et avec des conséquences autrement plus dramatiques.

6. L'exercice du pouvoir et l'opposition en Russie

6.1. La Russie est-elle une dictature ?

Le terme « dictature » est devenu un anathème. Au fond, c'est un système de gouvernement qui se définit à partir de certains critères (concentration des pouvoirs, suppression des libertés, etc.). Or, si l'on applique ces critères à la Russie, on constatera qu'ils ne collent pas totalement.

Anna Colin-Lebedev, maîtresse de conférences à Paris-Nanterre, donne une réponse honnête à la question posée sur *France Culture*[614]. Même si l'on peut discuter certaines de ses explications, elle apporte un jugement fondé sur des critères pertinents et une approche dépassionnée du problème. Plutôt que « dictature », elle suggère pour la Russie l'expression « *autoritarisme compétitif* ». L'expression la plus proche de la réalité est probablement celle de Vladimir Fédorovski, qui préfère « *démocratie contrôlée* [615]» car, comme le dit Anna Colin-Lebedev, la Russie a des structures et un système politique très semblables à ce que l'on trouve en Europe occidentale. Ce sont les modes de fonctionnement qui présentent de grands déficits.

---

614. « La Russie est-elle une dictature ? », *France Culture/YouTube*, 30 octobre 2018
615. François Clemenceau, « Fédorovski : "Poutine a tout verrouillé" », *Le Journal du Dimanche*, 17 août 2013 (mis à jour le 19 juin 2017)

Pour le comprendre, il faut probablement passer par une explication de ce que l'on entend par « démocratie ». La France se voit elle-même comme un exemple de démocratie ; pourtant, vue de la Suisse, elle ne constitue qu'une forme de monarchie où l'idée de « pouvoir du peuple » est assez lointaine. Ainsi en témoignent la fréquence des grandes manifestations[616] et le nombre de jours de grève[617], pour lesquels la France occupe les plus hautes marche du podium.

Certes, on rétorquera – avec raison – que la France est un pays où l'on a le droit de manifester et de faire grève. Mais c'est aussi l'un des pays où l'on réprime le plus durement, ce qui lui vaut d'être épinglée par la Haut-Commissaire des Nations unies pour les Droits Humains, pour un « *usage violent et excessif de la force* »[618] avec le Soudan, le Zimbabwe et Haïti. Les manifestations de « gilets jaunes » ou contre la « sécurité globale » ont disparu des médias publics ; la diffusion d'images de brutalités policières est réprimée[619] ; leurs effets sont cachés [620]. À la place, on montre abondamment les images de manifestations plus modestes en Russie ou à Hong Kong, et le vocabulaire est adapté : ce que les médias francophones appellent « interpellations » en France, devient « arrestations » en Russie.

Notre lecture de la démocratie est donc largement influencée par notre culture. Ainsi, le *Democracy Perception Index 2020*, qui mesure la perception des individus par rapport à la gouvernance de leur pays constate que, en Russie, seulement 27 % des interrogés considèrent que

---

616. Mohammed Haddad, "Mapping major protests around the world", *aljazeera.com*, 30 mars 2021
617. Martin Armstrong, "The Countries Which Go on Strike the Most", *statista.com*, 2 déc embre 2019
618. "High Commissioner Bachelet calls on States to take strong action against inequalities", 40th session of the UN Human Rights Council in Geneva, *ohchr.org*, 6 mars 2019
619. Mélanie Vecchio et Clément Boutin, « "Sécurité globale ": ouverture d'une enquête après la diffusion d'images d'un policier frappant un manifestant à Paris", *BFM TV*, 30 janvier 2021
620. Frédéric Lemaire et Julien Baldassarra, « Vidéos de violences policières : Le Parisien lave plus blanc », *Acrimed*, 19 janvier 2021

leur pays est démocratique. En France, ce chiffre est de 52 %, mais il est de 73 % en Chine[621] !

Cependant, depuis décembre 1999, la popularité de Vladimir Poutine n'a jamais été inférieure à 59 %, selon le Centre Levada. En février 2022, le taux de popularité de Vladimir Poutine monte à 71 %, tandis que la confiance dans l'action du gouvernement, qui était de 46 % en septembre 2021, passe à 52 % en février 2022[622]. Cela peut nous sembler incohérent, mais cela illustre combien il est difficile de juger des sociétés depuis notre fauteuil.

En mars 2000, l'arrivée au pouvoir de Vladimir Poutine change radicalement la situation. Les oligarques qui se sont enrichis illégalement sont pourchassés et leurs fortunes confisquées[623]. Six d'entre eux sont juifs (Boris Berezovski, Vladimir Gusinsky, Alexander Smolensky, Mikhail Khodorkovski, Mikhail Friedman and Valery Malkin)[624], ce qui alimentera le mythe du caractère antisémite de cette chasse. La plupart d'entre eux trouvent refuge en Israël et surtout en Grande-Bretagne (peu regardante sur l'origine des fortunes qui viennent alimenter sa place financière) d'où ils continuent à influencer la politique intérieure russe en finançant l'opposition[625]. Ils sont présents dans toutes les initiatives et tous projets visant à influencer l'opinion occidentale envers la Russie.

En Russie, les sanctions qui ont frappé le pays, notamment après 2014, n'ont fait que renforcer le sentiment que l'Occident était hostile à la population russe. Elles ont en quelque sorte rapproché le peuple de ses dirigeants.

---

621. Democracy Perception Index (DPI) 2020, *Dalia Research*, 2020

622. https://www.levada.ru/en/2022/02/18/approval-of-institutions-the-state-of-affairs-in-the-country-trust-in-politicians-2/

623. Camille Grange, « Poutine ou la chasse à l'oligarque », *Le Journal International*, 7 mai 2013

624. Luke Harding, "The richer they come...", *The Guardian*, 2 juillet 2007

625. Sabine Siebold, Anton Zverev, Catherine Belton et Andrew Osborn, "Special Report: In Germany's Black Forest, Putin critic Navalny gathered strength and resolve", *Reuters*, 25 février 2021

Poutine, maître du jeu ?

La culture russe est différente de la nôtre. Les aspirations des Russes sont sans doute identiques, mais ils acceptent plus facilement l'idée qu'y accéder ne doit pas être immédiat. Durant des siècles, la société russe a été habituée à vivre durement et dans des conditions rigoureuses. Elle a sa propre vision du monde et son propre rythme pour évoluer, et l'Occident tend à utiliser cette différence pour s'ingérer dans les affaires de la Russie et faire pression sur elle.

Ainsi, ce qui nous dérange chez Vladimir Poutine ne semble pas nous déranger ailleurs. Il en est ainsi de la législation LGBT qui fait de la Russie un « *enfer vivant* [626]», mais qui n'empêche pas Joe Biden de déclarer le Qatar[627] comme « *principal allié non-membre de l'OTAN*[628]».

En outre, le rappel permanent de la période soviétique vient entretenir une confusion opportune entre l'URSS et la Russie. Ainsi, sur *France 5*, Jean-Dominique Giuliani évoque les crimes commis durant la période soviétique et met l'accent sur ce qu'ont enduré les pays baltes et la Pologne. Hélas, il oublie de dire que l'URSS était une fédération d'États. Ainsi, les Baltes étaient gérés par des Baltes, et le KGB avait une structure territoriale, gérée par des Baltes dans les pays baltes. Quant à la Pologne, elle était un État indépendant, qui n'était pas administré par l'URSS. Les atrocités qui y ont été commises après la Seconde Guerre mondiale, l'ont été par les Polonais eux-mêmes. Exactement comme durant la Seconde Guerre mondiale où ils avaient suivi voire précédé l'occupant allemand dans ses crimes, ces pays ont bien souvent été encore plus communistes et plus répressifs que les Soviétiques eux-mêmes – on se rappelle notamment des tortures infligées au père Jerzy Popiełuszko. Après la guerre froide, ils ont suivi les États-Unis dans des programmes de torture et d'enlèvements de la CIA, sans avoir besoin de sacrifier

---

626. "'A Living Hell': Russia's 'Propaganda' Law Damaging LGBT Youth, HRW Finds", *RFE/RL*, 12 décembre 2018
627. Seth J. Frantzman, "Qatar bans homosexuality as Al Jazeera in English marks LGBT Pride Month", *The Jerusalem Post*, 4 juin 2019
628. Michael D. Shear, "Biden Designates Qatar as a Major Non-NATO Ally", *The New York Times*, 31 janvier 2022

un honneur qu'ils avaient perdu depuis longtemps, et sans encourir de sanctions de l'Union Européenne.

Notre perception de la Russie est largement influencée par des préjugés, des mythes et des suppositions. On pourrait ainsi se demander pourquoi le gouvernement russe prend le risque d'assassiner des opposants en public alors que, en dictature, il semblerait plus facile d'arrêter ces personnes et de les faire disparaître discrètement ou après des procès factices.

Les personnes – comme la journaliste Anna Politkovskaïa, l'ex-agent du FSB Alexandre Litvinenko ou le politicien Boris Nemtsov – dont les Occidentaux attribuent les assassinats au gouvernement russe, ont plus vraisemblablement été éliminés par le crime organisé lié à certains oligarques émigrés en Occident, auquel tous les trois se sont attaqués. Toutefois, en l'absence de preuves formelles, cela permet d'alimenter un narratif contre Vladimir Poutine et protéger un crime organisé qui alimente les bourses de Tel-Aviv et de Londres.

6.2. L'interdiction de partis et d'organisations politiques est-elle justifiée ?

Ici encore, l'interdiction de partis et d'organisations politiques en Russie est l'objet d'informations tronquées.

En 2019, à l'occasion des élections à la Douma de Moscou, entre 20 000 et 50 000 manifestants demandant des élections libres, attirant l'attention des médias français. Avec des titres comme « *27 candidats ont été exclus* » (*Le Figaro*) ou « *Les autorités excluent des candidats d'opposition* » (*Le Monde*), on suggère que la validation des candidatures est discrétionnaire[629]. La BBC affirme que les candidats ont été « *ignorés* » et « *traités comme s'ils étaient insignifiants*[630] ». Or il s'agit d'un problème

---

629. « En Russie, les autorités excluent des candidats d'opposition aux élections locales à Moscou », *Le Monde*, 16 juin 2019
630. "Moscow protests : What's behind the rallies in Russia ?", *BBC News*, 13 août 2019

de validation des candidatures : comme en France pour l'élection présidentielle, les candidats doivent avoir un certain nombre de signatures pour participer. À la différence de la France où le candidat doit avoir les signatures de 500 *élus*, un candidat russe hors parti doit rassembler celles de 5 000 *simples citoyens* ; ce qui ne semble pas surhumain dans une ville de 12 millions d'habitants. Naturellement, ces signatures sont vérifiées par une commission électorale afin d'éviter les fraudes et, malgré une tolérance de 10 %, certains candidats n'ont pas atteint le nombre voulu. C'est ce qui est arrivé à ces groupuscules, dont les tendances allaient de l'extrême-droite à l'extrême-gauche, qui n'ont pas d'assise populaire, et dont certains n'ont pas même cherché à recueillir les signatures…

Le même phénomène a touché le *Parti du Progrès* d'Alexeï Navalny en 2015 : il n'avait tout simplement pas assez de sympathisants pour avoir des antennes dans au moins 85 entités de la Fédération de Russie. Il a donc été radié des listes électorales, non par décision arbitraire mais parce qu'il ne répondait pas aux critères définis par la loi[631].

À côté de ces problèmes institutionnels, la raison pour laquelle l'opposition non-systémique – c'est-à-dire celle qui n'est pas structurée en partis, avec une représentation populaire suffisante pour être élue – est écartée, c'est qu'elle est financée depuis l'étranger. En partie par des oligarques coupables d'enrichissement illégal qui ont fui le pays vers la Grande-Bretagne ou Israël[632], et en partie par des puissances étrangères, notamment les États-Unis et la Grande-Bretagne.

Les États-Unis utilisent le truchement de la *National Endowment for Democracy* (NED) pour financer l'opposition non-systémique en Russie. Selon le *New York Times*[633], la NED a été créée au début des

---

631. « Le parti du principal opposant au Kremlin interdit », *Tribune de Genève*, 28 avril 2015

632. Sabine Siebold, Anton Zverev, Catherine Belton et Andrew Osborn, "Special Report: In Germany's Black Forest, Putin critic Navalny gathered strength and resolve", *Reuters*, 25 février 2021

633. David K. Shipler, "Missionaries For Democracy: U.S. Aid For Global Pluralism", *The New York Times*, 1er juin 1986

années 1980[634], afin d'alléger le travail de la CIA. En 2021, elle a soutenu pas moins de 109 activités politiques et d'influence en Russie, pour un montant total de 14 millions de dollars[635]… Quant à la Grande-Bretagne, elle participe à cet effort en finançant les médias opposés à la Russie dans les pays qui l'entourent. Selon le journaliste d'investigation Matt Kennard, afin de lutter contre la Russie, le Royaume-Uni aurait dépensé environ 96 millions d'euros entre 2017 et 2021 en contre-information dans 20 pays[636].

Pour répondre à une situation qui n'a cessé de s'accentuer depuis le début des années 2000, la Russie a adopté en 2012 une loi semblable à celle qui est en vigueur aux États-Unis depuis 1938, qui permet d'interdire des organisations politiques financées depuis l'étranger.

En novembre 2017, en réponse à la décision des États-Unis de considérer le média russe *RT* comme un agent étranger, la Russie a durci sa politique et adopté une loi permettant de classer des journalistes et médias étrangers comme agents étrangers[637]. En 2018, cette loi a été étendue aux individus et ONG financées par des pays étrangers[638]. Elle touche notamment[639]

> *[les] organisations qui reçoivent de l'argent ou des biens d'États étrangers ou de citoyens étrangers, ainsi que d'entreprises et de citoyens russes bénéficiant d'un financement étranger.*

---

634. https://www.ned.org/about/history/

635. https://www.ned.org/region/eurasia/russia-2021/

636. Matt Kennard, "UK spends over £80m on media in 20 countries around Russia", *Declassified UK*, 8 février 2022

637. Nathan Hodge, "Russia's Duma Votes to Call International Media 'Foreign Agents'", *The Wall Street Journal*, 15 novembre 2017 ; "Journalists, bloggers to be included in foreign agents law", *civicus.org*, 24 août 2018

638. *Правовое регулирование деятельности филиалов иностранных НКО будет усовершенствовано*, Douma de la Fédération de Russie, 12 juillet 2018 (http://duma.gov.ru/news/27585/)

639. "Авторам СМИ-иноагентов предпишут отчитываться перед государством по закону об НКО", *thebell.io*, 3 juillet 2018 (https://thebell.io/avtoram-smi-inoagentov-predpishut-otchityvatsya-pered-gosudarstvom-po-zakonu-o-nko)

Ces organisations ne sont pas automatiquement interdites. Elles doivent, pour répondre à la loi, indiquer clairement qu'elles sont financées de l'étranger. C'est le cas de l'ONG *Memorial International,* dissoute en 2021, déclenchant un tollé international.

Créée à la fin des années 1980 pour recenser et effectuer un travail de mémoire sur les crimes du communisme, *Memorial* a lentement dérivé dans les années 2010 vers un travail militant soutenant les critiques au gouvernement. En prenant notamment position contre des procès visant les *Témoins de Jéhovah* et l'organisation islamiste *Hizb-ut-Tahrir,* deux organisations interdites en Russie, elle a été considérée comme un soutien à des organisations extrémistes[640].

Toutefois, son impact sur la politique intérieure est probablement négligeable à ce stade, et elle n'est pas interdite par le gouvernement. Le problème vient du fait que sa dérive politique s'accompagne d'un financement qui vient toujours plus de l'étranger. En 2012, elle tombe donc sous la loi sur les agents étrangers, qui lui impose de publier ses sources de revenus, ce à quoi elle ne se plie pas malgré plusieurs mises en demeure.

Ni Vladimir Poutine, ni les autorités russes n'ont déclenché la récente tempête contre *Memorial.* Elle vient d'Aron Shneyer un historien juif américain. En août 2021, il a découvert le nom de trois collaborateurs des nazis dans la base de données des « *victimes de poursuites injustes* » de l'ONG. Il publie alors plusieurs posts sur Facebook, dont le premier est intitulé « *Honte à Memorial* », qui déclenche une tempête sur les réseaux sociaux russes. C'est la goutte d'eau qui fait déborder le vase : puis l'organisation ne remplissait pas ses obligations légales, le gouvernement en profite pour ordonner sa dissolution.

Dans quelle mesure l'opposition russe est-elle libre de s'exprimer. On peut en douter. En revanche, si nous la finançons elle devient

---

640. Masha Gessen, "The Russian Memory Project That Became an Enemy of the State", *The New Yorker,* 6 janvier 2022

ipso facto illégitime et illégale. Et puis, si l'opposition était si forte et si vivace qu'on le dit en Russie, elle n'aurait pas besoin de notre aide financière.

Tout semble montrer que nous finançons l'opposition russe non pas pour améliorer le sort des Russes, mais pour avoir un point de pression sur le gouvernement. Il semble que, au lieu de l'aider à surmonter ses vieux démons totalitaires, nous fassions tout pour qu'elle les maintienne. Car aucun gouvernement occidental n'accepte que son opposition soit financée ou influencée par des puissances étrangères. La France et la Belgique interdisent certaines organisations islamiques accusées d'être financées de l'étranger.

6.3. Vladimir Poutine est-il corrompu ?

La vidéo d'Alexeï Navalny sur le soi-disant « Palais de Poutine » est systématiquement rappelée par les médias occidentaux pour démontrer la corruption de Vladimir Poutine. Nous renvoyons ici le lecteur à l'ouvrage sur *L'affaire Navalny*[641], qui donne d'amples détails sur ce « palais » prétendument propriété de Poutine.

En Occident, la corruption est toujours citée comme l'un des motifs de rejet de Vladimir Poutine par sa population. Mais, là encore, si l'on s'en tient aux sondages réalisés par le *Centre Levada* (qui, rappelons-le est considéré comme *agent étranger*[642] en Russie), le regard de la population russe semble beaucoup moins catégorique que les détracteurs occidentaux.

---

641. Jacques Baud, *L'Affaire Navalny*, Max Milo, 2021
642. "Russia's Levada Centre polling group named foreign agent", *BBC News*, 5 septembre 2016

	04.2012	08.2013	05.2014	07.2015	04.2016	04.2017	01.2021
Sans doute coupable ; comme le présentent Internet et les médias libres	16	10	6	7	14	11	17
Probablement oui, comme tous les hauts fonctionnaires, mais je n'y crois pas	32	43	34	29	37	31	25
Même si c'est vrai, ce qui est plus important est qu'avec lui la vie dans le pays se soit améliorée.	25	18	31	31	18	23	24
Quoique l'on dise, je ne pense pas que Poutine ait abusé de son pouvoir.	11	13	18	22	17	22	29
J'ai eu du mal à répondre	16	17	11	12	14	13	5

Figure 15 – Réponses (en %) à la question : Pensez-vous que Vladimir Poutine est coupable des abus de pouvoir dont l'accusent ses adversaires ? [Source : Centre Levada, 9 novembre 2021]

En réalité, nous sommes dans le domaine des spéculations et du conspirationnisme occidental. En octobre 2021, le *Consortium international des journalistes d'investigation* (ICIJ) publie quelque 11,9 millions de documents (« *Pandora Papers* ») qui constituent « *le plus grand trésor de données de l'histoire révélant le secret des paradis fiscaux* », selon le *Guardian* britannique[643]. Compilés par 600 journalistes de 148 médias dans 117 pays, leur provenance exacte est inconnue, mais l'absence totale de personnalités américaines, suggère qu'une (grande) partie des données proviennent des services de renseignement américains.

Sur sa page web, le *Guardian* a un photo-montage avec les visages des principales personnalités impliquées dans le scandale. La tête de Vladimir Poutine est la plus grosse du montage, sauf que les Pandora Papers ne le mentionnent pas du tout ! En revanche, ils mentionnent des personnalités russes de l'économie que l'on prétend proches du président russe[644]. Donc rien.

À l'opposé, ces documents montrent l'extension de la corruption en Ukraine, qui est le pays le plus « représenté » dans les Pandora Papers… Mais personne ne le relève en Occident, car le problème n'est pas d'aider l'Ukraine : il s'agit de combattre Vladimir Poutine.

6.4. Navalny est-il le principal opposant de Vladimir Poutine ?

Caroline Roux présente Navalny comme « *le principal opposant à Vladimir Poutine* ». Si elle était honnête, elle dirait que c'est simplement le plus visible[645] car sa popularité – qui avait brièvement atteint 5 % après la campagne menée en Occident sur les réseaux sociaux au début 2021 – est rapidement retombée. En janvier 2022, elle est à 2 % comme le montre un sondage du *Centre Levada*…

Les « vrais » sujets de préoccupation des Russes, notamment la situation sociale, le traitement de la CoViD-19 ou la situation économique,

---

643. "Pandora papers: biggest ever leak of offshore data exposes financial secrets of rich and powerful", *The Guardian*, 3 octobre 2021

644. "What the Pandora Papers say about Putin's inner circle", *theweek.in*, 5 octobre 2021

645. Manuel Alaver & Xavier Condamine, "Pourquoi Alexeï Navalny est-il présenté comme le principal opposant de Vladimir Poutine ?", *Libération/Checknews*, 18 septembre 2020

sont portés par des partis traditionnels, comme le parti communiste, pas par les partisans de Navalny.

C'est donc une opposition en trompe-l'œil, dont l'importance sur l'échiquier politique russe est montée en épingle par la propagande occidentale. L'opposition « hors-système » est une opposition très disparate, composée de jeunes qui vont de l'extrême-droite à l'extrême-gauche. Elle reste incapable de se regrouper en une entité politique cohérente. Ces sortes de « gilets jaunes », portent des revendications obscures, qui ne s'articulent pas autour d'un projet concret, mais de la non-réélection de Vladimir Poutine.

Name several politicians, whom you trust the most

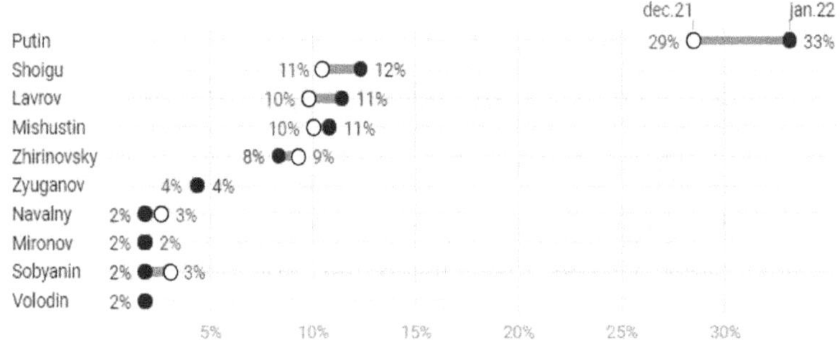

Figure 16 - Sondage effectué par le Centre Levada en janvier 2022. Il montre le gain (ou la perte) de confiance de certains hommes politiques russes entre décembre 2021 et janvier 2022. On observe que Navalny, dont la confiance était temporairement montée à 3 % en décembre 2021, est retombé à 2 % en janvier 2022. [Source : https://www.levada.ru/cp/wp-content/uploads/2021/11/PPJM3-please-name-5-6-politicians-whom-you-trust-the-most-nbsp-1-1.png]

On peut répéter tant que l'on veut qu'Alexeï Navalny est le « *principal opposant de Poutine* » et qu'il est incarcéré « *pour des raisons politiques* », la population russe sait que ce n'est pas le cas : il en résulte a) que Vladimir Poutine semble avoir raison et b) qu'Alexeï Navalny apparaît comme le « cheval de Troie » de l'Occident. Résultat : Vladimir Poutine conforte sa position et Navalny n'améliore pas la sienne.

Navalny a-t-il été l'objet d'une tentative d'assassinat ?

Le reportage de *France 5* « Poutine, maître du jeu » démarre sur les « empoisonnements » russes dont on accuse les autorités russes, avec un accent particulier sur les affaires Skripal et Navalny. J'ai couvert ces deux affaires dans mes ouvrages *Gouverner par les fake news*[646] et *L'Affaire Navalny*[647]. Je n'entrerai donc pas dans les détails ici.

La tentative d'assassinat supposée contre Alexeï Navalny (2020) a suivi celle de Sergueï Skripal en Grande-Bretagne (2018). Faute de certitudes, on a échafaudé des théories selon lesquelles les services secrets russes auraient utilisé un poison « *dont un seul gramme pourrait tuer mille personnes en quelques secondes* »[648]. Pourtant, non seulement les « victimes » ne sont pas mortes mais leurs symptômes, différents chez l'une et l'autre, ne correspondaient pas à ceux de neurotoxiques…

Les symptômes de Sergueï Skripal et sa fille Yulya (ainsi que le témoignage d'un urgentiste du NHS[649] britannique[650]) suggèrent qu'ils ont vraisemblablement été victimes d'une intoxication alimentaire[651] (comme aux saxitoxines), à l'instar d'autres clients du même restaurant quelques mois plus tard[652]. Quant à Navalny, les laboratoires militaires n'ont pas publié les résultats de leurs analyses. En Suède, l'avocat Matt Nilsson

---

646. Jacques Baud, *Gouverner par les fake news*, Max Milo, Paris, 2020, p. 400
647. Jacques Baud, *L'Affaire Navalny*, op. cit., Paris, 2021, pp. 220
648. Emission « C dans l'air » du 17 octobre 2021 ("Poutine, maître du jeu #cdanslair 17.10.2021", *France 5/YouTube*, 18 octobre 2021) (20'26")
649. NHS = National Health Service (équivalent de la Sécurité Sociale en France)
650. Fiona Hamilton, John Simpson et Deborah Haynes, "Russia : Salisbury poison fears allayed by doctor", *The Times*, 16 mars 2018
651. Greg Heffer, "Salisbury attack: Skripal cousin claims pair suffered 'food poisoning'", *SKY News*, 7 avril 2018
652. Gregory Katz, "U.K. police say no evidence of nerve poisoning after 2 people fall ill in Salisbury", *Associated Press/Global News*, 17 septembre 2018

Poutine, maître du jeu ?

a demandé la publication des résultats de l'analyse de sang de Navalny par l'*Agence suédoise de recherche pour la défense* (FOI). Celle-ci n'a publié qu'un texte caviardé affirmant que « *la présence de XXXX a été confirmée dans le sang du patient* [653]»... Une occultation qui suggère que l'on a trouvé autre chose que le novitchok, auquel les Occidentaux s'attendaient. De plus, les éléments de son dossier médical publiés par les médecins de l'hôpital de la Charité à Berlin dans la revue médicale *The Lancet,* tendent à montrer qu'il a probablement été victime d'une mauvaise combinaison de médicaments[654].

Il ressort des éléments factuels disponibles que, dans les deux cas, il n'y a pas eu empoisonnement intentionnel (criminel) mais empoisonnement accidentel. En l'absence de confirmation officielle, un minimum d'honnêteté. Mais ça implique que l'on suspende son jugement. Malheureusement, les histoires qui nous sont rapportées sans nuance dans les médias sont des constructions artificielles, qui doivent jouer avec les faits pour apparaître crédibles.

Ainsi, Caroline Roux, affirme que la Russie utilise des « *armes interdites par les conventions internationale* ». Elle rappelle que le novitchok a été ajouté à la liste de la *Convention sur les armes chimiques* (CAC) après l'affaire Skripal (ce qui est vrai), et qu'il a été employé malgré cela contre Navalny : c'est faux.

Pour accréditer le mensonge, Caroline Roux nous cache plusieurs choses. D'abord, le novitchok ne figurait pas sur la liste de la CAC avant 2018, parce que l'URSS (puis la Russie) ne l'a jamais adopté, le considérant comme une étude de laboratoire. Deuxièmement, c'est à la demande de la Russie que plusieurs variantes du novitchok ont été ajoutées à la liste de la CAC, car le laboratoire qui l'avait étudié a été démantelé

---

653. Stefan Lindgren, "FOI: Det fanns XXXX i Navalnyjs blod", *nyhetsbanken.se,* 22 septembre 2020
654. Rapport des médecins de l'Hôpital de la Charité à Berlin, publié dans la revue médicale The Lancet, le 22 décembre 2020 (https://www.thelancet.com/journals/lancet/article/PIIS0140-6736(20)32644-1/fulltext)

par les Américains, et que ces derniers en ont fourni des échantillons à plusieurs pays de l'OTAN[655]. Les Américains l'ont eux-mêmes synthétisé à des fins de recherche dès 1998[656]. Le laboratoire britannique de Porton Down a donc refusé à Theresa May d'affirmer que le toxique analysé après l'affaire Skripal était d'origine russe[657]. Enfin, Caroline Roux évite de rappeler que les « traces de toxique » trouvées par le gouvernement allemand dans le sang de Navalny (que les médecins berlinois n'ont pas trouvées) n'étaient pas répertoriées dans la liste de la CAC[658] et que le gouvernement allemand a refusé de l'inscrire sur la liste de la CAC, prétextant il était trop dangereux[659] !

En conclusion, les éléments scientifiques tendent à contredire les affirmations des politiques et autres propagandistes. L'affaire reste mystérieuse, même si le rapport des médecins allemands de l'hôpital de La Charité à Berlin indique que l'empoisonnement de Navalny semble résulter d'une mauvaise combinaison de médicaments[660].

Dans tous les cas, on ne voit pas vraiment quel aurait été le but de ces opérations. Skripal aurait pu être éliminé beaucoup plus discrètement alors qu'il était dans sa prison russe huit ans plus tôt. Quant à l'élimination de Navalny alors que l'affaire *Nord Stream 2* faisait encore l'objet de controverses en Europe, elle n'avait aucun sens, et aurait pu être effectuée – si toutefois les autorités russes en avaient réellement eu l'intention – à n'importe quel moment…

---

655. Georg Mascolo et Holger Stark , "Geheimdienste:BND beschaffte Nervengift „Nowitschok"in den 90er Jahren", *Süddeutsche Zeitung*, 16 mai 2018
656. Karel Knip, "'Unknown'newcomer novichok was long known", *nrc.nl*, 21 mars 2018
657. "Britisches Institut fand keine Quelle für Skripal-Gift", *AFP/Die Zeit*, 3 avril 2018
658. Summary of the Report on Activities Carried out in Support of a Request for Technical Assistance by Germany (Technical Assistance Visit – TAV/01/20), note by the Technical Secretariat, *OPCW*, 6 octobre 2020 (S/1906/2020) (voir annexe 4)
659. *Antwort der Bundesregierung auf die Kleine Anfrage der Abgeordneten Dr. Anton Friesen, Armin-Paulus Hampel, Dr. Roland Hartwig, weiterer Abgeordneter und der Fraktion der AfD– Drucksache 19/25516*, Deutscher Bundestag, Drucksache 19/26684, 15 février 2021
660. https://www.thelancet.com/pdfs/journals/lancet/PIIS0140-6736(20)32644-1.pdf

À ce stade, ceux qui affirment savoir, comme le pigiste Antoine Hasday, de *Conspiracy Watch*, posent question. Car ne peuvent « savoir », que ceux qui ont contribué à la tentative d'assassinat ou ceux qui ont fabriqué le narratif… au choix. Les autres doivent reconnaître qu'on ne sait pas… Il reste les malhonnêtes, les plus nombreux.

Car les éléments scientifiques disponibles ne permettent pas de dire qu'il s'agissait de novitchok, ni d'affirmer que la Russie était à l'origine des empoisonnements. On en est donc réduit à interpréter les accusations des politiques, qui résultent d'un assemblage de faits partiels et d'informations incomplètes : la définition du complotisme !

6.5. La popularité de Vladimir Poutine est-elle en chute libre ?

Il est devenu banal d'affirmer que la popularité de Poutine est en chute libre. La réalité est très différente. Les chiffres que nous utilisons ici proviennent du *Centre Levada*, qui est considéré comme un *agent étranger*[661] par les autorités russes, et qui est en cours de procès pour faire lever cette appellation[662].

Les commentateurs occidentaux s'appuient sur le taux d'approbation de 86,7 % qu'il avait en 2016, tombé à 66 % en 2018, puis resté stable à ce niveau depuis[663]. Entre janvier 2021 (après l'affaire Navalny) et octobre 2021 (premières rumeurs d'attaque contre l'Ukraine), Poutine a gagné

---

661. Selon le site web du Centre Levada : « *"Levada-Center" a été inscrit de force au registre des organisations à but non lucratif exerçant les fonctions d'un agent étranger.* » (www.levada.ru)
662. https://www.levada.ru/en/about-us/
663. Martin Armstrong, "Putin's Approval Rating Tanks Amid Pension Friction", *Statista. com*, 22 octobre 2018

trois points de popularité, pour atteindre 67 %[664]. En février 2022, Poutine atteint même 71 % de popularité en pleine crise ukrainienne.

En 23 ans de pouvoir, le taux d'approbation de Vladimir Poutine (selon le Centre Levada) n'est jamais descendu plus bas que 59 %. Un chiffre qu'*aucun* président de la Ve République depuis Giscard d'Estaing n'a conservé au-delà de six mois, selon *La Tribune*[665]. Quant à Emmanuel Macron, sa popularité tourne autour de 40 % depuis 2017[666].

La popularité de Vladimir Poutine est notablement élevée et stable. Seuls les experts peu scrupuleux, qui fondent leur jugement sur les contacts qu'ils ont avec une opposition très minoritaire, qui faussent notre perception. En annexe 2, le lecteur trouvera les taux de popularité de Vladimir Poutine en regard des jugements émis par nos « experts ». Cette comparaison permet de mesurer le degré d'intégrité de nos médias. En creux, elle explique pourquoi les Français n'ont aucune confiance dans la presse et pourquoi, sur des domaines essentiels (comme la CoViD), ils se sont sentis obligés de développer des théories parallèles, voire complotistes.

L'impact de la crise ukrainienne sur la popularité de Vladimir Poutine est difficile à mesurer avec précision. Notre perception des choses se nourrit des réseaux sociaux, et donc des publications d'un public jeune qui n'a pas vraiment d'influence sur la gouvernance du pays. Et pourtant, même là, le soutien pour Vladimir Poutine semble important.

En février 2022, après les décisions du 21 et 24, nos médias nous montrent des manifestations en Russie. Ces manifestations sont interdites et les manifestants interpellés. Même si notre visibilité sur ces incidents est faible et même si l'évaluation de l'opposition aux décisions de Vladimir Poutine est difficile, il semble qu'elle reste très modeste en

---

664. "Approval of institutions, state of affairs in the country, trust in politicians and electoral ratings of parties", *Levada Center*, 24 février 2022 (version russe)

665. « Les Français mécontents du président Macron (mais pas sur tout) », *latribune.fr*, 18 avril 2018

666. Romain Giraud, « La cote de popularité d'Emmanuel Macron progresse fortement », *rtl.fr*, 24 septembre 2021

taille et en nombre. Les sondages effectués par le Centre Levada montrent une image plus nuancée que celle propagée par nos médias. Quant à la perception de l'Ukraine, 55 % des Russes en avaient une image positive en février 2021, et ils ne sont plus que 35 % une année plus tard[667].

6.6. L'économie de la Russie peut-elle être comparée à celle de l'Italie ?

Les « experts » ne cessent de nous répéter que la Russie n'est pas une grande puissance parce que son PIB avoisine celui de l'Italie (ou de l'Espagne[668]). Oui et non.

L'argument selon lequel la Russie n'a plus le statut de superpuissance ainsi que Poutine prétend, témoigne de leur mauvaise foi et leur ignorance. Ils se fondent sur la dimension de son appareil militaire et de son PIB, mais c'est simpliste et fallacieux. Ce qui fait de la Russie une superpuissance n'est pas son PIB mais son arsenal nucléaire et sa capacité à l'utiliser, son statut de membre permanent du Conseil de sécurité des Nations unies et son influence politique dans le monde.

Pour autant, le PIB nominal de la Russie exprimé en dollars[669] semble disproportionnellement bas par rapport à la taille du pays et la place au onzième rang des économies mondiales. Il est dès lors tentant d'y voir comme nos « experts » une mauvaise gestion, les conséquences de la corruption ou de piteux choix stratégiques. Sans prétendre que la gestion a été parfaite, ces jugements à « l'emporte-pièce » sont le plus souvent infondés.

Après la fin de l'URSS et dix années de piètre gestion par l'équipe Eltsine, la Russie était fortement endettée pour aborder le XXIe siècle.

---

667. https://www.levada.ru/2022/02/24/ukraina-i-donbass-2/
668. Jim Edwards, "Russia's Economy Has Shrunk So Much It's Now Only As Small As Spain", *Business Insider*, 7 décembre 2014
669. Émission « C dans l'air » du 17 octobre 2021 ("Poutine, maître du jeu #cdanslair 17.10.2021", *France 5/YouTube*, 18 octobre 2021) (1h47'03")

La priorité de Vladimir Poutine a donc été d'assainir les finances du pays, ce qu'il a terminé en 2017. Entre-temps, la crise iranienne puis la crise ukrainienne avec ses accusations occidentales d'invasion, lui ont montré que la politique extérieure des Occidentaux avait une tendance croissante à délaisser la diplomatie pour une politique de sanctions. Vladimir Poutine en a compris les implications et a entrepris de durcir l'économie du pays.

Ainsi, au lieu d'investir le produit des ventes d'hydrocarbure dans l'industrie, il a investi dans l'achat massif de réserve de devises étrangères, qui doivent le protéger d'une éventuelle perte d'accès aux marchés occidentaux ou d'une spéculation contre le rouble. En février 2022, la Russie était le quatrième pays possédant la plus grande réserve de devises étrangères après la Chine, le Japon et la Suisse.

De plus, la Russie est l'un des pays les moins endettés du monde. En 2021, le rapport entre sa dette et son produit intérieur brut (PIB) est de 13,79 %. Par comparaison, il est de 99,20 % pour la France et de 106,7 % pour les États-Unis[670].

La population russe a vécu en économie de guerre durant toute la guerre froide et est culturellement habituée à faire beaucoup avec peu. Les Occidentaux sous-estiment lourdement la résilience de sa population. Depuis 2014, l'industrie russe a appris à moins dépendre de capitaux étrangers. En ont résulté des pics d'inflation de 16 % et une situation plus dure pour la population. Pourtant, celle-ci a gardé confiance dans son dirigeant : entre avril 2014 et mai 2018, son taux de popularité dépasse les 80 %[671].

Il en résulte que, pour comparer l'économie russe avec celle des pays occidentaux, il est plus honnête de tenir compte de la parité de pouvoir d'achat (PPA). En effet, le coût de la vie est considérablement moins élevé en Russie, et une comparaison à parité de pouvoir d'achat (PPA) donne

---

670. "Debt to GDP Ratio by Country 2021", (https://worldpopulationreview.com/countries/countries-by-national-debt)
671. https://www.levada.ru/

une image plus réaliste. onzième économie mondiale en PIB nominal, elle est la sixième économie mondiale en PPA. Souvent présenté comme plus bas que celui de la France ou de l'Italie en nominal, le PIB (PPA) est environ 30 % plus élevé que celui de la France et 65 % plus élevé que celui de l'Italie.

Autrement dit, l'économie russe ne présente pas des sommets spectaculaires, mais elle est considérablement plus robuste et résiliente que celle des pays occidentaux. Elle est devenue largement autosuffisante en matière de ressources naturelles, de technologie et de défense ; son récent partenariat avec la Chine – elle aussi menacée par des sanctions – va très vraisemblablement contribuer à son renforcement.

Sur le plan économique, les sanctions occidentales ont eu trois effets majeurs : inciter la Russie à développer une base industrielle pour des produits de consommation qu'elle n'avait pas, la pousser à développer des liens avec la Chine qu'elle n'avait pas auparavant, et réduire sa dépendance aux capitaux étrangers. L'incitation à développer une capacité autochtone dans de nombreux domaines a contribué à mieux gérer l'emploi.

Nos « experts » tendent à limiter les capacités de réponse de la Russie à des sanctions par une fermeture du robinet du gaz. C'est un peu court. La Russie est notre source de nombreux matériaux stratégiques, comme le scandium, le néon (nécessaire pour graver les micro-processeurs), ou le titane (utilisé en aéronautique) et d'autres matières premières stratégiques[672] dont la non-livraison pourrait paralyser l'industrie occidentale[673].

De plus, on oublie souvent que la Russie reste le principal fournisseur de propulseur de fusées des États-Unis et son second fournisseur de pétrole. En outre, la Russie est loin d'être un simple fournisseur de

---

672. Nick J. Adam, "Striking back: Putin has his own card to play after being hit by sanctions", *techilive.in*, 23 février 2022
673. Alexandra Alper et Karen Freifeld, "Russia could hit U.S. chip industry, White House warns", *Reuters*, 11 février 2022

matières premières. La part des hydrocarbures dans son PIB, est d'environ 15 %[674], tandis que celle des services est d'environ 63 %.

Pour les « experts » de « C dans l'air », la Russie est évidemment l'enfer sur terre. Jean-Dominique Giuliani affirme que la Russie est le pays le plus inégalitaire de la planète[675]. C'est un mensonge. Les économistes mesurent le degré d'inégalité dans un pays au moyen du *coefficient de Gini*, qui fait l'objet d'un calcul complexe[676]. Le classement établi par la Banque Mondiale montre que le pays le plus inégalitaire de la planète est l'Afrique du Sud avec un coefficient de 63 (2014) ; les États-Unis ont 41,4 (2018), la Russie 37,5 (2018), la Suisse 33,1 (2018) la France 32,4 (2018) et la Belgique 27,2 (2018)[677].

La Russie n'a certainement pas la puissance économique que sa taille et son potentiel pourraient laisser supposer. Son économie est encore en convalescence, mais elle se porte bien, contrairement à une opinion très répandue en Occident ; et c'est là une des raisons pour lesquelles le gouvernement – Vladimir Poutine au premier chef – conserve une image positive.

---

674. Charles Kennedy, "Oil & Gas Share Of Russia's GDP Dropped To 15 % In 2020", *oilprice.com*, 13 juillet 2021

675. Émission « C dans l'air » du 25 janvier ("Ukraine : la surenchère russe… ou américaine ? #cdanslair 25.01.2022", *France 5/YouTube*, 26 janvier 2022 (41'09")

676. Wikipédia, article « Coefficient de Gini »

677. https://data.worldbank.org/indicator/SI.POV.GINI

7. La stratégie occidentale

7.1. L'URSS s'est-elle effondrée à cause de la course aux armements et à la « Guerre des Étoiles » ?

La fin de la guerre froide est plus le résultat d'un effondrement du système socialiste sur lui-même que d'une action de l'Occident. L'idée que l'Occident aurait poussé l'Union soviétique dans un processus de dépenses exagéré notamment à travers l'*Initiative de Défense stratégique* (IDS), mieux connue sous le nom de « *Guerre des Étoiles* » et ainsi provoqué la chute du régime est un mythe fantaisiste.

L'IDS a été évoquée pour la première fois en mars 1983. Elle n'était alors qu'un ambitieux programme de recherche, nécessitant une réorientation massive de ressources industrielles, que les États-Unis ont lancé sans réussir à le mener à terme. Aujourd'hui, les « experts » n'y voient qu'un défi technologique, mais c'était avant tout un défi politico-stratégique. L'IDS changeait radicalement la logique de la guerre froide. D'un équilibre fondé sur une capacité offensive, on passait à un rapport de force fondé sur une capacité défensive. Ronald Reagan y voyait même une dimension globale, car la logique ne fonctionne que si ces capacités sont partagées. Ses alliés européens, Royaume-Uni en tête, n'y voyaient qu'une dangereuse et coûteuse utopie et ont pesé de tout leur poids pour faire reculer les Américains.

Contrairement à un mythe qui a la vie dure, l'IDS n'a pas provoqué d'emballement de l'économie soviétique[678]. Certes, les Américains l'ont prétendu à l'époque, comme en témoigne cet article du *Washington Times* de novembre 1986, conservé dans les archives de la CIA[679]. C'est l'état des connaissances à l'époque, que Thierry Wolton reprend dans son ouvrage publié en 1987[680]. Mais un document secret de la CIA établi au début des années 2000, puis déclassifié en 2014, donne une image très différente.

À la différence des États-Unis, l'URSS vivait dans une économie de guerre, où les biens de consommation n'étaient pas une priorité. Les dirigeants soviétiques étaient conscients qu'ils avaient atteint les limites de leurs capacités[681] et n'ont pas cherché à s'engager dans l'IDS. Selon la CIA, les dirigeants du Kremlin envisageaient de multiplier le nombre de leurs missiles plutôt que de développer un nouveau système parallèle. Les Américains eux-mêmes ont dû rapidement constater qu'ils avaient eu les yeux plus gros que le ventre. À part un foisonnement d'idées souvent irréalisables, l'IDS n'a apporté aucun résultat concret et a été abandonné par les Américains en 1993.

En outre, il est bon de rappeler que les transferts de technologie n'étaient pas à sens unique : de nombreuses technologies nécessitées par l'IDS avaient été développées par les Soviétiques, notamment en ce qui concerne la science des matériaux. Trente ans plus tard, les Américains dépendent encore très largement de la métallurgie de haute-technologie et des moteurs de fusées qui continuent à être fournis par la Russie… sans jamais être placés sous sanctions[682] !

---

678. David E. Hoffman, "Mutually Assured Misperception on SDI", *Arms Control Today*, 6 octobre 2010

679. "Moscow's Response to US Plans for Missile Defense", CIA (https://www.cia.gov/readingroom/docs/CIA-RDP99-01448R000301220006-5.pdf)

680. Voir Thierry Wolton, *Le KGB en France*, Grasset, 1987

681. Andrew Cockburn, *The Threat : Inside The Soviet Military Machine*, *Random House*, 1983

682. Tony Capaccio, "Replacing Russian Rocket Engine Isn't Easy, Pentagon Says", *Bloomberg*, 1er mai 2014

À la fin des années 1980, le système soviétique était profondément malade. La catastrophe de Tchernobyl a provoqué à tous les niveaux une prise de conscience de l'inefficacité des mécanismes de gestion administratifs et politiques : elle a été l'événement majeur qui a conduit à la chute de l'URSS. Dans sa foulée a été déclenchée la politique de transparence (*glasnost*) en appui des efforts de restructuration (*perestroïka*) qui venaient d'être initiés. À partir de ce moment, les efforts occidentaux pour subvertir le système communiste n'ont eu qu'un effet marginal, au point que les Occidentaux eux-mêmes ont été surpris par les événements de 1989-1990, ainsi que le confirme le général Lord David Richards, chef de l'état-major de Défense britannique de l'époque : « *Nous n'en avions aucune idée !* »[683].

Quelques heures après la chute du Mur, j'étais au Département d'État, à Washington, pour discuter de la situation stratégique en Europe. Avec ma délégation, nous avions constaté avec étonnement que ni l'événement ni ses conséquences n'avaient été imaginés par les responsables politiques américains. Ainsi, notre sentiment de victoire est usurpé, et notre mépris envers la Russie injustifié.

7.2. La stratégie occidentale envers la Russie est-elle pertinente ?

Les Européens sont assez naïfs en ce qui concerne la politique américaine. Le 7 mars 1992, le *New York Times* publie une ébauche du *Defense Planning Guidance 1994-1998*, du Pentagone, qui esquisse la stratégie des États-Unis après la guerre froide[684] :

---

683. Rosie Laydon, "Former British Military Chief 'Had No Idea' Berlin Wall Would Fall In 1989", *www.forces.net*, 5 novembre 2019
684. "Excerpts From Pentagon's Plan: 'Prevent the Re-Emergence of a New Rival'", *The New York Times*, 8 mars 1992

> *Notre premier objectif est d'empêcher la réémergence d'un nouveau rival, sur le territoire de l'ex-Union soviétique ou ailleurs, qui représente une menace de l'ordre de celle que représentait autrefois l'Union soviétique.*

Concernant l'Europe :

> *Nous devons chercher à éviter l'émergence d'arrangements de sécurité uniquement européens qui pourraient affaiblir l'OTAN.*

Ce document déclenche un tollé, et le département de la Défense devra l'édulcorer dans sa version définitive du 16 avril 1992. Il reste néanmoins connu sous le nom de d*octrine Wolfowitz* et continue à imprégner la stratégie américaine de nos jours.

Le discours occidental sur la Russie est clairement aligné sur la position et la stratégie américaine. Pour comprendre la stratégie américaine, il faut se référer à la *RAND Corporation,* un *think tank* américain, créé en 1948 pour conseiller le ministère de la Défense sur la stratégie nucléaire et la stratégie de sécurité nationale.

En 2019, la *RAND Corporation* a publié un document sur la stratégie américaine envers la Russie, dont le titre des six sous-chapitres du chapitre 4 sont éloquents[685] :

> *Mesure 1 : Fournir une aide létale à l'Ukraine*

> *Mesure 2 : Augmenter le soutien aux rebelles syriens*

> *Mesure 3 : Promouvoir un changement de régime en Biélorussie*

> *Mesure 4 : Exploiter les tensions dans le Caucase du Sud*

---

685. James Dobbins, Raphael S. Cohen, Nathan Chandler, Bryan Frederick, Edward Geist, Paul DeLuca, Forrest E. Morgan, Howard J. Shatz, Brent Williams, "Extending Russia : Competing from Advantageous Ground", *RAND Corporation*, 2019

Mesure 5 : Réduire l'influence russe en Asie centrale

Mesure 6 : Remettre en question la présence russe en Moldavie

On y reconnaît tous les thèmes qui ont animé la politique des États-Unis et de l'Union Européenne envers la Russie entre 2020 et 2022.

Quant à la manière de réaliser ces mesures, elle a été détaillée en 2019 également, dans un autre document de la *RAND Corporation*. Elle a été conçue « *pour les États-Unis et ses alliés* », et a pour objectif de « *créer un surétirement et un déséquilibre de la Russie* »[686]. Il s'agit de créer des situations provoquant des tensions sociales et économiques, qui placent la Russie en permanence sur la défensive, sur plusieurs fronts à la fois, pour la déstabiliser et l'affaiblir politiquement, en interne et en externe.

Son principe s'inspire du mythe – très répandu en France[687] – que l'URSS s'est effondrée à la suite du surétirement de ses ressources provoqué par le projet de « Guerre des Étoiles » de Ronald Reagan.

Parmi les mesures proposées par la RAND dans le domaine économique émergent les efforts contre le gazoduc germano-russe, menés par Donald Trump jusqu'aux derniers jours de son mandat[688] puis relayés par quelques députés européens selon trois grands axes.

– Développer la production énergétique aux États-Unis afin de mettre sous pression l'économie de la Russie, et ses dépenses publiques et, par extension, ses dépenses de défense. Accessoirement, cela accroîtrait l'offre mondiale et ferait baisser les prix mondiaux, donc les revenus de la Russie. Outre que cela serait un avantage pour l'économie américaine, cela ne nécessite pas d'approbation multilatérale.

– Imposer des sanctions commerciales et financières plus sévères afin de dégrader l'économie russe.

---

686. James Dobbins *et al.*, "Overextending and Unbalancing Russia", *RAND Corporation*, (Doc. Nr RD-10014-A), 2019
687. Thierry Wolton, *Le KGB en France, op. cit.*
688. Faustine Vincent et Nabil Wakim, « Les États-Unis accentuent les sanctions contre le gazoduc Nord Stream 2 », *Le Monde*, 5 janvier 2021

Poutine, maître du jeu ?

− Accroître la capacité de l'Europe à importer du gaz de fournisseurs autres que la Russie, afin de créer des tensions économiques en Russie et de rendre l'Europe indépendante de la Russie.

On est donc très loin de la tradition européenne, mais le projet de la RAND ne s'arrête pas là. On y discerne la subversion du système politique russe, où l'on reconnaît à la fois les mesures prises pour soutenir Navalny et les projets financés par la NED[689] (figure 18).

Stratégie américaine pour déstabiliser la Russie (extrait)

Options idéologiques et informationnelles à coûts élevés	Probabilité de succès dans le surétirement de la Russie	Avantages (pour les États-Unis)	Coûts et Risques (pour la Russie)
Diminuer la confiance dans le système électoral russe	Basse	Moyen	Hauts
Créer la perception que le régime ne poursuit pas l'intérêt public	Moyenne	Moyen	Hauts
Encourager les protestations intérieures et autres résistances non violentes	Basse	Moyen	Hauts
Saper l'image de la Russie à l'étranger	Moyenne	Moyen	Moyens

Figure 17 – Options pour imposer des coûts à la Russie dans les domaines de la politique et de l'information. [Source : "Overextending and Unbalancing Russia", RAND Corporation, 2019, p. 5.

Ce qui est frappant dans ce document, qui compte une trentaine de recommandations majeures, est que, à aucun moment, il ne mentionne la

---

689. Voir question 6.2

Poutine, maître du jeu ?

promotion des droits humains ou l'État de droit. On peut ainsi confirmer une observation déjà faite *supra* : l'affaire Navalny a servi de levier pour appuyer une politique qui n'a rien à voir avec une amélioration de la situation en Russie, mais vise seulement à servir les intérêts des États-Unis[690].

En juin 2018, lors d'une réunion organisée par le FCO pour mobiliser des soutiens aux opérations d'influence, l'objectif de l'opération est clairement énoncé : « *Le programme a pour but d'affaiblir l'influence de la Russie sur ses voisins* »[691].

À la différence de l'URSS, où seulement 5-9 % de la population était communiste, aujourd'hui, 60 à 65 % des Russes approuvent l'action de Vladimir Poutine. Ainsi, durant la guerre froide, avec une population qui subissait le régime, la propagande vantant l'Occident suffisait pour espérer déstabiliser l'URSS. Aujourd'hui, la situation est très différente : tout imparfait qu'il soit, le gouvernement russe n'est pas en décalage avec sa population. La propagande ne suffit donc plus comme facteur de déstabilisation. Il faut désinformer. C'est pourquoi les Occidentaux ont dû mettre sur pied des structures à cette fin.

Les sanctions unilatérales – mais de portée globale, grâce à une application du droit américain dans le monde entier – ont pour objectif de créer une situation intenable pour les populations locales, afin de les pousser à se révolter. Ce principe est décrit en toutes lettres par Richard Nephew, responsable des sanctions au Département d'État sous Barack Obama et délégué à l'Iran sous Joe Biden, dans un ouvrage intitulé *L'art des sanctions*, dont l'esprit peut être qualifié de répugnant[692].

---

690. "Trump schaltet sich im Fall Nawalny ein und kritisiert Nord Stream 2", *Handelsblatt*, 5 septembre 2020 ; "Trump fordert Stopp von Nord Stream 2", *Der Spiegel*, 7 septembre 2020
691. *Supplier Event, Support for Independent Media in Eastern Partnership Countries, Support for Independent Media in the Baltic States*, Foreign & Commonwealth Office, Londres, 26 juin 2018
692. Richard Nephew, *The Art of Sanctions – A View from the Field*, Columbia University Press, New York, 2018

Dans le même esprit, en février 2021, Bernard Guetta, parlementaire européen de *La République en Marche*, déclare sur *France 5*[693] :

> *Le niveau de vie baisse constamment en Russie en partie, mais en partie seulement, à cause des sanctions ou grâce aux sanctions occidentales.*

Le niveau de vie baisse donc en Russie grâce à nos sanctions ! Voilà de quoi être fier.

Les politiques français fonctionnent sur le même logiciel criminel. Après avoir été chassée du Mali par une junte qui ne voit pas de perspective dans l'approche française du conflit, la réponse a été de faire pression sur ses voisins pour asphyxier l'économie malienne[694].

Le 1er mars 2022, au lendemain des premières sanctions économiques contre la Russie et le succès mitigé des attaques contre le rouble, les Occidentaux constatent que l'économie russe est plus résiliente que prévue. Au point qu'en Allemagne, on commence à se demander si l'Europe n'a pas réagi un peu vite. En France, le ministre de l'Économie Bruno Le Maire déclare à propos de la Russie[695] :

> *Nous allons livrer une guerre économique et financière totale à la Russie, mais le peuple russe en paiera aussi les conséquences.*

Il reviendra timidement sur certains de ses propos par la suite. L'essentiel demeure : l'absence totale de morale, d'éthique politique et d'honneur de nos politiciens, qui ont été incapables de gérer la crise en amont, et qui cherchent à se venger sur les populations civiles.

---

693. « Le 5 sur 5 ! - C à Vous - 03/02/2021 », *France 5/YouTube*, 3 février 2021 (17'10")
694. Carole Assignon, « Mali : vers une asphyxie de l'économie ? », *dw.com*, 18 janvier 2022
695. « Guerre en Ukraine : "Nous allons provoquer l'effondrement de l'économie russe", affirme Bruno Le Maire », *Radio France*, 1er mars 2022

Poutine, maître du jeu ?

Il n'était certainement ni légal, ni opportun de lancer une offensive de grande envergure contre l'Ukraine. Cela ne justifie pas le sacrifice de nos valeurs et de notre honneur : laissons ça aux autres !

7.3. Qui a politisé la lutte contre la CoViD-19 ?

Dans l'émission « C dans l'air » du 17 novembre 2021, alors que la 5e vague de la CoViD-19 frappe l'Europe et en particulier la Russie, Patrick Pelloud, urgentiste qui n'a manifestement aucune compétence en matière de vaccins lance que « *le vaccin russe ne fonctionne pas !* ».

Pourtant, en février 2021, la revue médicale *The Lancet*, qui fait autorité, affirmait que le vaccin était efficace[696], un constat confirmé dans un article de la célèbre revue *Nature* en juillet 2021[697]. En septembre 2021, un autre article du *Lancet*, fondé sur les observations faites en Argentine[698], confirme, une fois de plus, l'efficacité du vaccin. Le 24 novembre – une semaine après l'émission –, une étude effectuée en Hongrie (qui utilise le vaccin russe aux côtés d'autres vaccins occidentaux) sur 3,7 millions de patients, montre que le *Spoutnik-V* a une efficacité de 85,7 %[699]. La *Clinical Trials Arena*, une plate-forme commune utilisée par plusieurs groupes pharmaceutiques, affirme, le 25 novembre, que le vaccin russe

696. Ian Jones & Polly Roy, "Sputnik V COVID-19 vaccine candidate appears safe and effective", *The Lancet*, volume 397, n° 10275, 2 février 2021, pp. 642-643 ; Denis Y Logunov, et al., "Safety and efficacy of an rAd26 and rAd5 vector-based heterologous prime-boost COVID-19 vaccine: an interim analysis of a randomised controlled phase 3 trial in Russia", *The Lancet*, volume 397, n° 10275, 2 février 2021, pp. 671-681..
697. Bianca Nogrady, "Mounting evidence suggests Sputnik COVID vaccine is safe and effective", *Nature*, 6 juillet 2021 (mis à jour le 8 juillet 2021)
698. Soledad González *et al.*, "Effectiveness of the first component of Gam-COVID-Vac (Sputnik V) on reduction of SARS-CoV-2 confirmed infections, hospitalisations and mortality in patients aged 60-79: a retrospective cohort study in Argentina", *The Lancet*, volume 40, n°101126, 12 septembre 2021
699. Vokó, Zoltán *et al.*, "Nationwide effectiveness of five SARS-CoV-2 vaccines in Hungary – The HUN-VE study", *Clinical microbiology and infection*, 24 novembre 2021, (doi:10.1016/j.cmi.2021.11.011)

serait efficace sur le long terme[700]. Le 20 décembre, elle indique qu'il le serait également contre le variant *Omicron*[701].

Donc notre urgentiste accuse en racontant n'importe quoi, sans tenir compte de la science. C'est exactement à cause de ces individus pour qui l'imagination tient lieu de raison que les théories complotistes émergent et que le public ne fait plus confiance aux scientifiques… que l'on accuse (parfois à juste titre) de mentir.

L'augmentation des cas et des décès dus à la CoViD en Russie en novembre 2021 ne vient pas de l'« inefficacité » du vaccin comme le prétend Patrick Pelloud, mais du fait que peu de personnes sont vaccinées en Russie (alors environ 36 %[702]).

Ce faible taux de vaccination a deux explications : la prise tardive de mesures coercitives de la part du gouvernement, et une réticence générale au vaccin dans la population russe. Si M. Pelloud était honnête, il aurait constaté que les courbes de vaccination dans l'Union européenne montrent que les pays d'Europe orientale sont assez largement en dessous de la moyenne européenne, tirée vers le haut par l'Europe occidentale. Il y a donc une raison probablement culturelle derrière cette désaffection envers les vaccins. Pour preuve, les taux de mortalité de la CoViD en Europe sont plus élevés dans les pays de l'Est (Bulgarie, Hongrie, Tchéquie, Roumanie, Croatie, Slovaquie, Lituanie, Slovénie, Pologne, Lettonie)[703]…

Cependant, pour le cas de la Russie, on ne peut exclure que cette réticence ait été influencée par les soi-disant « scientifiques » occidentaux – comme Pelloud –, qui en dénigrant le vaccin russe, ont entamé la confiance dans un vaccin qui pourtant fonctionne. Exactement comme pour les lanceurs de fausses nouvelles en Occident, ceux qui propagent

---

700. "Russia's Sputnik V Covid-19 vaccine demonstrates long-term efficacy", *clinicaltrialsarena.com*, 25 novembre 2021
701. "Russia's Sputnik V vaccine shows effectiveness against Omicron variant", *clinicaltrialsarena.com*, 20 décembre 2021
702. Chiffres du 17 novembre 2021 (https://ourworldindata.org/coronavirus)
703. Chiffres du 18 décembre 2021 (https://www.worldometers.info/coronavirus/)

des fausses nouvelles sur le vaccin russe sont tout autant criminels. Le conspirationnisme n'est pas limité à ceux qui dénigrent les vaccins en Europe !

On rétorquera que le vaccin russe n'a pas été homologué en Europe. Malgré une demande d'homologation placée le 4 mars 2021, l'*Agence Européenne des Médicaments* (EMA), n'a toujours pas pris de décision à la fin de l'année. En revanche, elle ajoute à son examen du vaccin Spoutnik-V un critère « éthique » (qui n'a été appliqué à aucun autre vaccin)[704].

Apparemment, l'Agence semble prendre au sérieux les rumeurs qui ont entouré l'annonce du vaccin russe, sans lire la presse spécialisée. Ceci peut-il s'expliquer par le fait qu'Emer Cooke, nouvelle directrice de l'EMA depuis novembre 2020, était auparavant à la tête de la *Fédération européenne des associations et industries pharmaceutiques* (EFPIA), une association de *lobbying* qui comprend notamment AstraZeneca, Johnson & Johnson et Pfizer ? Si c'était le cas, nous ne serions pas très loin d'un cas de corruption… Il semble que cela soit l'EMA qui ait besoin d'éthique !

7.4. Les Occidentaux luttent-ils pour le respect du droit international ?

Il serait tentant de répondre « oui », mais ce n'est plus le cas. Comme le montre quotidiennement les « experts » qui interviennent sur nos plateaux de télévision, notre lecture des relations internationales a profondément changé depuis un quart de siècle.

Notre approche de la Russie, de la Chine et d'autres acteurs est fondée sur une doctrine qui prône que, à partir du moment où nos valeurs sont jugées bonnes (par nous), nous pouvons nous affranchir du droit international. C'est exactement le même esprit qui a autorisé

---

704. "EU regulator to probe ethical standards of Sputnik vaccine trials – FT", *Reuters*, 7 avril 2021

aux Espagnols à massacrer les populations amérindiennes, les Nord-américains les Indiens, les Israéliens les Palestiniens, etc. Cela explique les interventions militaires (et contre le droit international) en Irak, en Syrie et ailleurs.

Juste après la guerre froide, avec une Chine encore en voie de développement et une Russie instable, le rapport de forces au sein du *Conseil de sécurité* (CS) de l'ONU penchait en faveur des États-Unis. Ils pouvaient influencer les décisions du CS ou s'en affranchir pour mener des guerres contraires au droit international en toute impunité. Mais, dès le début des années 2000, alors que la Russie et la Chine raffermissent leurs économies et leur crédibilité, le CS commence à redevenir ce qu'il avait été durant la guerre froide.

Afin de mettre en œuvre leur guerre contre le terrorisme, les États-Unis et la Grande-Bretagne cherchent à créer un ordre international alternatif qui leur laisse les mains libres. Dès le début des années 2000, ils essaient donc de réduire l'autorité des institutions internationales et à remplacer un *ordre international fondé sur le droit* (« *law-based international order* ») par un *ordre international fondé sur des règles* (« *rules-based international order* »).

Autrement dit, les relations internationales ne sont plus régies par des règles de droit reconnues et acceptées par tous mais par des règles établies unilatéralement. Ces règles peuvent être des valeurs (les fameuses « valeurs occidentales ») mais aussi des intérêts nationaux. C'est grâce à cette nouvelle approche que les Américains ont pu justifier l'enlèvement de citoyens sur le territoire de pays européens sans leur approbation, ou l'usage de la torture en Europe.

Inspirée des théories israéliennes, cette approche a conduit les États-Unis à se retirer de tous les traités de contrôle des armements (comme nous l'avons vu sous la question 5.1). C'est aussi ce qui explique que l'administration Trump a adopté des sanctions contre les juges du *Tribunal pénal international* (TPI) qui voulaient poursuivre des militaires américains pour crimes de guerre. L'administration Biden a révoqué cette décision en avril 2021, mais elle a fait pression sur le TPI afin qu'il n'enquête pas sur les crimes de guerre commis par l'armée américaine en Afghanistan[705].

Nous avons donc lentement dérivé vers une « *loi du plus fort* ».

Un marqueur de cette démarche est une allocution de Tony Blair en 2004, à Chicago. Alors premier ministre, il expose le concept de « responsabilité de protéger » (*R2P*), qui restera connu sous le nom de « doctrine Blair ». Elle part de l'idée qu'il existe des principes (ou valeurs) qui sont si importants qu'ils autorisent le contournement du droit et des institutions internationales pour justifier des interventions militaires.

Il cherchait ainsi à justifier *a posteriori* l'engagement de la Grande-Bretagne dans la guerre en Irak sans avoir l'approbation du Conseil de sécurité de l'ONU. Ce faisant, il a ouvert une boîte de Pandore car ironiquement, l'intervention russe en Géorgie, ordonnée par Dimitri Medvedev en 2008 (et non par Vladimir Poutine, comme le prétend Caroline Roux[706]) a été justifiée par la R2P. De même, des exactions contre des minorités russophones dans les pays baltes ou une éventuelle opération de l'Ukraine contre les Républiques autonomistes du Donbass pourraient justifier une intervention russe.

Les États-Unis estiment que les Nations unies sont en opposition à leur vision unipolaire du monde, dans laquelle ils représentent le modèle à suivre. Pourtant, devant la montée en puissance de la Chine et de la Russie, et leur cohésion au Conseil de sécurité des Nations unies, les États-Unis tentent de mettre en place un système alternatif de gestion de l'ordre international, articulé autour de pays qui leur sont favorables. C'est le fondement du *Sommet pour la démocratie*, lancé par Joe Biden

---

705. Andrea Germanos, "Critics Fume as ICC Excludes US From Probe Into Afghan War Crimes", *commondreams.org*, 27 septembre 2021 ; "Statement of the Prosecutor of the International Criminal Court, Karim A. A. Khan QC, following the application for an expedited order under article 18(2) seeking authorisation to resume investigations in the Situation in Afghanistan", *www.icc-cpi.int*, 27 septembre 2021
706. Émission « C dans l'air » du 17 octobre 2021 ("Poutine, maître du jeu #cdanslair 17.10.2021", *France 5/YouTube*, 18 octobre 2021) (53'04")

en décembre 2021, dont l'objectif principal est de « *renforcer la démo-cratie et se défendre contre l'autoritarisme* ». Pourtant, des 111 pays invités, seuls 19 étaient des « *démocraties complètes* », selon la définition de l'*Economist Intelligence Unit* (EIU). Les 92 autres étant (toujours selon l'EIU) des « *démocraties défaillantes* » (comme les États-Unis eux-mêmes, la France et la Belgique), des « *régimes hybrides* » et des « *régimes autoritaires* »[707].

Un exemple de ce nouvel ordre international est l'intrusion de 4 km d'un sous-marin américain de la classe Virginia dans les eaux territoriales russes au niveau des îles Kouriles en février 2022. Les îles Kouriles appartenaient au Japon jusqu'en 1945, lorsqu'elles ont été accordées à l'URSS par les États-Unis, en remerciement pour être intervenue en Mandchourie. Depuis, la souveraineté sur ces îles reste un point de contentieux entre la Russie et le Japon, mais il a pris une nouvelle tournure en 2014, avec la reconnaissance par les États-Unis de la souveraineté du Japon sur ces îles.

Au-delà du cas d'espèce, on constate que l'on est passé dans un contexte où règne la loi du plus fort.

Par exemple, Les États-Unis reconnaissent que :

> *le communiqué conjoint des États-Unis et de la République populaire de Chine de 1979 a fait passer la reconnaissance diplomatique de Taipei à Pékin. Dans le communiqué conjoint, les États-Unis ont reconnu le gouvernement de la République populaire de Chine comme le seul gouvernement légal de la Chine, reconnaissant la position chinoise selon laquelle il n'y a qu'une seule Chine et que Taïwan fait partie de la Chine* [708].

---

707. "Democracy Index 2020 – In sickness and in health?", *The Economist Intelligence Unit*, 2021
708. "U.S. Relations With Taiwan – Bilateral Relations Fact Sheet", *State Department*, 31 août 2018

Cela ne les empêche pas de doubler leur présence militaire sur l'île en 2021[709] et de lui livrer des armes[710]. De même, alors que l'Union Européenne adhère au principe « *d'une seule Chine* » et ne reconnaît pas Taïwan comme État souverain[711], une délégation du Parlement européen dirigée par Raphaël Glucksmann visite Taïwan contre l'avis de Pékin[712].

Un peu comme si la Chine livrait des armes à Hawaï, ou si l'Italie livrait des armes à la Corse et militait pour son indépendance, ou comme lorsqu'un ministre italien vient rendre visite aux gilets jaunes en France sans l'accord de Paris…

Les « valeurs » que nous sommes censés défendre sont très limitées géographiquement et loin d'être universelles. Nous entretenons des liens cordiaux avec les États-Unis. Pourtant, entre 1947 et 1989, ils ont tenté 72 fois de renverser des gouvernements : 6 fois ouvertement et 66 fois par des opérations clandestines, dont seules 26 ont réussi[713].

De plus, à l'occasion de la crise ukrainienne, Joe Biden a répété à l'envi que « *les nations ont la liberté de choisir leur propre voie et de choisir avec qui elles veulent s'associer* [714]». Les États-Unis imposent des sanctions aux pays qui achètent des armes russes. En vertu du *Countering America's Adversaries Through Sanctions Act* (CAATSA), ils ont par exemple sanctionné la Chine. Ainsi, 33 pays[715] ont été mis sous sanctions

---

709. Erin Hale, "US Nearly Doubled Military Personnel Stationed in Taiwan This Year", *Voice Of America*, 2 décembre 2021

710. "US approves $100 million arms sale to Taiwan for missile upgrades", *France 24*, 8 février 2022

711. « Fiches thématiques sur l'Union européenne – Asie orientale », *Parlement européen*, 2021

712. John Feng, "European Lawmakers Visit Taiwan, Brushing Off China's Warnings", *Newsweek*, 3 novembre 2021

713. Lindsey A. O'Rourke, "The U.S. tried to change other countries' governments 72 times during the Cold War", *The Washington Post*, 23 décembre 2016

714. Shane Harris, Robyn Dixon, Rachel Pannett et Emily Rauhala, "Biden says U.S. has not verified a pullback of Russian troops from Ukraine's border, despite Moscow's claims", *The Washington Post*, 15 février 2022

715. Algérie, Angola, Arménie, Azerbaïdjan, Biélorussie, Cameroun, Chine, Égypte, Ghana, Inde, Indonésie, Iran, Irak, Kazakhstan, Kirghizistan, Malaisie, Mexique, Maroc, Myanmar,

ou ont subi des rétorsions, afin de les dissuader de l'imiter[716]. La France ne fait pas mieux : l'origine de la rupture entre Bamako et Paris, n'a pas grand-chose à voir avec l'État de droit (Paris s'était très bien accommodé d'un coup d'État en 2020), plutôt avec un contrat d'armement passé entre le Mali et la Russie[717].

Donc on ne lutte pas pour le respect du droit international, mais pour le maintien d'une suprématie occidentale.

7.5. Notre perception actuelle de la Russie aide-t-elle à résoudre le problème ?

Non, car très peu de commentateurs comprennent la Russie d'aujourd'hui. Ils la confondent encore et toujours avec l'URSS. C'est le problème de beaucoup d'« experts », de conseillers, voire de certains ministres de la « nouvelle Europe » que je connais. Ils n'ont qu'une connaissance livresque et qu'une lointaine compréhension de la culture et de l'esprit russe.

Au début des années 2000, alors que l'administration Bush se lance dans des guerres de long terme et profite de la dynamique du moment pour accentuer la présence américaine en Europe orientale, Vladimir Poutine arrive au pouvoir et siffle la fin de la récréation. Son discours de Munich, en 2007, met un point final à la complaisance russe des années Eltsine.

<hr>

Népal, Nicaragua, Nigéria, Pakistan, Pérou, Philippines, Qatar, Arabie saoudite, Serbie, Corée du Sud, Turquie, Émirats arabes unis, Ouzbékistan et Vietnam
716. John V. Parachini, Ryan Bauer, Peter A. Wilson, "Impact of the U.S. and Allied Sanction Regimes on Russian Arms Sales", *Rand Corporation*, 2021
717. Georges François Traoré, « Les vraies raisons de la brouille : Bah N'Daw aurait communiqué aux Français des documents de contrat d'armement », *maliweb.net*, 26 mai 2021 ; Georges Ibrahim Tounkara, « Assimi Goïta, l'homme au centre de la transition au Mali », *dw.com*, 26 mai 2021

Il devient rapidement la « bête noire » de l'intelligentsia européenne. Tous les moyens deviennent bons pour tenter de le discréditer.

L'arrivée de Donald Trump aux États-Unis permet de définir une sorte d'unité de mesure de la détestation, qui permet de qualifier Vladimir Poutine. On déclare que le président américain est sous l'influence de Poutine[718], qu'il y avait entre eux une connivence[719] et une « *alchimie positive* »[720], au point que Trump préférerait Poutine à ses partenaires de l'OTAN[721]. Dans *Le Monde*, Frédéric Charillon, politologue, affirme même que Trump et Poutine « *sont des alliés objectifs*[722] ».

D'autres affirment que l'idée – assez fantasque – de Donald Trump d'acheter le Groenland lui serait venue de Vladimir Poutine[723], tandis que, avec des trémolos dans la voix, Laure Mandeville rappelle que Trump a tenté de jeter des ponts vers la Russie…

Il suffit de voir les mesures prises par Donald Trump contre la Russie au long de son mandat (voir Annexe 1) pour constater que jamais les relations avec la Russie n'ont été aussi mauvaises.

Il est possible que la gouvernance de Vladimir Poutine laisse à désirer, mais la détestation qu'il nous inspire devient risible.

Son passage au KGB explique « *son amour pour les théories du complot*[724] ». Il devient responsable de tout, les attentats de Paris en

---

718. « Trump, un "candidat mandchou"? », *letemps.ch*, 28 septembre 2020 (mis à jour 29 septembre 2020)

719. « Donald Trump : pourquoi ses liens avec la Russie interrogent », *AFP/Le Point*, 14 janvier 2019 (mis à jour le 15 janvier 2019)

720. Nicolas Barotte, « Trump-Poutine : face-à-face sur fond de crises », *Le Figaro*, 7 juillet 2017

721. François d'Alançon, « L'Otan coincée entre Trump et Poutine », *La Croix*, 11 juillet 20

722. Frédéric Charillon, « Donald Trump et Vladimir Poutine sont des alliés objectifs mais pas égaux », *Le Monde*, 18 juillet 2018

723. Richard Wolffe, "Trump wanting to buy Greenland is yet another sign of Putin's puppetry", *The Guardian*, 21 août 2019

724. Quentin Peel, « Portrait de Vladimir Poutine – Président de la Fédération de Russie », *Institut Montaigne*, blog, 17 juillet 2018

Poutine, maître du jeu?

2015[725] et l'attentat à l'aéroport d'Ankara du 17 février 2016[726] inclus. Le chef du service de sécurité ukrainien (SBU) lui attribue la responsabilité des attentats de Bruxelles du 22 mars 2016[727] et un expert ukrainien voit dans l'attentat de Nice du 14 juillet 2016 un moyen pour renforcer sa position dans les négociations avec John Kerry[728].

En France, au soir de l'attentat du 20 avril 2017 sur les Champs Élysées, Christophe Girard, maire socialiste du 4e arrondissement de Paris, n'hésite pas à tweeter[729] :

> *Attentat en France à quelques jours de l'élection présidentielle.*
> *Comme c'est étrange ! Allez interroger M. Poutine par exemple.*

...une magnifique démonstration d'imbécillité, révélatrice d'un état d'esprit, symptomatique d'une classe politique aussi peu éclairée que responsable. Lors de la manifestation des gilets jaunes du 1er décembre 2018, le journaliste Brice Couturier affirmera même que « *Poutine est à la manœuvre. Une petite guerre civile en France ferait bien ses affaires !*[730] ».

Dans le même ordre d'idée, Boris Johnson[731], le prince Charles d'Angleterre[732] ou Hillary Clinton[733] le comparent à Adolf Hitler. Le *Département de la Sécurité Intérieure* américain (DHS) va même jusqu'à

---

725. Авраам Шмулевич, "Организовал Ли Путин Парижские Теракты?", *tsn.ua*, 17 novembre 2015

726. ТСН, "До терактів у Туреччині може бути причетна Росія", *YouTube*, 21 février 2016

727. Новости Украины, "Глава СБУ Грицак - Придурок и Дегенерат", *YouTube*, 24 mars 2016

728. "Эксперт рассказал, как Керри убедил Путина не делать глупости", *glavnoe.ua*, 15 juillet 2016

729. Texte « tweeté » le 20 avril 2017, à 21 h 47 – rapidement effacé juste après.

730. https://twitter.com/briceculturier/status/1068854748932128770

731. « Le ministre britannique Boris Johnson compare Poutine à Hitler », *Challenges.fr*, 21 mars 2018

732. « Le Prince Charles compare Poutine à Hitler », *Le Nouvelliste*, 7 août 2015 (mis à jour 20 octobre 2015)

733. « Ukraine : quand Hillary Clinton compare Poutine à Hitler », *Le Parisien*, 6 mars 2014

avertir les Américains que les Russes pourraient tenter de les diviser sur la pizza à l'ananas[734] !

Bref, Vladimir Poutine est devenu une sorte d'excuse pour ne pas avoir de politique. Le problème est que nous le jugeons en fonction de nos tripes et non avec notre tête. En 2016, la plate-forme d'analyse géopolitique américaine *Stratfor* prédisait que ni la Russie, ni Vladimir Poutine n'existeraient plus en 2025[735]. Sur quelles bases ? Pas de réponse.

En 2014, Barack Obama appelait les Occidentaux à se rapprocher de la Russie pour se concentrer contre le défi que constitue la Chine pour les États-Unis. Or, sept ans plus tard, on observe que les Européens (et notamment les pas de la « nouvelle Europe ») ont poursuivi la ligne que leur avait tracée Donald Trump, contraignant Joe Biden à les suivre. Résultat : l'Occident fait face à deux « adversaires » adjacents et qui tendent à se grouper en un seul bloc puissant : la Russie et la Chine.

7.6. Les fact-checkers nous aident-ils à mieux lutter pour l'État de droit ?

En théorie, oui. En pratique, non. Oui, lorsqu'ils nous aident à avoir une vision du monde dépassionnée et débarrassée de préjugés. Non, lorsqu'ils apportent un regard partisan, qui conduit à polariser les opinions.

La condition *sine qua non* pour que le *fact-checking* soit utile et un gage de paix, est qu'il soit impartial et libre de toute influence extérieure. Malheureusement, souvent, les *fact-checkers* tendent à confondre leur vision du monde – parfaitement légitime avec les faits. Ils deviennent militants. Leur méthodologie n'utilise pas de définition rigoureuse des termes employés, ce qui leur permet de qualifier de conspirationniste tout

---

734. Mike Levine, "DHS warns of Russian efforts to divide America over pineapple pizza -- sort of", *abcnews*.com, 19 juillet 2019
735. "Decade Forecast: 2015-2025", *Stratfor.com*, 23 février 2015 ; Debra Killalea, "The world in 2025: China loses power, Russia 'won't exist'", *news.com.au*, 6 février 2016

ce qui ne leur plaît pas. Ils deviennent dès lors des organes d'influence, qui polarisent les opinions, ce qui va à l'encontre de leur objectif premier.

La crise ukrainienne de 2021-2022, comme la plupart des crises, a son origine dans la manière dont nous interprétons les faits de part et d'autre. Dans mon métier de renseignement dans les services de renseignements américains et britanniques, j'ai appris à tenter de comprendre la manière et la logique dont pense l'adversaire. Non pas selon mes opinions mais en faisant abstraction de mes préjugés. Cela ne signifie pas que j'épouse les idées de l'adversaire, mais que j'essaye d'en saisir le point de vue afin d'avoir une réponse adéquate. C'est ce que j'ai expliqué dans *Gouverner par les fake news*, qui vise à lutter contre le conspirationnisme et à apporter un regard plus équilibré sur les événements. Il a donc été qualifié de « conspirationniste » par *Conspiracy Watch*[736], qui a répercuté son verdict sur *Wikipédia*.

C'est le problème de structures associées à des organisations porteuses d'un projet politique ou qui relaient une idéologie, tel le *Centre d'excellence sur la communication stratégique* de l'OTAN[737]. Mais cela concerne aussi des officines comme *Conspiracy Watch* qui travaillent avec l'*Integrity Initiative* (II) britannique. L'II a été créée sous l'égide du ministère des Affaires étrangères britannique (FCO), responsable du *Secret Intelligence Service* (MI-6) et du *Government Communications Headquarters* (GCHQ) en charge de la cyberguerre, associés à cette initiative. Elle est aussi financée par le ministère de la Défense et l'armée britanniques, le ministère de la Défense de la Lituanie et l'OTAN, et vise à combattre la désinformation russe en Europe[738]. L'II s'appuie sur la BBC et l'agence Reuters pour promouvoir un discours officiel, visant à contrer la désinformation russe.

---

736. Antoine Hasday, « Sur *RT France*, Jacques Baud coche toutes les cases du conspirationnisme géopolitique », *Conspiracy Watch*, 7 septembre 2020.
737. https://www.stratcomcoe.org/
738. *Foreign and Commonwealth Office: Integrity Initiative, Question for Foreign and Commonwealth Office*, UIN 196177, 27 novembre 2018

En France, l'II a un *cluster* qui a pour but d'« *étudier l'influence russe* ». La liste de participants révélée par les « Anonymous » comprend des journalistes, des fonctionnaires du ministère des Affaires étrangères, du secrétariat général de la défense et de la sécurité nationale (SGDSN), Rudy Reichstadt de *Conspiracy Watch*[739], Françoise Thom (opposée aux médias payés par l'étranger et au dialogue diplomatique avec la Russie[740]) ou Galia Ackerman, qui intervient régulièrement sur *France 5* à propos de la Russie. Dans le *cluster* britannique, sans surprise, on trouve *Bellingcat* et Vladimir Ashurkov, proche collaborateur de Navalny.

Techniquement, ces correspondants d'une initiative financée par des gouvernements étrangers, répondent à la définition *d'agents d'influence*[741]. Selon *SwissInfo*, l'*Integrity Initiative* a permis à la Grande-Bretagne :

> *d'intervenir dans les affaires intérieures des États européens indépendants : un exemple est l'opération MONCLOA en Espagne par laquelle la Grande-Bretagne a empêché Pedro Baños d'être nommé au poste de directeur du Département de la sécurité intérieure de l'Espagne* [742].

On est donc dans des opérations qui dépassent de loin la lutte contre la désinformation : il s'agit d'influencer la politique des pays de l'Union Européenne. Dans les faits, il s'agit moins de lutter contre la désinformation russe, que de lutter contre ce qui s'oppose à la désinformation occidentale. C'est ce qui affecte notre lecture de la Russie et qui a contribué à l'incapacité des pays européens et de l'Union européenne à trouver des solutions en amont de l'action militaire.

---

739. Benoît Bréville, « Chasseur de "conspis" », *Le Monde diplomatique*, avril-mai 2018 ; Brice Perrier, "Conspiracy Watch de Rudy Reichstadt : les contradictions de l'anti-complotiste professionnel", *Marianne*, 23 novembre 2019 ; Laurent Dauré, « Quand les "complotologues" de *Franceinfo* font l'impasse sur la principale théorie du complot de l'ère Trump », *Acrimed*, 10 mars 2021

740. Isabelle Mandraud, « Françoise Thom, la procureure de Poutine », *Le Monde*, 21 octobre 2019

741. https://fr.wikipedia.org/wiki/Agent_d'influence

742. "Anonymous svela 'rete anti Russia'", *swissinfo.ch*, 24 novembre 2018

La compréhension d'un conflit requiert une lecture holistique des événements. Le problème est que, pour ostraciser la Russie et la Chine, les « experts » de « C dans l'air » et les autres doivent systématiquement occulter une partie de l'histoire afin que leur narratif soit cohérent. Cette lecture ne mène à rien, si ce n'est à polariser les opinions.

Pourtant, lutter contre les dictatures ne demande pas des mensonges : la génération qui a précédé celles des dirigeants d'aujourd'hui a pu, sans *fact-checkers*, venir à bout du franquisme, de Salazar au Portugal, du communisme en Pologne, en Tchécoslovaquie, en Roumanie, en Hongrie, en URSS, et des dictatures turque et grecque, pour ne citer que les pays européens.

Aujourd'hui, paradoxalement, parce qu'ils n'ont pas de regard holistique sur les problèmes, *fact-checkers* et journalistes ne font que renforcer l'autorité de Vladimir Poutine et d'autres.

8. Conclusions – Poutine, maître du jeu ?

Oui, Poutine est le maître du jeu, mais pas pour les raisons que nos préjugés nous inspirent, et que les « experts » nous rappellent. Il est le maître du jeu parce qu'il nous connaît mieux que nous *nous* connaissons et mieux que nous *le* connaissons.

Nous ne partageons pas les mêmes critères de gouvernance que Vladimir Poutine, dont acte ; mais l'intransigeance de nos « experts » face à la Russie ou à la Chine ne nous donne que *l'illusion* d'être forts. En nous soumettant, nous nous affaiblissons. Les mesures que nous prenons ne sont pas en adéquation avec la *situation réelle* et ne reflètent que notre *perception*. Il en résulte une image irrationnelle de la situation qui fait qu'il aura *toujours* une longueur d'avance.

8.1. Le bilan

Au début de mars 2022, le tableau suivant se dégage de la situation.

- L'Union européenne, totalement absente (et même contre-productive) dans la phase diplomatique du conflit, ne s'est révélée efficace que par la fourniture d'armes pour la population civile ukrainienne, une décision irresponsable, pour ne pas dire stupide.
- À la demande de l'Ukraine, la Chine émerge comme un médiateur du conflit, au détriment d'acteurs plus traditionnels dans le domaine de la médiation comme la Suisse.

- De nombreux experts américains ont compris l'irresponsabilité d'avoir voulu à tout prix étendre l'OTAN jusqu'aux frontières de la Russie. L'OTAN semble le comprendre seulement maintenant.

- L'OTAN apparaît comme une structure qui ne peut répondre à des situations comme celle de 2021-2022. L'Europe doit se trouver une architecture de sécurité adaptée à son contexte. Dans quelle mesure les Américains accepteront d'en être exclu ? Cela reste une question ouverte.

- Le Bélarus qui, en 2020, souhaitait se distancer la Russie et se rapprocher des Européens est aujourd'hui complètement retombé dans l'orbite russe grâce à la politique de l'Union européenne.

- La Russie et la Chine se sont rapprochées de manière considérable, politiquement et économiquement.

- Tant au niveau national qu'à celui de l'Union européenne, les mécanismes décisionnels occidentaux sont guidés par la seule émotion et deviennent incohérents, irrationnels et incapables d'anticipation.

- Par leur ignorance, les « experts » ont façonné notre perception de la Russie, de l'Ukraine et des événements de telle sorte que nous n'avons pas eu la lecture apaisée de la situation qui aurait permis d'éviter le désastre. Au contraire, il semble que, depuis décembre 2021, nous nous soyons trouvés dans une dynamique accélérée d'incompréhension et de partialité.

- Depuis le début de la crise, tant aux États-Unis qu'en Europe, les services de renseignement ont brillé par leur absence. Certains avaient une image de la situation beaucoup moins alarmante que ce que nous présentaient les médias, ce qui aurait permis un dialogue dépassionné, mais ils ont été doublés sur leur droite par des politiques plus attachés à la posture et aux *punchlines*, qu'à la réflexion et à la négociation.

8.2. Le rôle des préjugés

En 1982, George Kennan, un diplomate américain qui a été l'un des concepteurs de la stratégie d'endiguement (*containment*) de l'Union Soviétique, écrivait[743] :

> *Je trouve que la perception de l'Union soviétique qui prévaut aujourd'hui dans une grande partie de nos établissements gouvernementaux et journalistiques est si extrême, si subjective, si éloignée de ce que révélerait un examen approfondi de la réalité extérieure qu'elle est non seulement inefficace mais dangereuse pour guider l'action politique.*

En 2022, remplacez « Union soviétique » par « Russie » et vous constaterez que nous n'avons pas beaucoup évolué.

Le conflit en Ukraine est le résultat d'une construction dans laquelle les paroles et les gestes de Vladimir Poutine ont été systématiquement interprétés en fonction de nos préjugés.

Nous faisons avec la Russie exactement la même erreur qu'avec le terrorisme djihadiste : nous attribuons à l'adversaire une doctrine construite à partir de nos propres perceptions, en assemblant des faits avec *notre* logique. Il en résulte que nous ne parvenons pas à entrer dans la logique *réelle* de l'adversaire, et nous lui laissons l'initiative. C'est pour cette raison que les Occidentaux sont tenus en échec sur tous leurs théâtres d'opérations, que les Israéliens ne parviennent pas à maîtriser le terrorisme depuis plus de soixante ans, et que la France craint le retour des djihadistes malgré la défaite de l'État islamique. On ne peut pas vaincre un adversaire que l'on ne veut pas connaître…

À aucun moment les diplomates occidentaux ne se sont préoccupés du sort des populations du Donbass, privées de ressources et pilonnées

---

743. George F. Kennan, *The Nuclear Delusion: Soviet-American Relations In The Atomic Age*, Pantheon (New York), 1982

par le gouvernement ukrainien durant huit ans. En définitive, la seule influence matérielle notable de l'Union Européenne dans les dramatiques développements du début 2022 a été l'adoption de sanctions et des livraisons d'armes massives, mais son apport diplomatique a été littéralement nul.

8.3. Un conspirationnisme institutionnel

Personne, pas même Vladimir Poutine, n'est pour la guerre simplement parce qu'il aime la guerre. Les faucons ne voient pas d'alternative à la guerre, parce que l'image qu'ils ont de la situation ne leur dicte *que* cette solution.

Depuis 2014, notre lecture du discours de Vladimir Poutine suit la logique : « *Poutine est un dictateur*[744] », « *la dictature engendre la guerre*[745] », « *la Russie accroît sa présence à la frontière ukrainienne*[746] », « *Poutine veut attaquer l'Ukraine*[747] ». Ainsi, on aligne des *punchlines* inquantifiables, invérifiables, justifiées par des approximations, pour créer une logique artificielle et créer une image qui empêche toute résolution pacifique du conflit.

Ainsi, les appellations « séparatistes », « indépendantistes » et « pro-russe » sont fallacieuses, mais elles ont forgé les esprits. Depuis 2015, les Russes ont systématiquement demandé l'application des Accords de Minsk, qui visaient un *statut d'autonomie* des russophones dans le cadre de l'Ukraine. Il est frappant de voir que, sur des chaînes

---

744. https://youtu.be/akCBS12of_s

745. « Ukraine et Biélorussie: la dictature engendre toujours la guerre », *huffingtonpost.fr*, 16 avril 2014 (mis à jour 5 octobre 2016)

746. « Ukraine : les troupes russes se déploient à la frontière », *francetvinfo.fr*, 3 février 2022

747. Laure Mandeville, « Considérant les précédents de Poutine, une attaque russe sur l'Ukraine est probable », *lefigaro.fr*, 10 février 2022

comme la *RTS*, la situation a été systématiquement présentée d'une manière qui excluait toute conciliation.

Les médias d'État, tels la *RTS*, *France 5*, *France 24* ou la *RTBF*, ne travaillent pas selon les principes de la Charte de Munich (Annexe 4). D'autres médias, comme la chaîne privée *LN24* en Belgique, présentent des informations relativement équilibrées sur la situation en Ukraine. Sur *CNews*, en France, le témoignage glaçant de la journaliste Anne-Laure Bonnel sur les crimes de guerre ukrainiens dans le Donbass[748], devrait faire réfléchir sur cette guerre mais aussi sur la manière dont nous avons abordé le conflit. Dans ce contexte, nous devrions sérieusement nous interroger sur la responsabilité morale et pénale des médias qui ne travaillent pas selon des critères d'éthique journalistique et faussent notre perception de manière délibérée.

Cela montre également que nous nous satisfaisons de mauvaises décisions sous prétexte qu'elles servent une bonne cause. C'est une variante de « la fin justifie les moyens ». Cela ne correspond pas à nos valeurs. Comme nous l'avons vu, tout ce que nous ont dit les « experts » était fondé sur des réalités tronquées, dont on a retiré une partie des événements pour qu'ils collent avec le narratif.

8.4. Une indignation à géométrie variable

Ayant grandi dans une culture qui écarte la violence dans les actes comme dans les pensées, je condamne la guerre, mais je suis, comme on dit en Suisse, un citoyen-soldat, qui accepte et même considère comme légitime l'usage de la force si nécessaire !

Loin de penser que la décision de Vladimir Poutine d'attaquer l'Ukraine était pertinente, je pense néanmoins qu'il est bon de se pencher

---

748. Anne-Laure Bonnel : « L'Ukraine bombarde sa propre population depuis huit ans et il y a eu 13 000 morts », *CNews*.fr, 1er mars 2022

Poutine, maître du jeu ?

de manière critique sur la façon dont *nous* avons géré cette crise et les crises en général.

Car il faut nous poser quelques questions. Après avoir clamé *urbi et orbi* durant des mois que Vladimir Poutine risquait d'attaquer l'Ukraine, l'absence totale de détermination occidentale à mettre en œuvre les Accords de Minsk est inexplicable.

Qui a condamné et cherché à empêcher le bombardement systématique de la population du Donbass par son propre gouvernement ? Qui a sanctionné le gouvernement ukrainien pour avoir coupé l'approvisionnement en eau de la population de Crimée ?

Les valeurs que nous prétendons défendre sont à géométrie variable.

Julian Assange a fait plus de prison que les auteurs des crimes de guerre qu'il a dénoncés, et personne n'a sanctionné les États-Unis pour ces crimes. Et nous continuons… Nous condamnons – avec raison – les atteintes à la liberté de pensée, de presse et d'information. Mais, en Allemagne, on licencie un chef d'orchestre parce qu'il refuse de condamner l'offensive russe[749]. En Tchéquie, manifester en faveur de la Russie contre l'Ukraine est assimilé à un « *soutien à un crime contre l'humanité ou au génocide* », passible d'une peine pouvant aller jusqu'à trois ans de prison[750]. Lorsque l'on ajoute les déclarations abjectes de Bruno Le Maire, ministre français de l'Économie, on a une image de ce que sont devenues nos valeurs.

Les mêmes qui applaudissaient les frappes contre la Libye et l'Irak s'étonnent que la Russie fasse la même chose en détruisant les infrastructures ukrainiennes. Les mêmes qui combattent le nationalisme en France et en Europe célèbrent, arment et soutiennent l'ultra-nationalisme en Ukraine…

---

749. Marianne Guenot, "Famed conductor who is close friends with Putin was fired from his orchestra for not condemning Ukraine invasion", *Business Insider*, 1er mars 2022
750. Daniela Lazarová, "Chief prosecutor warns against public support for Russian aggression", *Radio Prague*, 26 février 2022

L'offensive déclenchée par Vladimir Poutine est illégale selon la charte des Nations unies. Mais… a-t-on même sanctionné les États-Unis pour avoir délibérément menti au Conseil de sécurité afin de justifier leur guerre en Irak ?

La reconnaissance des Républiques du Donbass par Vladimir Poutine, le 21 février 2022, a été accueillie par une première pluie de sanctions. Cependant, la reconnaissance unilatérale du Golan comme territoire israélien ou de Jérusalem comme capitale d'Israël par Donald Trump, n'a déclenché ni réaction, ni sanctions contre Israël ou les États-Unis. Elle était pourtant illégale.

Le 26 février 2022, la communauté internationale (occidentale) s'interroge sur l'abstention des Émirats Arabes Unis pour condamner la Russie au Conseil de sécurité[751]. Démonstration éclatante de notre esprit occidental qui ne tente pas de comprendre pourquoi les peuples du Moyen-Orient ont sur cette crise un regard un peu différent.

Qu'est-ce qui rend l'offensive russe en Ukraine plus blâmable que la guerre déclenchée par les États-Unis et la Grande-Bretagne contre l'Irak, et contre lesquels *aucune* sanction n'a été prise, malgré les centaines de milliers (peut-être les millions) de victimes qu'elle a causées ? Les populations arabes vaudraient-elles moins que la population ukrainienne ?

États-Unis, Grande-Bretagne, France, Pologne, Lituanie, Roumanie et d'autres ont participé à des guerres d'agression après avoir menti à la communauté internationale. Ils ont torturé, massacré femmes et enfants de manière documentée et connue, avec le blanc-seing de l'Union européenne et de l'OTAN. *« L'absence de réaction vaut caution »*[752]

Je ne sais pas quelles sont les valeurs de Vladimir Poutine et je ne sais pas comment qualifier cet homme, mais je sais que, dans tous les cas de figure, nous n'avons aucune valeur et que nous ne valons pas mieux.

---

751. Laura-Mai Gaveriaux, « Au Conseil de sécurité de l'ONU, le non-alignement stratégique des Émirats arabes unis », *Les Echos*, 26 février 2022
752. « Avion dérouté par la Biélorussie : "L'absence de réaction de la Russie vaut caution", estime Jean-Yves Le Drian », *francetvinfo.fr*, 26 mai 2021

Poutine, maître du jeu ?

Comme l'écrivait Henri Kissinger, conseiller à la Sécurité nationale de Ronald Reagan, dans le *Washington Post* :

la diabolisation de Vladimir Poutine n'est pas une politique ; c'est un alibi pour ne pas en avoir une [753].

Finalement, le grand vainqueur est Vladimir Poutine.

753. Henry A. Kissinger, "How the Ukraine Crisis Ends", *The Washington Post*, 5 mars 2014

Annexe 1 – Mesures et activités de l'administration Trump contre la Russie et ses intérêts

Date	Mesure/Activité	Source
6 janvier 2017	Les premiers chars américains débarquent en Europe pour se déployer à l'est	rtbf.be
16 janvier 2017	Des soldats américains déployés dans plusieurs pays d'Europe	AFP/Le Point
7 avril 2017	Trump lance des frappes contre la Syrie après l'attaque chimique	AFP/Le Point
22 avril 2017	Trump refuse à Exxon Mobil la levée des sanctions contre la Russie	Le Monde
12 avril 2017	Pour Poutine, l'arrivée de Trump a dégradé les relations russo-américaines	lesoir.be
2 août 2017	Donald Trump promulgue les nouvelles sanctions contre la Russie	rts.ch
13 septembre 2017	Washington interdit aux agences fédérales l'antivirus Kaspersky	AFP/La Presse
14 novembre 2017	Une chaîne russe classée agent de l'étranger	Tribune de Genève
26 septembre 2017	Les États-Unis restreignent les vols militaires russes au-dessus de leur territoire.	The Independent
13 décembre 2017	Kaspersky : le président Donald Trump promulgue une loi interdisant l'utilisation des produits de l'éditeur au sein du gouvernement	developpez.com
23 décembre 2017	Washington va fournir des armes létales à Kiev	Le Monde
20 décembre 2017	Russie : nouvelles sanctions américaines, le dirigeant tchétchène visé	AFP/lexpress.fr

18 janvier 2018	Washington accuse la Russie d'aider la Corée du Nord	AFP/Le Figaro
19 janvier 2018	Pour les États-Unis, la Chine et la Russie sont de plus grandes menaces que le terrorisme	Radio-Canada
17 février 2018	Syrie : des combattants russes tués par des frappes américaines ?	France24
26 mars 2018	Trump ordonne la fermeture du consulat de Russie à Seattle	LeMatin.ma
26 mars 2018	Affaire Skripal : Trump ordonne l'expulsion de soixante Russes	Reuters/ Challenges
4 avril 2018	Pour faire face à la Russie, les États-Unis déploient leur armée en Europe de l'Est	L'Echo
3 avril 2018	Trump critique l'Allemagne pour le gazoduc de la mer du Nord	DPA
7 avril 2018	Washington sanctionne des « oligarques » proches de Poutine	Les Echos
14 avril 2018	Trump lance des frappes ciblées en Syrie avec la France et le Royaume-Uni	Huffington Post
12 avril 2018	Tensions entre les États-Unis et la Russie autour de la Syrie : vers un retour de la Guerre froide ?	Europe1.fr
9 avril 2018	Aluminium. Le géant russe Rusal, sanctionné par Washington, dévisse à la Bourse	AFP/Ouest-France
8 mai 2018	Iran : la Russie « profondément déçue » par la décision de Trump	AFP/ lexpress.fr
11 juillet 2018	Trump demande à ses alliés d'accroître leurs dépenses militaires à 4 % du PIB	L'Echo
11 juillet 2018	Otan : Trump affirme à Macron qu'il n'y a « pas de rupture » avec l'Europe	AFP/BFM TV
29 juillet 2018	Gaz : Trump prêt à marcher sur les plates-bandes russes en Europe	l'Opinion
9 août 2018	Affaire Skripal. Washington annonce de nouvelles sanctions contre Moscou	Courrier international
12 août 2018	Donald Trump prêt à lancer son armée de l'espace	Le Temps

14 août 2018	États-Unis : signature d'un budget record pour le Pentagone	latribune.fr
11 septembre 2018	La Russie rendue responsable des attaques soniques contre des diplomates américains à Cuba	The Hill
21 septembre 2018	Les États-Unis sanctionnent la Chine pour ses achats d'avions Su-35 et de systèmes S-400 auprès de la Russie	opex360. com
5 octobre 2018	L'Inde acquiert des systèmes anti-aériens russes, malgré les avertissements de Washington	AFP/ lexpress.fr
21 octobre 2018	Trump se retire d'un traité nucléaire avec la Russie	AFP/ lexpress.fr
7 novembre 2018	Donald Trump va infliger de nouvelles sanctions à la Russie	capital.fr
30 novembre 2018	Tensions entre la Russie et l'Ukraine : Trump annule une rencontre avec Poutine	Radio-Canada
19 décembre 2018	Ingérence électorale : sanctions américaines contre des agents russes	AFP/ Le Figaro.fr
12 juin 2019	Les États-Unis vont déployer 1000 soldats en Pologne, selon Trump	Reuters/Le Figaro
2 août 2019	Les États-Unis sortent officiellement du traité de désarmement sur les armes nucléaires FNI	France 24
3 août 2019	Affaire Skripal : les États-Unis imposent de nouvelles sanctions financières à la Russie	AFP/Le Parisien
3 janvier 2020	Donald Trump approuve les sanctions américaines à l'égard des entreprises collaborant au gazoduc Nord Stream 2	Agence Europe
18 février 2020	Les États-Unis sanctionnent Rosneft Trading S.A. pour sécuriser les ressources naturelles du Venezuela	US State Dept, Déclaration de Michael Pompeo
21 mai 2020	Donald Trump dénonce le traité « Ciel ouvert », accusant Moscou de le violer	AFP/ franceinfo

Poutine, maître du jeu ?

13 juillet 2020	Elsa Trujillo, « Trump confirme pour la première fois une cyber-attaque américaine contre la Russie	BFM TV
16 octobre 2020	Traité New Start : Washington rejette l'offre « inacceptable » de Poutine	liberation.fr
22 novembre 2020	Les États-Unis se retirent officiellement du traité « Ciel ouvert »	Belga/RTBF
24 novembre 2020	La Russie accuse un navire américain d'avoir violé ses eaux territoriales	AFP/Le Figaro
14 décembre 2020	Les États-Unis sanctionnent la Turquie pour l'achat de missiles russes S-400	France 24
15 décembre 2020	Pompeo accuse la Russie de « semer le chaos » autour du bassin méditerranéen	7sur7.be
19 décembre 2020	Les États-Unis vont fermer leurs consulats en Russie	24heures.ch
5 janvier 2021	Les États-Unis accentuent les sanctions contre le gazoduc Nord Stream 2	Le Monde

Poutine, maître du jeu ?

Annexe 2 – Le jugement de la situation de Poutine

Date		Source	Popularité (%)
26/12/2011	Poutine fait face à sa plus grande crise	La Tribune	63
19/12/2014	Poutine est affaibli	L'Obs	85
01/02/2015	Poutine perd son influence sur les élites moscovites	CBC News	85
08/07/2015	Poutine est faible et terrifié	Vox	87
18/05/2016	Poutine est dans une impasse	US News	80
29/06/2017	Poutine perd son prestige	Stratfor	81
28/09/2018	Poutine est affaibli par les réformes entreprises	BFM TV	67
05/10/2018	Poutine perd le contrôle	Express UK	66
20/06/2019	Poutine perd la confiance des Russes	Politico	68
13/08/2019	Poutine est le symbole de l'humiliation de la Russie	Int. Policy Digest	67
09/09/2019	Poutine perd le contrôle	Palmer Report	68
20/01/2020	Poutine est proche de sa déchéance politique	Al Jazirah	68
28/04/2020	Poutine pourrait être renversé par la crise de la CoViD	The Sun	59

01/05/2020	Poutine fait face à sa plus grande crise depuis 20 ans	The Times	59
17/06/2020	Poutine s'effondre dans les sondages	Al Jazirah	60
29/08/2020	Poutine est ébranlé	The Economist	66
21/09/2020	Poutine est déstabilisé par résurrection de Navalny	Le Figaro	69
08/10/2020	Poutine est isolé par la plus grande crise de son régime	Daily Beast	68
20/11/2020	Poutine est atteint d'un cancer	Gala	65
01/02/2021	Poutine est sur la défensive	France Inter	64
17/10/2021	Poutine a une opinion publique toujours moins favorable	France 5	67
10/01/2022	Poutine a une popularité qui tend à baisser	Le Devoir	69

Jugement de Al Jazirah sur le pouvoir de Vladimir Poutine, comparé avec les taux de popularité relevés par le Centre Levada aux mêmes époques[754]. *Le Centre Levada est considéré comme agent étranger par les autorités russes.*

---

754. "The approval of institutions and trust to politicians", *Levada Center*, 2022

Annexe 3 – Les Accords de Minsk II
(15 février 2015)

Ce texte des Accords de Minsk est celui repris dans la Résolution SC/2202 (2015) adoptée par le Conseil de Sécurité des Nations Unies, le 17 février 2015.

Ensemble de mesures en vue de l'application des Accords de Minsk
(Minsk, le 12 février 2015)

1. Cessez-le-feu immédiat et général dans certaines zones des régions ukrainiennes de Donetsk et de Louhansk et mise en œuvre rigoureuse de celui-ci à partir du 15 février 2015 à minuit heure locale.

2. Retrait par les deux parties de toutes les armes lourdes à des distances égales afin d'établir une zone de sécurité d'une largeur minimale de 50 km pour les systèmes d'artillerie d'un calibre de 100 mm et plus, et une zone de sécurité de 70 km de largeur pour les systèmes de lance-roquettes multiples et de 140 km de largeur pour les systèmes de lance-roquettes multiples TORNADO-S, OURAGAN et SMERCH et les systèmes de fusées tactiques TOTCHKA (TOTCHKA-U) :

   – Pour les forces ukrainiennes, à partir de la ligne de contact de fait ;

   – Pour les unités armées de certaines zones des régions ukrainiennes de Donetsk et de Louhansk, à partir de la ligne de contact établie conformément au Mémorandum de Minsk du 19 septembre 2014.

Le retrait des armes lourdes énumérées ci-dessus devra débuter au plus tard le deuxième jour suivant le cessez-le-feu et prendre fin dans un délai de 14 jours.

L'Organisation pour la sécurité et la coopération en Europe (OSCE) contribuera à ce processus avec l'appui du Groupe de contact tripartite.

3. Suivi et vérification efficaces, par l'OSCE, du régime de cessez-le-feu et du retrait des armes lourdes dès le premier jour de celui-ci, avec recours à tous les dispositifs techniques nécessaires, y compris satellites, drones, systèmes radar et autres.

4. Le premier jour suivant le retrait, ouverture d'un dialogue sur les modalités de la tenue d'élections locales conformément à la législation ukrainienne, notamment la loi relative aux modalités temporaires de l'exercice de l'autonomie locale dans certaines zones des régions de Donetsk et de Louhansk, ainsi que sur le régime futur de ces zones dans le cadre de ladite loi.

Sans retard, 30 jours au plus tard à compter de la signature du présent document, la Rada suprême d'Ukraine adoptera une résolution précisant le territoire relevant d'un régime particulier en vertu de la loi ukrainienne relative aux modalités temporaires de l'exercice de l'autonomie locale dans certaines zones des régions de Donetsk et de Louhansk, sur la base de la ligne établie par le Mémorandum de Minsk du 19 septembre 2014.

5. Grâce et amnistie générales par l'adoption d'une loi interdisant toutes poursuites et toutes sanctions à l'encontre de personnes en rapport avec les événements qui ont eu lieu dans certaines zones des régions ukrainiennes de Donetsk et de Louhansk.

6. Libération et échange de l'ensemble des otages et des personnes retenues illicitement, sur la base du principe de « tous contre tous ». Ce processus devra prendre fin au plus tard le cinquième jour suivant le retrait.

7. Prise de mesures pour garantir, par l'intermédiaire d'un mécanisme international, la sécurité de l'accès du personnel humanitaire et de la livraison, du stockage et de la distribution de l'aide humanitaire aux personnes nécessiteuses.

8. Mise en place des modalités du plein rétablissement des rapports socio-économiques, notamment des transferts sociaux tels que le versement des pensions et des autres paiements (recettes et revenus, règlement dans les délais de toutes les factures relatives aux services collectifs de distribution, reprise de l'imposition dans le cadre juridique ukrainien).

   À cette fin, l'Ukraine reprendra le contrôle de la partie de son système bancaire située dans les zones touchées par le conflit et un mécanisme international permettant de faciliter ces transferts sera éventuellement mis en place.

9. Rétablissement du contrôle total de la frontière d'État par le gouvernement ukrainien dans l'ensemble de la zone du conflit, qui devra commencer le premier jour suivant les élections locales et s'achever après un règlement politique global (élections locales dans certaines zones des régions de Donetsk et de Louhansk sur la base de la législation ukrainienne et réforme constitutionnelle) d'ici à la fin de 2015, sous réserve de la mise en œuvre du paragraphe 11 *en consultation et en accord avec les représentants de certaines zones des régions de Donetsk et de Louhansk* dans le cadre du Groupe de contact tripartite.

10. Retrait du territoire ukrainien de l'ensemble des unités armées étrangères, équipements militaires et mercenaires étrangers, sous le contrôle de l'OSCE. Désarmement de tous les groupes illégaux.

11. Mise en œuvre d'une réforme constitutionnelle en Ukraine et entrée en vigueur d'ici à la fin de 2015 d'une nouvelle constitution dont un élément essentiel sera la décentralisation, compte tenu des spécificités de certaines zones des régions de Donetsk et de Louhansk qui seront définies *en accord avec les représentants de ces zones*, et adoption, avant la fin de 2015, d'une législation permanente relative au statut

Poutine, maître du jeu ?

spécial de certaines zones des régions de Donetsk et de Louhansk conformément aux mesures énoncées dans la note ci-dessous (voir note).

12. Sur la base de la loi ukrainienne relative aux modalités temporaires de l'exercice de l'autonomie locale dans certaines zones des régions de Donetsk et de Louhansk, les questions afférentes aux élections locales feront l'objet de *discussions et d'un accord avec des représentants de certaines zones des régions de Donetsk et de Louhansk* dans le cadre du groupe de contact tripartite. Les élections auront lieu dans le respect des normes pertinentes de l'OSCE et seront observées par le Bureau des institutions démocratiques et des droits de l'Homme de l'OSCE.

13. Intensification de l'action du groupe de contact tripartite, notamment par la mise en place des groupes de travail chargés de la mise en œuvre des aspects correspondants des Accords de Minsk. Ces groupes de travail refléteront la composition du groupe de contact tripartite.

Note

Les mesures prises dans le cadre de la loi relative aux modalités temporaires de l'exercice de l'autonomie locale dans certaines zones des régions de Donetsk et de Louhansk sont notamment les suivantes.

– Aucune punition ni aucune mesure de poursuites ni de discrimination ne sera prise à l'encontre des personnes associées aux événements qui ont eu lieu dans certaines zones des régions de Donetsk et de Louhansk.

– Le droit à l'auto-détermination linguistique sera assuré.

– Les administrations locales participeront à la nomination des chefs des organes de poursuite et de jugement dans certaines zones des régions de Donetsk et de Louhansk.

– Les autorités du pouvoir exécutif central *pourront conclure des accords avec les autorités locales* compétentes au sujet du développement économique, social et culturel de certaines zones des régions de Donetsk et de Louhansk.

- L'État appuiera le développement socio-économique de certaines zones des régions de Donetsk et de Louhansk.
- Le gouvernement central facilitera la coopération transfrontière entre certaines zones des régions de Donetsk et de Louhansk et des districts de la Fédération de Russie.
- Des unités de milice seront constituées sur ordre des conseils locaux aux fins du maintien de l'ordre dans certaines zones des régions de Donetsk et de Louhansk.
- Les députés et membres élus au cours d'élections organisées précédemment par la Verkhovna Rada de l'Ukraine (le parlement ukrainien) en vertu de cette loi ne pourront pas être démis de leurs fonctions avant la fin de leur mandat.

Les membres du groupe de contact tripartite :
Heidi Tagliavini, ambassadrice
L.D. Koutchma, deuxième président de l'Ukraine
M. Iou Zourabov, ambassadeur de la Fédération de Russie en Ukraine
A.V. Zakhartchenko
I.V. Plotnitski

Déclaration publiée par le président de la Fédération de Russie, le président de l'Ukraine, le président de la République française et la chancelière de la République fédérale d'Allemagne en soutien à l'ensemble de mesures en vue de l'application des Accords de Minsk adoptées le 12 février 2015

Le président de la Fédération de Russie, Vladimir Poutine ; le président de l'Ukraine, Petro Porochenko ; le président de la République française, François Hollande ; et la chancelière de la République fédérale d'Allemagne, Angela Merkel, réaffirment leur plein respect de la souveraineté et de l'intégrité territoriale de l'Ukraine. Ils sont fermement persuadés qu'un règlement par des moyens exclusivement pacifiques constitue la seule option. Ils sont pleinement déterminés à prendre toutes les mesures individuelles ou communes possibles à cette fin.

Dans ce contexte, les chefs d'État et de gouvernement approuvent l'ensemble de mesures en vue de l'application des Accords de Minsk adoptées et signées dans cette ville le 12 février 2015 par tous les signataires du Protocole de Minsk du 5 septembre 2014 et du Mémorandum de Minsk du 19 septembre 2014. *Les chefs d'État et de gouvernement contribueront à ce processus et useront de leur influence auprès des parties concernées pour faciliter l'application de l'ensemble de mesures.*

L'Allemagne et la France apporteront un appui technique en vue du relèvement de la partie du système bancaire située dans les zones touchées par le conflit, éventuellement par la mise en place d'un mécanisme international permettant de faciliter les transferts sociaux.

Les dirigeants partagent la conviction qu'un resserrement de la coopération entre l'Union européenne, l'Ukraine et la Fédération de Russie sera propice à un règlement de la crise. À cette fin, ils soutiennent la poursuite des pourparlers trilatéraux entre l'Union européenne, l'Ukraine et la Fédération de Russie sur les questions énergétiques afin d'avancer sur le dossier des livraisons de gaz pour l'hiver.

Ils soutiennent également la tenue de pourparlers trilatéraux entre l'Union européenne, l'Ukraine et la Fédération de Russie afin de trouver un moyen concret de répondre aux préoccupations soulevées par la Fédération de Russie concernant la mise en œuvre de la Zone de libre-échange approfondi et complet entre l'Union européenne et l'Ukraine.

Les chefs d'État et de gouvernement restent attachés à la perspective d'un espace humanitaire et économique commun allant de l'océan Atlantique à l'océan Pacifique, fondé sur le plein respect du droit international et des principes de l'Organisation pour la sécurité et la coopération en Europe (OSCE).

Les dirigeants resteront mobilisés en vue de la mise en œuvre des Accords de Minsk. À cette fin, ils conviennent de créer un mécanisme de suivi conforme au « format Normandie », qui se réunira à intervalles réguliers, en principe au niveau des hauts fonctionnaires des ministères des Affaires étrangères.

Annexe 4 – La Charte de Munich

Les dix devoirs du journaliste

1. Respecter la vérité, quelles qu'en puissent être les conséquences pour lui-même, et ce, en raison du droit que le public a de connaître la vérité.
2. Défendre la liberté de l'information, du commentaire et de la critique.
3. Publier seulement les informations dont l'origine est connue ou les accompagner, si c'est nécessaire, des réserves qui s'imposent ; ne pas supprimer les informations essentielles et ne pas altérer les textes et les documents.
4. Ne pas user de méthodes déloyales pour obtenir des informations, des photographies et des documents.
5. S'obliger à respecter la vie privée des personnes.
6. Rectifier toute information publiée qui se révèle inexacte.
7. Garder le secret professionnel et ne pas divulguer la source des informations obtenues confidentiellement.
8. S'interdire le plagiat, la calomnie, la diffamation, les accusations sans fondement ainsi que de recevoir un quelconque avantage en raison de la publication ou de la suppression d'une information.
9. Ne jamais confondre le métier de journaliste avec celui de publicitaire ou de propagandiste ; n'accepter aucune consigne, directe ou indirecte, des annonceurs.

10. Refuser toute pression et n'accepter de directives rédactionnelles que des responsables de la rédaction.

Les cinq droits du journaliste

1. Les journalistes revendiquent le libre accès à toutes les sources d'information et le droit d'enquêter librement sur tous les faits qui conditionnent la vie publique. Le secret des affaires publiques ou privées ne peut en ce cas être opposé au journaliste que par exception en vertu de motifs clairement exprimés.

2. Le journaliste a le droit de refuser toute subordination qui serait contraire à la ligne générale de son entreprise, telle qu'elle est déterminée par écrit dans son contrat d'engagement, de même que toute subordination qui ne serait pas clairement impliquée par cette ligne générale.

3. Le journaliste ne peut être contraint à accomplir un acte professionnel ou à exprimer une opinion qui serait contraire à sa conviction ou sa conscience.

4. L'équipe rédactionnelle doit être obligatoirement informée de toute décision importante de nature à affecter la vie de l'entreprise. Elle doit être au moins consultée, avant décision définitive, sur toute mesure intéressant la composition de la rédaction : embauche, licenciement, mutation et promotion de journaliste.

5. En considération de sa fonction et de ses responsabilités, le journaliste a droit non seulement au bénéfice des conventions collectives, mais aussi à un contrat personnel assurant sa sécurité matérielle et morale ainsi qu'à une rémunération correspondant au rôle social qui est le sien et suffisante pour garantir son indépendance économique.

Composition :
L'atelier des glyphes